Biologische Vielfalt – ein Thema für Heimatmuseen

Leitfaden mit Empfehlungen und Anregungen
Beiträge zu den Workshops am 16. und 17. November 2010 in Detmold
sowie am 07. und 08. April 2011 in Bergneustadt

Gefördert durch das Bundesamt für Naturschutz
mit Mitteln des Bundesministeriums für Umwelt, Naturschutz und Reaktorsicherheit

BfN
Bundesamt für Naturschutz

Bund Heimat und Umwelt in Deutschland
BHU

Impressum

Herausgeber: Bund Heimat und Umwelt in Deutschland (BHU)
Bundesverband für Natur- und Denkmalschutz,
Landschafts- und Brauchtumspflege e. V.
Adenauerallee 68, 53113 Bonn
Tel. 0228 224091, Fax 0228 215503
E-Mail: bhu@bhu.de, Internet: www.bhu.de

Redaktion: Dr. Inge Gotzmann, Daniel Kölzer
Mitarbeit: Dr. (des.) Martin Bredenbeck, Beate Lippert, Edeltraud Wirz
Verantwortlich für den Inhalt: Dr. Inge Gotzmann

Bildnachweis:
vordere Umschlagseite: Museumsdorf Altwindeck, D. Kölzer
hintere Umschlagseite: Muzeum Wsi Opolskiej w Opolu, Polen, D. Gotzmann

Layout und Druck: Druckpartner Moser Druck + Verlag GmbH, Rheinbach

ISBN 978-3-925374-94-4

Das Buch wird an Mitglieder und Interessenten kostenlos abgegeben, Spende erwünscht.
Bestellung beim Herausgeber.

Förderer

Das Projekt wurde gefördert und unterstützt durch das Bundesamt für Naturschutz mit Mitteln des Bundesministeriums für Umwelt, Naturschutz und Reaktorsicherheit.

BfN
Bundesamt
für Naturschutz

Der Förderer übernimmt keine Gewähr für die Richtigkeit, die Genauigkeit und die Vollständigkeit der Angaben sowie für die Beachtung privater Rechte Dritter.

Bonn 2011

Inhalt

Seite

Herlind Gundelach, Wolfgang Börnsen
Vorwort 5

Gertrud Hein
Biologische Vielfalt – ein globales Thema für Heimatmuseen 7

Inge H. Gotzmann, Martina Hoff
Chancen und Möglichkeiten von Heimatmuseen zur Vermittlung von biologischer Vielfalt, Nachhaltigkeit und Kulturlandschaft – Ein Leitfaden 26

Marion Rike Metzger
Biologische Vielfalt, Nachhaltigkeit und Kulturlandschaft – eine Ideenbörse zum Thema Feuer 95

Walter Jordan
Das Heimatmuseum Bergneustadt – eine Einrichtung in der Trägerschaft des Heimatvereins „Feste Neustadt" e. V. 101

Ulrich Pieper
„Lebendiges Museum" am Beispiel der Nieheimer Flechthecke 112

Axel Heinze
Hecken, Klöster und Pingos – wie man junge Menschen für biologische Vielfalt begeistert 117

Beate Balsliemke
Partnerschaftliche Kooperationen – neue Impulse zum Erhalt der biologischen Vielfalt in der Senne . 124

Alfred Becker
Hauberge – ein Beispiel zur Vermittlung von Natur und Kultur in der Landschaft 131

Michael Kamp
Das „grüne" Heimatmuseum – neue Perspektiven für Biodiversität und Nachhaltigkeit im Ehrenamt? . 137

Birgit Ehses
Industrienatur: Natur im Industriemuseum – Methoden und Beispiele der interdisziplinären Vermittlung 144

Thorsten Ludwig
Schlüsselphänomene einer Bildung für nachhaltige Entwicklung 154

Autorinnen und Autoren 174

Teilnehmerinnen und Teilnehmer 175

Beteiligte Museen 176

Anschriften BHU und Landesverbände 178

Vorwort

Herlind Gundelach, Wolfgang Börnsen

Bei der Vermittlung von Themen der Kulturgeschichte, z.B. Brauchtum oder Lokalgeschichte, spielen Heimatmuseen eine zentrale Rolle. Sie bieten durch ihre direkte Nähe zum Bürger eine gute Grundlage, um das Bewusstsein für diese Themen zu fördern. Dabei stützt sich ihre Arbeit stark auf bürgerschaftliches Engagement sowohl in der Sammlung als auch in der Aufbereitung und Weitergabe von Wissen. Gleichzeitig verfügen Heimatmuseen über ein großes Potential, um anders gelagerte Themen wie Biodiversität und Nachhaltigkeit sowie den Themenkreis Kulturlandschaft zu vermitteln. Diese Chance hat der Bund Heimat und Umwelt in Deutschland (BHU), der Bundesverband der Heimat- und Bürgervereine, erkannt und mit seinem Projekt „Heimatmuseen fördern biologische Vielfalt" erfolgreich aufgegriffen. In enger Zusammenarbeit mit Fachleuten aus den genannten Themengebieten und aus Heimatmuseen wurden Strategien zur zeitgemäßen Vermittlung von Biodiversität und nachhaltiger Entwicklung erarbeitet. Die Ergebnisse sind in diesem Leitfaden zusammengefasst und werden von informativen Begleittexten flankiert. Wir wünschen uns, dass diese Publikation für Heimatmuseen Anreize schafft, ihre bereits vorhandenen Angebote zu erweitern und bekannter zu machen. Gleichzeitig möchten wir für mehr Aufmerksamkeit für die Qualitäten und Potentiale unserer Heimatmuseen werben.

Heimatmuseen verfügen über einen reichen Fundus an Wissen und Erfahrungen über die Besonderheiten beispielsweise eines Ortes, einer Region oder einer Kulturlandschaft. Mit Ausstellungen, Führungen, Vortragsveranstaltungen und Aktionstagen zu Themen wie Bauerngärten, Obstwiesen, alte Kulturpflanzen und Nutztierrassen, Kräuterbräuche, Landschaftsgeschichte, historische Landnutzungsformen und Landschaftselemente etc. tragen sie zur Vermittlung und Verbreitung der Bedeutung der biologischen Vielfalt in der Bevölkerung wesentlich bei. Durch ihren eigenen, spezifischen Blickwinkel sind sie zugleich wichtige Multiplikatoren für diese herausragende Aufgabe. Denn gerade die Verbindung von Kultur- und Naturthemen bietet ein breites Spektrum an Möglichkeiten, die Attraktivität eines Museums zu steigern und die Besucherinnen und Besucher gezielt an diese Zusammenhänge heranzuführen. Die Einbindung dieser Themenfelder in den Museumsalltag schließlich trägt zu einer Verankerung der Bedeutung von biologischer Vielfalt in öffentlichen Bewusstsein bei und bietet die Möglichkeit, auch neue Besuchergruppen anzusprechen.

Viele Heimatmuseen haben damit zu kämpfen, dass kaum finanzielle Mittel für eine Umgestaltung ihrer Ausstellungen sowie zur Umsetzung von modernen, meist technikaffinen Ausstellungskonzepten vorhanden sind. Nichts desto trotz sind zeitgemäße, museumspädagogische Konzepte für die Attraktivität von Museen wichtig. Mit dem vorliegenden Leitfaden gibt der BHU den Heimatmuseen ein geeignetes Instrument, diesen immer wieder notwendigen Modernisierungsprozess mit wenig Mitteln und schrittweise umzusetzen. Das ist eine Voraussetzung dafür, dass Heimatmuseen auch künftig ein breites Publikum ansprechen und vor allem auch jüngere Zielgruppen dazugewinnen können. Nicht zuletzt können moderne Konzepte dabei helfen, Sponsoren zu Zuwendungen für die Überarbeitung von Ausstellungen zu bewegen. Insgesamt hat sich gezeigt, dass ein ganzheitlicher Ansatz, der sowohl Natur- als auch Kulturthemen zusammenbringt, der Sache sehr dienlich ist und zahlreiche Menschen anspricht.

Allen Engagierten wünschen wir viel Erfolg bei ihrem Einsatz für die Heimatmuseen. Gleichzeitig danken wir den Workshopteilnehmerinnen und -teilnehmern sowie den mitwirkenden Museen für die konstruktive Zusammenarbeit, die sich in diesem Leitfaden eindrucksvoll dokumentiert. Ebenso danken wir der freundlichen Mitarbeit des Lippischen Heimatbundes, des LWL-Freilichtmuseums Detmold und des Heimatmuseums Bergneustadt.

Dem Bundesamt für Naturschutz und dem Bundesministerium für Umwelt und Reaktorsicherheit gilt unser besonderer Dank für die Begleitung und Förderung des Projektes.

Dr. Herlind Gundelach, Senatorin a.D.
Präsidentin des BHU

Wolfgang Börnsen (Bönstrup), MdB
1. Vizepräsident des BHU

Biologische Vielfalt – ein globales Thema für Heimatmuseen

Gertrud Hein

Im internationalen und fachlichen Zusammenhang nach einer Begriffsprägung des amerikanischen Zoologen Edward Wilson meist als Biodiversität *(Biodiversity)* bezeichnet, versteht man unter biologischer Vielfalt sowohl die gesamte Bandbreite an Ökosystemen bzw. Lebensgemeinschaften, Lebensräumen und Landschaften als auch die Artenvielfalt sowie die genetische Vielfalt innerhalb der verschiedenen Arten. Weltweit wurden bisher etwa 2 Mio. Arten Pflanzen, Tiere und Mikroorganismen beschrieben, wobei man die tatsächlichen Artenumfänge auf deutlich mehr, nämlich zwischen 10 und 100 Mio. Arten schätzt. Allein in Deutschland gibt es rund 48.000 Tierarten und insgesamt etwa 28.000 Pflanzen- sowie Pilzarten (BMU 2010). Durch den nach wie vor fortschreitenden Raubbau an der Natur nimmt dieser globale und regionale Artenreichtum allerdings schneller ab, als er erforscht werden kann. Da in einem Ökosystem alle organismischen Funktionsglieder miteinander vernetzt sind und somit voneinander abhängen, löst der Verlust jeder einzelnen Art in einer Kettenreaktion auch den Verlust weiterer Arten aus. Kritische Bestandserhebungen zeigen, dass die Zahl der Arten, die akut vom Aussterben bedroht sind, weltweit stetig wächst. Zu den bedrohten Arten zählen nicht nur frei lebende Tier- und Pflanzenarten, sondern auch eine Vielzahl von Nutztierrassen und Kulturpflanzensorten, die ebenfalls fast unbemerkt von der Öffentlichkeit aus unserem Umfeld verschwinden.

Wissenschaftliche Untersuchungen belegen nachdrücklich, dass die Vielfalt des Lebens auf unserer Erde unverzichtbar ist, um die Lebensgrundlagen der Weltbevölkerung im Hinblick auf Er-

Abb. 1: Biologische Vielfalt im Garten *Foto: G. Hein*

nährung, Gesundheit, genetische Reserven sowie nachwachsende natürliche Rohstoffe für die Zukunft zu sichern. Mit dem Verlust an biologischer Vielfalt gehen in der Natur die unterschiedlichen und über eine jahrmillionenlange Evolution optimierten Baupläne und die ihnen zu Grunde liegenden genetischen Informationen unwiderruflich verloren, denn eine ausgestorbene Art kann nicht mehr nachgebaut werden!

Somit stellt der weltweit zu beobachtende alarmierende Rückgang der biologischen Vielfalt eine globale Herausforderung dar, denn durch die Verschwendung des Naturkapitals werden auch die Zukunftschancen der Menschen konkret gefährdet. Deshalb wurde auf der Konferenz der Vereinten Nationen für Umwelt und Entwicklung (UNCED) 1992 in Rio de Janeiro das „Übereinkommen über die biologische Vielfalt" geschaffen.

Bewahrung der biologischen Vielfalt: globale Aspekte

Die Sorge um die Erhaltung der biologischen Vielfalt in allen ihren Aspekten und Folgen ist nicht nur ein lokales oder regionales Problem, sondern tatsächlich ein Aufgabenfeld von globaler Tragweite. Einige besondere Problemfacetten können gerade diesen Sachverhalt verdeutlichen:

Ernährung

90 % der gesamten Welternährung werden durch nur 20 Nutzpflanzenarten gedeckt. Essbar wären aber vermutlich 75.000 Arten (BfN 2007). In rund 10.000 Jahren Ackerbau bildete sich durch Auslesezucht eine große Vielfalt an regionaltypischen Sorten und Ökotypen heraus, die zusammen eine überaus wertvolle und unersetzliche genetische Ressource darstellen.

Weltweit sind rund 100.000 Reissorten bekannt, aber nicht einmal ein Dutzend Reissorten kommt bei uns auf den Tisch. Wie wichtig die Bewahrung der Sortenvielfalt ist, zeigte sich in den 1970er Jahren, als auf den indonesischen Reisfeldern ein gefährliches phytopathogenes Virus auftrat. Insgesamt 6.273 Reissorten wurden bei dieser Gelegenheit auf Resistenz getestet. Nur eine einzige Wildreissorte aus Nordindien besaß die erforderlichen Gene, welche die Pflanze gegen den Virusbefall wirksam schützen konnten und so letztendlich milliardenschwere Ernteausfälle verhinderten (BfN 2007). Weltweit müssen auch die Wildformen unserer eige-

Abb. 2: Weltweit gibt es rund 100.000 Reissorten
Foto: G. Hein

nen Kulturpflanzen wie alte Getreide- und Gemüsesorten als genetische Ressourcen unbedingt erhalten werden, um im Bedarfsfall wenigstens die Möglichkeit zu haben, auf eventuelle Schädlingskalamitäten oder die Folgen des Klimawandels in Zukunft kompetent reagieren zu können. Die Bewahrung der Sortenvielfalt ist eine wichtige Investition in die Zukunft der gesamten Menschheit.

Nutztierrassen

Mittlerweile sind weltweit ein Fünftel aller Nutztierrassen bedroht. Nach einem kritischen Bericht der Vereinten Nationen (UN) stirbt jeden Monat irgendwo eine bewährte Rasse aus. Neben den genetischen Ressourcen geht somit auch die züchterische Leistung, die über Jahrhunderte erbracht wurde, unwiederbringlich verloren. Viele traditionelle alte Nutztierrassen sind altbewährte Züchtungen, die sich zum Teil an die extremen Umweltbedingungen ihrer jeweiligen Regionen (klimatischer Stress, Krankheiten, eingeschränktes Futterangebot u.a.) angepasst haben. Alte Nutztierrassen besitzen offensichtlich die entscheidenden genetischen Eigenschaften, die auch für künftige Züchtungen von großer Bedeutung sein könnten.

Pharmazie

Seit jeher nutzt der Mensch die Heilkraft der Pflanzen, und viele traditionelle Heilpflanzen finden in der modernen Medizin auch heute noch ihre Verwendung. In Deutschland sind in rund der Hälfte aller zugelassenen Medikamente die Inhaltsstoffe von Arzneipflanzen enthalten. Weltweit wurde aber erst ein Bruchteil von Pflanzen überhaupt auf ihre pharmazeutische Wirkung untersucht. Es ist daher davon auszugehen, dass es Pflanzen gibt, die Abwehrstoffe gegen Krankheitserreger besitzen, von denen wir heute noch gar keine Vorstellung haben. Neue biochemisch oder medizinisch bedeutsame Substanzen zu entdecken, ist ein äußerst zeitraubender und kostenintensiver Prozess. Pharmaunternehmen greifen daher auch auf das traditionelle Wissen indigener Völker zurück, die bestimmte medizinisch wirksame Pflanzen oder Extrakte schon seit vielen Generationen zur Behandlung von Krankheiten verwenden. Mittlerweile wurden aus tropischen Pflanzen bereits zahlreiche Medikamente entwickelt, die den jeweiligen Pharmakonzernen Millionenumsätze einbringen, an denen die indigene Bevölkerung zumeist aber nicht beteiligt wurde.

Bionik

Die Natur hält ein unerschöpfliches Reservoir an Konstruktionen, Verfahren und trickreichen Evolutionsprinzipien bereit, das der Mensch mit großem

Abb. 3: Einsatz von Rindern als Zugtiere *Foto: G. Hein*

Abb. 4: Schwarzes Bilsenkraut (Hyoscyamus niger) Foto: G. Hein

Abb. 5: Wermutkraut (Artemisia absinthium)
Foto: G. Hein

Vorteil für seine Technik nutzen kann. Schon lange baut man Schiffe, Autos und Flugzeuge – abgeschaut den Bauplänen von Tieren „stromlinienförmig", wodurch sich in erheblichem Maße Antriebsenergie einsparen lässt. Auch Spinnennetze, Baumfarne, Lotusblätter und Schmetterlingsflügel sind nicht nur ästhetisch sehr ansprechende, sondern vor allem auch technisch-konstruktive Meisterwerke, die bereits als Vorbild für verschiedene technische Problemlösungen und Innovationen dienen (vgl. NACHTIGALL 2006). Bionik ist eine vielversprechende Wissenschaftsanwendung, die besondere Erfolgsprinzipien aus der Biologie auf die Problemlösungen der Technik zu übertragen versucht.

Gerechter Vorteilsausgleich

Im Hinblick auf die zu erwartende Gewinnspanne bei der erfolgreichen Neuentwicklung von Medikamenten, aber auch von Neuzüchtungen mit besonderen Leistungsprofilen für die Landwirtschaft wird deutlich, dass sowohl die nachhaltige Nutzung als auch der gerechte Vorteilsausgleich aus der Nutzung der genetischen Ressourcen wichtige Themen für die Zukunft sind. In der Vergangenheit konnten Firmen oder Forschungseinrichtungen ungehindert die genetischen Ressourcen eines Landes für ihre eigenen Zwecke kommerziell ausbeuten. Die Vereinten Nationen wollen verhindern, dass allein die kapitalkräftigen Unternehmen durch „Biopiraterie" aus dem grünen Erbe der Menschheit Millionengewinne schöpfen. Die UNO will auch verhindern, dass die beteiligten Unternehmen eine bestimmte Züchtung oder gentechnisch veränderte Pflanze (wie Gemüsesorten, Heilpflanzen) patentrechtlich schützen lassen und nun zukünftig von jedem, der diese Pflanzen anbauen und verkaufen will, entsprechende Lizenzgebühren einfordern.

Das Übereinkommen über die biologische Vielfalt (Convention on Biological Diversity, CBD) ist ein völkerrechtlicher Vertrag zwischen souveränen Staaten und wurde mittlerweile von 193 Vertragspartnern unterzeichnet und auch ratifiziert (Stand: Juni 2010). Die Mitgliedsstaaten haben sich das Ziel gesetzt, die Vielfalt des Lebens auf der Erde zu schützen, zu sichern und deren nachhaltige Nutzung so zu organisieren, dass möglichst viele Menschen heute und auch in Zukunft davon leben können.

Diese Biodiversitätskonvention verfolgt drei Ziele:

- die Erhaltung der biologischen Vielfalt
- die nachhaltige Nutzung ihrer Bestandteile
- den gerechten Vorteilsausgleich aus der Nutzung der genetischen Ressourcen.

Mit diesen Zielen wird versucht, ökologische, ökonomische und soziale Aspekte beim Umgang mit biologischer Vielfalt in Einklang zu bringen. Da-

Abb. 6: Sortenvielfalt ist auf vielen Märkten der Dritten Welt noch allgegenwärtig
Foto: G. Hein

Abb. 7: Äthiopische Kaffeebauern *Foto: G. Hein*

mit geht die Convention on Biological Diversity (CBD) weit über die „klassischen" Schutzkonzepte hinaus und ist somit im Hinblick auf Anspruch und Umfang das weltweit umfassendste Übereinkommen im Bereich des Naturschutzes und der Entwicklungspolitik.

Deutschland hat im November 2007 seine nationale Strategie zur biologischen Vielfalt verabschiedet (BMU 2007). Zu dieser Strategie gehören unter anderem die Ausweisung von Schutzgebieten, die Einrichtung von Genbanken, gezielte Wiederansiedlungen sowie wirksame Monitoringmaßnahmen.

Global denken und lokal handeln

Die 9. Vertragsstaatenkonferenz, die im Sommer 2008 in Deutschland (Bonn) stattfand, zeigte deutlich, dass die Bewahrung der biologischen Vielfalt eine globale Herausforderung ist, der man allerdings nicht alleine mit Gesetzen und staatlichen Programmen entgegentreten kann. Weltweit sind die Bewahrung der biologischen Vielfalt und ihre nachhaltige Nutzung nur möglich, wenn sich möglichst viele Menschen durch ihr persönliches Handeln und Entscheiden aktiv beteiligen. Egal ob Allgäuer Senner oder mongolischer Steppennomade, Rhönschäfer oder rumänischer Ziegenhalter, Niederrheinlandwirt oder nepalesischer Kleinbauer, Ostseefischer oder asiatischer Flussfischer, Wissenschaftler oder Laie, Gartenbesitzer, Schmetterlingskundler, Pilzsammler, Mediziner, Schamane, Vermarkter, Konsument, Waldbesitzer, Wanderer, alt und jung – alle gesellschaftlichen Gruppen sind gefordert, mit dazu beizutragen, das grüne Erbe ihrer jeweiligen Region zu bewahren. Global denken – lokal handeln. Nur wenn sich weltweit die Menschen entsprechend solidarisieren, können sie sich auch gegenseitig stark machen und z.B. auch der unsozialen Ausbeutung durch Biopiraterie entgegenwirken. Industrienationen in Westeuropa können nicht einfordern, dass die Artenvielfalt in tropischen Regenwäldern weltweit erhalten werden muss, wenn in Ländern wie Deutschland nicht alles Mögliche – auch außerhalb von Schutzgebieten – für die Bewahrung z.B. der Vielfalt der Ackerwildkräuter, sowie regionalen Apfel- und Gemüsesorten und Nutztierrassen getan wird.

Das Thema biologische Vielfalt ist ein globales Anliegen, erhält zurzeit aber auch in Deutschland in der breiten Öffentlichkeit noch zu wenig Aufmerksamkeit. Es stellt sich z.B. die Frage, was passiert dort, wo Behörden keine konkreten Schutzmaßnahmen – wie etwa Schutzgebietsausweisung – von oben verordnen können, oder welche Wildpflanzen und -tiere noch direkt vor der Haustür rund um Haus und Hof leben? Wie sieht es in den deutschen Hausgärten und bei der Nutztierhaltung aus und wie präsentiert sich die biologische Vielfalt z.B. im ländlichen Raum, dort wo die Menschen in der Regel ein großes Heimatbewusstsein haben und auch auf dieses grüne Natur- und Kulturerbe stolz sein sollten?

Die biologische Vielfalt unserer Heimat – einst und heute

Über Jahrhunderte hinweg haben die Menschen in Mitteleuropa aus der ursprünglichen Naturlandschaft eine reich gegliederte, vielfältige und damit artenreiche bäuerlich geprägte Kulturlandschaft geschaffen, wobei die Dörfer die besonderen Knotenpunkte in einem Netz von Äckern, Wiesen, Weiden, Hecken, Obstwiesen und Feldrainen bilden. Im Laufe der Jahrhunderte hat sich hier eine große biologische Vielfalt sowohl bei den Nutztieren und Kulturpflanzen wie auch bei den charakteristischen Wildpflanzen und -tieren entwickelt. Die einst große biologische Vielfalt wurde auf Grund des Strukturwandels im ländlichen Raum mittlerweile auf wenige Allerweltsarten reduziert.

Guter Heinrich, Gänsemalve, Herzgespann, Schwarznessel, Katzenminze, Eisenkraut und Zaunrübe – so heißen Wildpflanzen, die in Mitteleuropa bis vor einigen Jahrzehnten überall in Siedlungsnähe zu finden und den Menschen wohlbekannt waren. Sie wuchsen an Misthaufen und Jaucheabflüssen, auf Hof- und Lagerplätzen, auf Viehweiden, im Traufbereich der Hausdächer, an Wegrändern und Mauern, auf Friedhöfen, in Gärten und Obstwiesen. Heute sind jedoch die meisten der einst typischen Dorfpflanzen sehr selten geworden. Unterdessen stehen ca. 20 % der 100 früher häufig und regel-

Abb. 8: Echte Katzenminze (Nepeta cataria)   Foto: G. Hein

Abb. 9: Färberkamille (Anthemis tinctoria) Foto: G. Hein

mäßig in den Ortschaften anzutreffenden Pflanzen in verschiedenen Bundesländern bereits auf der Roten Liste. Ursache für ihren rapiden Rückgang ist die weitgehende Zerstörung ihres Lebensraumes, die Umstrukturierung der Landwirtschaft sowie der Rückgang der Kleinviehhaltung. Die nährstoffreichen Gänsewiesen, Hühnerhöfe, Misthaufen und Lagerplätze sind verschwunden, und die artenreichen Wegränder weichen den flächenversiegelten Bürgersteigen. Alte bewachsene Mauern werden sandstrahlgesäubert oder abgerissen, damit die Straßen und Wege verbreitert werden können. Vereinzelt wachsen diese Pflanzen noch versteckt an Standorten, um die sich kein pflegeversessener Anlieger kümmert.

Ein Blick über den Gartenzaun und zur Obstwiese zeigt, dass im ländlichen Raum neben einer Vielfalt von Wildpflanzen auch ein besonders wertvoller Schatz an Kulturpflanzen vorhanden ist. Früher waren Gartenpflanzen kaum käuflich zu erwerben, denn jeder Haushalt züchtete bzw. vermehrte sein Pflanzgut selbst oder besorgte sich die Ableger oder Samen durch Tausch mit dem Nachbarn. Der Rosenstrauch, die lokale Bohnen- oder die spezielle Birnensorte wurden stets liebevoll gehegt, kultiviert und auch als Erbstück an die nächste Generation weitergegeben. Die vielen unterschiedlichen Gemüse-, Zier- und Färberpflanzen, die Heil- und Gewürzkräuter sowie die mehr als 7.000 deutschen Obstsorten (darunter über 3.000 bekannte Apfelsorten) in Deutschland (Bundesanstalt für Landwirtschaft und Ernährung 2010) stellen nicht nur ein Stück lebendiger Kulturgeschichte dar, sondern müssen als unersetzbare Genressourcen gesehen werden. Nur noch ca. 20 Obstsorten, deren Anbau fast ausschließlich in Intensivplantagenwirtschaft mit klei-

Abb. 10: Rainfarn (Tanacetum vulgare) Foto: G. Hein

nen Spalierbäumen bzw. Niederstammkulturen erfolgt, kommen innerhalb der EU in den Handel – eine erschreckende Tatsache, die hinreichend Motivation sein sollte, sich noch stärker für den Erhalt der heimischen Obstsorten zu engagieren.

Für unsere Vorfahren war es ein selbstverständliches Geschmackserlebnis, dass Gemüse, Obst und Kräuter lokal und regional immer unterschiedlich schmecken. So wie Rosensorten verschiedenartig duften, schmeckt jede Möhre, Bohne oder Birne je nach Sorte, Standort und Klima ebenfalls anders. Die Menschen waren früher nicht auf bestimmte Geschmacksrichtungen landes- bzw. EU-weit einheitlich geprägt, so wie es heute durch die Lebensmittelindustrie gesteuert wird. Der eigene Anbau von Gemüse und Obst ist in der heutigen Zeit nicht mehr erforderlich, da die Supermärkte zu jeder Jahreszeit jegliches Gemüse und Obst als Importgut anbieten. Die Vielfalt der lokalen Gemüsesorten, so wie sie in immer weniger deutschen Nutzgärten noch vorkommt, ist zur Zeit noch gar nicht erfasst, geschweige denn in einer entsprechenden Genbank hinterlegt. Spezielle Initiativen wie die Bergische Gartenarche versuchen beispielhaft für das Bergische Land, einzelne Sorten für die Zukunft zu retten (FRIELINGSDORF 2008).

Die Zahl der alten Nutzgärten und Streuobstwiesen, deren bisherige Nutzung durch die EigentümerIn z.B. aus Altersgründen nicht weiter bestehen kann, steigt zurzeit dramatisch. Mit jedem alten Nutzgarten, der verschwindet, gehen vielerorts und zumeist völlig unbemerkt von der Öffentlichkeit auch die letzten Exemplare einer einst „geschätzten" lokalen Sorte unwiederbringlich verloren – und mit ihr ein Stück Heimatgeschichte. Ein vermeintlich „grüner" Garten im Neubaugebiet mit vielen bunten hochgezüchteten Zierpflanzen und fremdländischen Gehölzen stellt in keiner Weise eine Alternative zu dem Hausgarten alter Prägung oder der Streuobstwiese am Ortsrand dar.

Die „wilden" Ecken, Hausgärten und Obstwiesen sind auch für Hummeln, Schmetterlinge, Schwebfliegen, Wildbienen und Käfer wichtige Lebensräume, da diese meist existenziell an bestimmte Pflanzen als Nahrungsgrundlage gebunden sind. Nur wo Insekten an Pflanzen ausreichend Nahrung finden und auch Nistmöglichkeiten bestehen, sind auch insektenfressende Vögel und Fledermäuse zu finden. Weißstorch, Rauch- und Mehlschwalbe, Mauersegler, Zaunkönig, Haussperling, Hausrotschwanz, Rotkehlchen, Schleiereule, Steinkauz, aber auch die Fledermaus-Arten zähl-

Abb. 11: Initiative zur Bewahrung regionaler Sortenvielfalt
Foto: G. Hein

Abb. 12: Alte regionale Rhabarbersorte *Foto: G. Hein*

ten stets zu den vertrauten Kulturbegleitern des Menschen. Durch die Umstellung in der Landwirtschaft und auch durch die Aufgabe der Nutztierhaltung haben Dörfer vieles von dem verloren, was sie attraktiv für Tiere macht. Insgesamt sind die Bestände dieser früher so typischen Dorftiere bundesweit stark zurückgegangen. Frühere Allerweltsarten werden mittlerweile bereits in den Roten Liste der gefährdeten Tiere aufgeführt. Ein Sprichwort wie „Besser einen Spatz in der Hand als eine Taube auf dem Dach" verliert so seine Bedeutung, da Kinder heute gar nicht mehr mit Spatzen in Berührung kommen.

Einst war auch die Nutztierhaltung (Pferde, Rinder, Schafe, Ziegen, Schweine, Hühner u.a.) für die Menschen von existenzieller Bedeutung und somit unverzichtbar. Die Tiere wurden nicht nur als Nahrungsgrundlage gebraucht, sondern dienten auch als Zugtiere, lieferten Rohstoffe für die Kleidung (Wolle, Leder) und produzierten Dünger für die Felder. Die Domestizierung der Nutztiere begann bereits vor über 10.000 Jahren. In früherer Zeit war die Viehhaltung stärker als heute von Landschaft, Klima und Einsatzzweck abhängig. So entwickelten sich zahlreiche bodenständige und regional begrenzte Landrassen/Züchtungen, wie Sennepferd, Schwäbisch-Hällisches Schwein, Augsburger Huhn oder Bergischer Kräher. Der Beginn der Industrialisierung im 19. Jahrhundert leitete auch den rasanten Rückgang der altbewährten regionalen Haustierrassen ein. Bis in die 1950er Jahre prägten Schweine, Gänse, Hühner, Enten und Kaninchen den ländlichen Raum entscheidend mit, denn die Kleinviehhaltung war für die meisten Fami-

Abb. 13: Bayerische Landgänse *Foto: G. Hein*

Tabelle 1: Rote Liste der gefährdeten einheimischen Nutztierrassen

Spezies	Rassebeispiele
Pferde	*Alt-Württemberger, Dülmener, Leutstettener, Pfalz-Ardenner Kaltblut, Rottaler Pferd, Senner*,* Schleswiger Kaltblut, Schwarzwälder Kaltblut, Schweres Warmblut u.a.
Rinder	*Ansbach-Triesdorfer, Deutsches Shorthorn, Uckermärker,* Murnau-Werdenfelser, Braunvieh, Gelbvieh, Glanrind, Hinterwälder, Limpurger, Pinzgauer, Rotes Höhenvieh, Rotvieh alter Angler, Vorderwälder u.a.
Schweine	*Rotbuntes Husumer Schwein,* Buntes Bentheimer, Deutsches Sattelschwein, Angler Sattelschwein, Schwäbisch Hällisches Schwein u.a.
Schafe	*Schwarzes Bergschaf,* Alpines Steinschaf, Krainer Steinschaf, Brillenschaf, Leineschaf, Weiße gehörnte Heidschnucke, Weißes Bergschaf, Bentheimer Landschaf, Coburger Fuchsschaf, Rauhwolliges Pommersche Landschaf, Rhönschaf, Waldschaf u.a.
Ziegen	Braune Harzer Ziege, Thüringer Wald Ziege, Weiße Deutsche Edelziege u.a.
Gänse	*Lippegans, Deutsche Legegans,* Emdener Gans, Diepholzer Gans, Pommerngans
Hühner	*Augsburger, Bergischer Schlotterkamm, Bergischer Kräher, Krüper,* Ramesloher, Sachsenhuhn, Deutscher Sperber, Sundheimer, Lakenfelder, Ostfriesische Möwe, Brakel, Westfälischer Totleger, Vorwerkhuhn, Rheinländer u.a.

** kursiv = extrem bzw. stark gefährdet, sehr kleine Bestände*
Quelle: BUNDESANSTALT FÜR LANDWIRTSCHAFT UND ERNÄHRUNG (2008)

lien eine zwingende Notwendigkeit zum Zwecke der Eigenversorgung. Selbst im Ruhrgebiet hielten die Menschen in ihrer Zechensiedlung Schweine, Ziegen, Kaninchen und Hühner. Heute versorgt man sich im Supermarkt, und die eigene Nutztierhaltung ist nicht mehr erforderlich.

In Deutschland werden 63 einheimische Rassen der Arten Pferd, Rind, Schwein, Schaf und Ziege züchterisch geführt, von denen 52 als „gefährdet" bzw. „zur Beobachtung" eingestuft sind. Während es 1900 in Bayern noch 35 Rinderrassen gab, ist die Zahl heute auf vier gesunken (Bundesanstalt für Landwirtschaft und Ernährung 2008).

Öffentliche Aufmerksamkeit für das grüne Natur- und Kulturerbe schaffen

Wie soll die breite Bevölkerung angesprochen werden, damit sich die Menschen vor Ort wieder aktiv für den Erhalt der biologischen Vielfalt in ihrer Region einsetzen? Die Kartoffelsorte „Bamberger Hörnchen" sollte zukünftig auch noch in Bamberg beheimatet sein, und die Waldziege sollte auch in Thüringen weiter meckern dürfen. Menschen sollten wieder erfahren, dass auch der Westfälische Totleger (Huhn), das Bergische Schlachtschwert (Bohne), die Schafsnase (Birne), das Braune Mausohr (Fledermaus), die Gänsemalve oder auch die Zaunrübe zu ihrer Heimat gehören, auf die sie zu Recht stolz sein können. Dorfgemeinschaften, Heimatvereine, Regionalinitiativen, Naturschutzvereine, LandwirtInnen, GartenbesitzerInnen, NutztierhalterInnen, KonsumentInnen und HausbesitzerInnen sind aufgerufen, für die biologische Vielfalt in ihrem Umfeld aktiv zu werden. Manch ältere NutzgärtnerInnen, ApfelbaumeignerInnen oder SchafhalterInnen entpuppen sich als wahre Fachleute für das Thema Artenvielfalt und sind wichtige BewahrerInnen unseres gemein-

Abb. 14: Wilde Malve (Malva sylvestris) *Foto: G. Hein*

samen Kultur- und Naturerbes. Sie müssen in ihrer Arbeit unterstützt werden und sollten auch ermuntert werden, ihr Wissen weiterzugeben. Um weltweit etwas für die Bewahrung der biologischen Vielfalt tun zu können, müssen die Menschen vor Ort eine Vorstellung davon bekommen, dass in ihrem persönlichen Umfeld die regionalen Arten und somit ihr eigenes „grünes Erbe" im Begriff sind auszusterben und unwiederbringlich zu verschwinden. Die Öffentlichkeit sollte auch Kenntnis davon haben, dass ein gezielter Nachbau einer verschwundenen Pflanzenart oder einer bestimmten Tierrasse unmöglich und der Verlust auch mit Geld nicht zu bezahlen ist. Menschen im ländlichen Raum müssen jetzt zum Handeln bewegt werden, um insbesondere die zurzeit noch vorhandenen regionalen Sorten und Züchtungen zu bewahren. Sind diese nämlich verschwunden, wird auch kein aufwändiger Aktionismus mehr helfen können.

Warum ein Thema für Heimatmuseen?

Wenn die biologische Vielfalt in den Dörfern erhalten werden soll, muss etwas an der Einstellung der Menschen zur Natur geändert werden. Ein Heimatmuseum kann viel dazu beitragen, dass sich die Bevölkerung mit ihrer Region und somit auch mit deren biologischen Vielfalt identifiziert und sich zum aktiven Handeln motivieren lässt.

Heimat ist sowohl Natur- als auch Kulturerbe. Also liegt es nahe, dass sich insbesondere auch Heimatmuseen nicht nur mit Heimatkultur, sondern auch mit den Themen rund um Heimat und Natur auseinandersetzen. In der Regel wird in Heimatmuseen die historische Entwicklung eines Ortes, einer Region oder eines speziellen Wirtschaftszweiges anhand von Exponaten und anderen Dokumenten dargestellt. Häufig sind ortsansässige Vereine (meist Heimatvereine) die Träger des örtlichen Heimatmuseums, wobei als Räumlichkeit oft historische Gebäude genutzt werden. Viele Heimatmuseen ähneln sich im Hinblick auf Ausstellungskonzeption und Gestaltung, wobei die verbreitete Erwartungshaltung der/die BesucherIn häufig die Bestätigung findet, dass ein Heimatmuseum in erster Linie die alte bäuerliche und handwerkliche Kultur präsentiert. Die Erfahrung zeigt, dass für ein Heimatmuseum meist sehr viele unterschiedliche Gegenstände liebevoll, aber ziemlich zufällig zusammengetragen und eher unsystematisch gezeigt werden. Viele Heimatmuseen wirken daher überfrachtet, etwas angestaubt und unter Umständen auch thematisch überfordert. Dieser Umstand ist äußerst bedauerlich, denn viele Heimatmuseen sind wahre Schatzkammern und haben häufig auch das besondere Potenzial, sich durch neue Impulse weiterzuentwickeln, wodurch sie auch wieder mehr öffentliches Interesse wecken könnten.

Bisher findet das Thema „heimische Artenvielfalt" nur in wenigen Heimatmuseen Berücksichtigung, obwohl es viele direkte Bezugspunkte gibt. Man scheint sich zu scheuen, das Thema „biologische Vielfalt" konkret anzusprechen, da man sich zum einen nicht für zuständig empfindet und zum anderen wohl auch die Vorstellungskraft zu fehlen scheint, wie und was zu dieser Thematik in einem Heimatmuseum auszustellen wäre. Daher wird die Gesamtthematik leider allzu oft völlig ausgeblendet. Es ist sicherlich viel einfacher, im Heimatmuseum etwas Lebloses wie 67 verschiedene Schützenorden, 18 Dreschflegel und 7 Porzellannachttöpfe zu präsentieren, als sich mit der lebendigen Heimat – etwa mit heimischen Apfel- und Gemüsesorten, Ackerwildkräutern oder einer lokalen Hühnerrasse – auseinanderzusetzen.

Heimatmuseen haben eine lange Tradition. Es reicht aber heute gewiss nicht mehr allein aus, lediglich alte Arbeitsgeräte, Trachten, Fahnen und Bilder zu sammeln, herzurichten und ansprechend zu präsentieren. Vielmehr sollten sich Heimatmuseen auch mit der Bewahrung der biologischen Vielfalt auseinandersetzen, denn die Wildkräuter am Wegesrand,

Abb. 15: Attraktiver Außenbereich eines Heimatmuseums *Foto: G. Hein*

Abb. 16: Flachs im Museum – wo lagen früher die Flachskuhlen in der Landschaft? Foto: G. Hein

die Hausschwalben und die regionale Bohnensorte stellen ebenfalls wichtige Kulturgüter dar und haben bisher das Alltagsleben der Menschen wesentlich mitgeprägt. Es ist wichtig, dass gerade auch die gefährdete oder schon verlorene biologische Vielfalt in unseren Dörfern künftig mehr Aufmerksamkeit erhält und eine neue Wertschätzung erfährt. Heimatmuseen können der Öffentlichkeit in unterschiedlicher Weise zeigen, welche Pflanzen und Tiere in der Region beheimatet waren und welche davon heute überhaupt noch vorkommen. Sie können im Rahmen der Heimatpflege auch praktisches Wissen über ortsüblichen Hecken- und Obstbaumschnitt oder die Kultivierung von regionalen Gemüsesorten vermitteln, indem sie diese Arbeitsweisen im Museum demonstrieren.

Aussichtsreiche Anknüpfungen

Für Heimatmuseen bieten sich unterschiedliche und überraschend interessante Möglichkeiten an, zum Thema „biologische Vielfalt" aktiv zu werden. Häufig sind in alten Jahrbüchern und Archiven authentische Berichte zu finden, die Auskunft über die oben angesprochenen Aspekte und Themenfacetten geben. Auch alte Herbarien, Tierpräparate oder Sammlungen ermöglichen Rückschlüsse auf die (frühere) einheimische Tier- und Pflanzenwelt. Mit Hilfe von kurzen Erläuterungen, Bildern, Fotos, Zeichnungen oder Modellen lässt sich manches Exponat eines Heimatmuseums mit dem Thema „biologische Vielfalt" in Verbindung bringen und somit an Attraktivität und Be-

Abb. 17: Holzschuhe aus Pappelholz Foto: G. Hein

achtung gewinnen. Besondere Aspekte könnten beispielsweise sein:

- Welche Kulturpflanzen, Wildpflanzen, Wildtiere oder Nutztiere haben unsere Heimat mitgeprägt (z.B. Kranich im Gemeindewappen, Flachs, Wein)?
- Was wurde früher aus Flüssen, Bächen, Seen und Teichen gefischt? Gibt es z.B. bei den örtlichen FischerInnen ein Verzeichnis darüber, welche Fische vor 50 oder 100 Jahren aus dem Fluss geangelt wurden?
- Aus welchem Holz wurden Holzschuhe, Werkzeugstiele, Fachwerkbalken, Küchentische, Scheunentore, Dielenbretter, Biberschwänze (Dachpfannen) und Melkschemel hergestellt? Beispiel: Ein Heurechen wurde früher aus verschiedenen Holzarten hergestellt, und es gibt durchaus mancherlei regionale Varianten: So waren z.B. der Stiel aus biegsamer Fichte, die Querbalken aus Esche und die Zähne aus harter Berberitze.
- Welche Pflanzen wurden in den örtlichen Nutzgärten angepflanzt und wie sah der Pfarr- oder Schulgarten aus?
- Was stand in den einzelnen Regionen zu bestimmten Jahreszeiten auf dem Mittagstisch (Linsen, Bohnen, Buchweizen, Sauerkraut, 9-Kräutersoße), Fisch, Wild? Gibt es regionale Traditionen bzw. Rezepte? Beispiel: Schwäbische Linsengerichte. Welche Linsensorten wurden wie verwendet? Auf dem ausgestellten Küchentisch mit altem Essgeschirr könnte z.B. diese Mahlzeit präsentiert werden.
- Welche Pflanzen gehörten traditionell in den Krautwisch oder zum Schmuck der Fronleichnamsaltäre?
- Gab es traditionelle Heilpflanzen für Mensch und Haustier (Apothekergarten, Klostergarten)?
- Wie wurden sonstige Nutzpflanzen (z.B. Nesselstoff, Hanfseile, Leinen, Seife) technisch verwendet?

Abb. 18: Körbe aus unterschiedlichem Flechtmaterial Foto: G. Hein

- Welche Nutztiere gab es (z.B. Pferde, Rinder, Ziegen, Schafe, Esel, Hunde, Gänse, Tauben, Enten, Hühner)? Um welche Nutztierrassen handelt es sich, von denen Pferdegeschirr, Ochsenjoch, Kuhglocken und Ziegenkarren im Heimatmuseum zu sehen sind? Welche Nutztierrassen sind auf alten Fotos zu erkennen? Welche Merkmale hatten sie? Gab es lokale Rassen (z.B. Mohrenkopf, Vorwerkhuhn)? Gibt es in der Region noch ZüchterInnen und HalterInnen dieser Rassen oder Hinweise auf Zuchtprogramme?
- Wozu wurden Körbe gebraucht, und aus welchen Materialien (z.B. Weide, Eiche, Hasel) wur-

Abb. 19: Alte Vorratshaltung *Foto: G. Hein*

den sie hergestellt? Wie lange waren diese Körbe in Gebrauch?

- Was bauten die LandwirtInnen in der Region auf ihren Feldern an, als sie noch Selbstversorger waren? Getreide, Hackfrüchte, Ölpflanzen und Sonderkulturen (Flachs, Hopfen, Wein, Mohn)?
- Was befand sich früher in den Vorratskellern und was wurde wie eingekocht, gepökelt, geräuchert, getrocknet und gelagert?
- Welche Obstsorten wurden für den Eigenbedarf genutzt (Tafel-, Dörrobst, Brotaufstrich, Saft, Wein, Schnaps, Weihnachts- bzw. Kirmesapfel)? Im Spätsommer können eventuell unterschiedliche Apfelsorten aus dem Museumsbaumgarten ausgestellt

Abb. 20: Vussem Eifel Altkreis Schleiden ca. 1935 *Foto: privat*

werden. Das Heimatmuseum kann statt zu einer Weinprobe auch mal zu einer Apfelprobe einladen, damit unterschiedliche Sorten vorgestellt und verzehrt werden können. In einer apfelreichen Region kann das Heimatmuseum gemeinsam mit Naturschutz- oder Gartenbauvereinen zum Apfelfest einladen, wobei auch ein/eine erfahreneR Pomologe/in die von BürgerInnen mitgebrachten Apfelsorten bestimmen könnte.

- Wie wurde früher die Verarbeitung von Obst in den Unterricht der Land- und Hauswirtschaftsschulen den SchülerInnen nahe gebracht? (Unterrichtsmaterial, Fotos)
- Welche regionalen Namen gibt es für Garten- und Wildpflanzen (Poßblum, Spinneköpp und Maisütjes) sowie für Tiere (Wippestert, Mösch, Keckfoars, von Bülow u.a.)?
- Wie und womit wurde früher gefärbt (z.B. Färberwaid, Birkenblätter, Faulbaum, Krapp, Walnuss)?
- Welche Vogel- oder Schmetterlingsarten, die z.B. auf der Wandtafel im Schulzimmer des Heimatmuseums zu sehen sind, kommen heute überhaupt noch in der Region vor?
- Kulturlandschaft einst und jetzt – sind historische Karten und Fotos verfügbar?
- Gibt es lokale Traditionen, Anekdoten, Lieder oder Namen (Spitznamen für Dörfer, Familien u.a.), Flurnamen, die Rückschlüsse auf bestimmte Tier- und Pflanzenarten zulassen?
- Je nach Jahreszeit kann ein frischer Blumenstrauß oder können einzelne Pflanzen (keine geschützten Arten!) auf den Tisch gestellt werden, um die regionale Flora vorzustellen.
- Ist es möglich, anhand von persönlichen Biographien zu verdeutlichen, wie sich die biologische Vielfalt über drei oder vier Generationen ganz konkret in dieser Region gewandelt hat? Welche Vielfalt an Vogelarten, Wildpflanzen, Nutztierrassen existierten noch zu Zeiten der Urgroßmutter Katharina Voss (Jg. 1921), des Großvaters Heinz Müller (Jg. 1948) und des Vaters Georg Müller (Jg. 1970), und welche Arten kann nun heute die Enkeltochter Lisa Müller (Jg. 2001) überhaupt noch im gleichen Dorf erleben? Innerhalb von drei oder vier Generationen sind zahlreiche Arten aus dem „öffentlichen Blick" völlig verschwunden.

Wenn das Heimatmuseum über ein Außengelände verfügt, können in Zusammenarbeit mit Privatpersonen, Gartenbauvereinen, Landfrauen und anderen Vereinigungen verschiedene alte Gartenpflanzen (Gemüse-, Zier-, Heil-, Gewürz-, Färbepflanzen) bzw. Wildpflanzen oder auch Nistmöglichkeiten für Vögel und Insekten demonstriert werden.

Museumspädagogische Angebote

Zum Thema „biologische Vielfalt" können Heimatmuseen auch spezielle attraktive Besucherprogramme entwickeln und anbieten, die sich an alle Zielgruppen vom Kindergarten bis zu SeniorInnen richten. Hier empfiehlt es sich, mit den Umweltbildungseinrichtungen aus der Region zusammenzuarbeiten, um für ein Heimatmuseum ein rundes, lokaltypisches Angebot zu schaffen und ein didaktisch schlüssiges Konzept vorzulegen (vgl. ANU NRW 2007). Bis vor zwei oder drei Jahrzehnten war es für jedes Kind – zumindest in den ländlichen Regionen – noch eine fast selbstverständliche Erfahrung, unterschiedliches Gemüse (Möhren, Sauerkraut Schwarzwurzeln) aus dem hauseigenen Garten oder auch das selbstaufgezogene Kaninchen und Hühnchen zu essen. Heute wissen Kinder und auch Jugendliche häufig nicht mehr, wie Möhren oder Hühnerküken „in echt" aussehen und wie etwa selbstgeerntetes und frisches Gemüse schmeckt. Heimatmuseen könnten eventuell mit einem ideenreichen Museumsprogramm entsprechende Erlebnismöglichkeiten gerade für Kinder entwickeln, so dass diese wieder auf den Geschmack kommen. So käme auch ein entsprechendes Museumsinventar wie

Abb. 21: Herddörre im Heimatmuseum *Foto: D. Kölzer*

Krautschneider, Sauerkrautfass, Dörrofen, Apfelschäler usw. wieder zum Einsatz, und so manche ältere MitbürgerInnen fänden vielleicht Interesse daran, den Kindern diese Museumsgegenstände zu demonstrieren und zu erklären. Unter Umständen können hierdurch auch Kinder mit Migrationshintergrund sehr gut angesprochen werden, da in deren Heimatländern Nutzpflanzen aus dem eigenen Garten noch häufig eine viel größere Rolle als in Deutschland spielen. Mit der thematischen Erweiterung des museumspädagogischen Angebotes bestehen vielfältige Möglichkeiten, neue Zielgruppen zu erreichen und auch generationsübergreifendes Lernen zu initiieren.

Netzwerkarbeit

Die thematische Erweiterung kann sich durchaus positiv auf eine Vernetzung mit örtlichen Naturschutzgruppen, Archehöfen, Heimatvereinen, Biologischen Stationen, Freilichtmuseen, Garten- bzw. Obstbauvereinen, Landfrauen u.a. auswirken. Insbesondere kleinere Heimatmuseen können von einer Netzwerkarbeit erheblich profitieren. Jedes Heimatmuseum kann Informationsangebote und Veranstaltungsprogramme von PartnerInnen, die sich mit biologischer Vielfalt beschäftigen, auslegen und für deren Aktionen werben – wie z.B. Landfrauen, Naturschutzstationen, lokale Archehöfe mit alten Haustierrassen oder VermarkterInnen alter Gemüsesorten (Öffnungszeiten, Hoffeste, mögliche Tierpatenschaften, Exkursionstermine für Interessierte u.a.). Im Gegenzug erfährt das Heimatmuseum durch solche NetzwerkpartnerInnen ebenfalls Unterstützung im Hinblick auf Werbung, praktische Hilfe, fachliche Begleitung, Anregungen, gemeinsame Präsentation etc. Hierdurch kann es gelingen, weitere FördererInnen und UnterstützerInnen sowie HelferInnen für das Heimatmuseum zu gewinnen.

Ausblick

Die biologische Vielfalt, die zurzeit im ländlichen Raum zumindest in Teilen noch vorhanden ist, wird innerhalb weniger Jahre verschwunden sein, wenn nicht jetzt und direkt entsprechende Gegenmaßnahmen ergriffen werden. Damit die Vielfalt von Pflanzen und Tieren als Lebensgrundlage für die kommenden Generationen weiterhin zur Verfügung steht, müssen die unterschiedlichen AkteurInnen im ländlichen Raum gemeinsam eine Verantwortung übernehmen und entsprechend handeln. Ein Bewusstsein, dass die Bewahrung der biologischen

Vielfalt nicht nur sinnvoll, sondern geradezu notwendig ist, kann sich nur bilden, wenn Menschen die Vielfalt der Tiere und Pflanzen im Dorf wieder kennen und schätzen lernen. Die zahlreichen Heimatmuseen in Deutschland – vom Saarland bis nach Mecklenburg-Vorpommern, von der Nordseeküste bis zum Bodensee – können jeweils in ihrer Region einen wertvollen Beitrag zur Bewahrung der biologischen Vielfalt leisten. Es ist zu wünschen, dass möglichst viele Heimatmuseen den Entschluss fassen, sich dem Thema „biologische Vielfalt" zu öffnen und hierdurch für ihre Einrichtungen auch neue Impulse für die künftige Arbeit erhalten.

Abb. 22: Archehöfe widmen sich alten Nutztierrassen *Foto: G. Hein*

Literatur

ANU NRW (Hrsg.) (2007): Die ANU-Bildungsoffensive „Wert der Vielfalt". Schriftenreihe der Arbeitsgemeinschaft Natur- und Umweltbildung e.V., Band 14.

Arbeitsgemeinschaft der regionalen ländlichen Freilichtmuseen in Baden-Württemberg (Hrsg.) (2008): Essen und Trinken wie in alten Zeiten. – Stuttgart

Bundesamt für Naturschutz (BfN) (Hrsg.) (2007): Biologische Vielfalt – Das Netz des Lebens. – Bonn.

Bundesamt für Naturschutz (BfN) (Hrsg.) (2008): Daten zur Natur. – Bonn.

Bundesanstalt für Landwirtschaft und Ernährung BLE (Hrsg.) (2008): Rote Liste der gefährdeten einheimischen Nutztierrassen in Deutschland. – Bonn.

Bundesanstalt für Landwirtschaft und Ernährung BLE (Hrsg.) (2010): Lust auf Neues: Sortenvielfalt neu entdecken. Faltblatt. – Bonn.

Bundesministerium für Umwelt, Naturschutz und Reaktorsicherheit (BMU) (Hrsg.) (2007): Nationalstrategie zur biologischen Vielfalt. – Berlin.

Bundesministerium für Umwelt, Naturschutz und Reaktorsicherheit (BMU) (Hrsg.) (2010): Biologische Vielfalt – Die Grundlage unseres Lebens. – Berlin.

Frielingsdorf, M. (2008): Die Bergische Gartenarche. „Von der Aurikel zum Schlachtschwert". – In: Bund Heimat und Umwelt (Hrsg.): Biodiversität im Dorf: entdecken, vermitteln, fördern, S. 22–28. – Bonn.

Hein, G. (1995): Ist der Gute Heinrich noch zu retten? – In: Ministerium für Umwelt, Raumordnung und Landwirtschaft des Landes NRW (Hrsg.): Frauen für die Dorferneuerung für Frauen, S. 37–44.

Hein, G. (2008): Biologische Vielfalt im ländlichen Raum. – In: Bund Heimat und Umwelt (Hrsg.): Biodiversität im Dorf: entdecken, vermitteln, fördern, S. 7–16. – Bonn.

Kremer, B.P., Gotzmann, I. (2008): Biodiversität in der Kulturlandschaft. Anmerkungen zur Bedeutung der biologischen Vielfalt. Rheinische Heimatpflege 45, 97–122.

Nachtigall, W. (2006): Testlabor Natur. – In: Büchel, K. G., Malik, F. (Hrsg.): Faszination Bionik, S. 186–207.

Chancen und Möglichkeiten von Heimatmuseen zur Vermittlung von biologischer Vielfalt, Nachhaltigkeit und Kulturlandschaft – ein Leitfaden

Inge H. Gotzmann, Martina Hoff

„Gemeinsam die Vielfalt der Heimat entdecken" – diesen Wahlspruch haben wir uns als Leitidee zu diesem Projekt gesetzt.

Orts- oder Stadtmuseum, Freilichtmuseum oder Sammlungen – hinter dem Begriff Heimatmuseum verbergen sich höchst unterschiedliche Einrichtungen mit äußerst verschiedenen inhaltlichen, materiellen und personellen Möglichkeiten. Ein Museum wird nach dem Internationalen Museumsrat ICOM (International Council of Museums) definiert als eine „gemeinnützige, ständige, der Öffentlichkeit zugängliche Einrichtung, im Dienste der Gesellschaft und ihrer Entwicklung, die zu Studien-, Bildungs- und Unterhaltungszwecken materielle Zeugnisse von Menschen und ihrer Umwelt beschafft, bewahrt, erforscht, bekannt macht und ausstellt" (Deutscher Museumsbund 2006).

Deutschlandweit finden sich nach Angaben des Instituts für Museumsforschung unter dem Begriff Volkskunde- und Heimatmuseen tatsächlich 2.783 Institutionen. Mit dieser Anzahl nehmen allein diese Museen einen Anteil von rund 45 % an der Gesamtanzahl aller Museen in Deutschland ein. Hinzu kommen 423 Historische und Archäologische Museen sowie 918 Kulturgeschichtliche Spezialmuseen, die aufgrund ihrer Thematik vielfach ebenfalls zu den Museen mit stark regionalem Bezug zu zählen sind (Institut für Museumsforschung 2009).

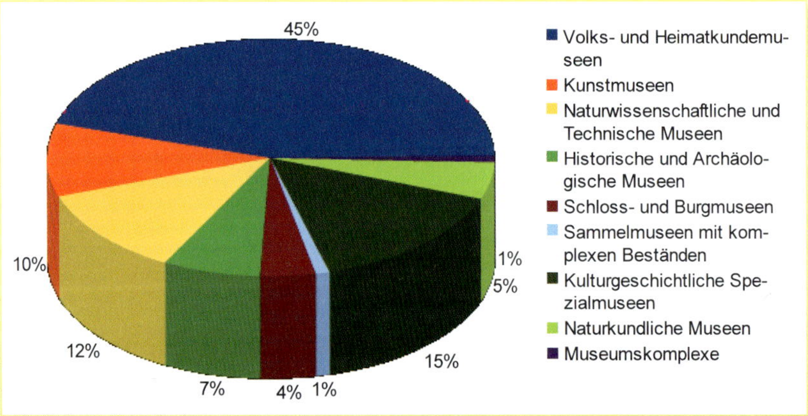

Abb. 1: Verteilung der bundesweit 6.190 Museen nach Museumstypen

Quelle: Institut für Museumsforschung 2009

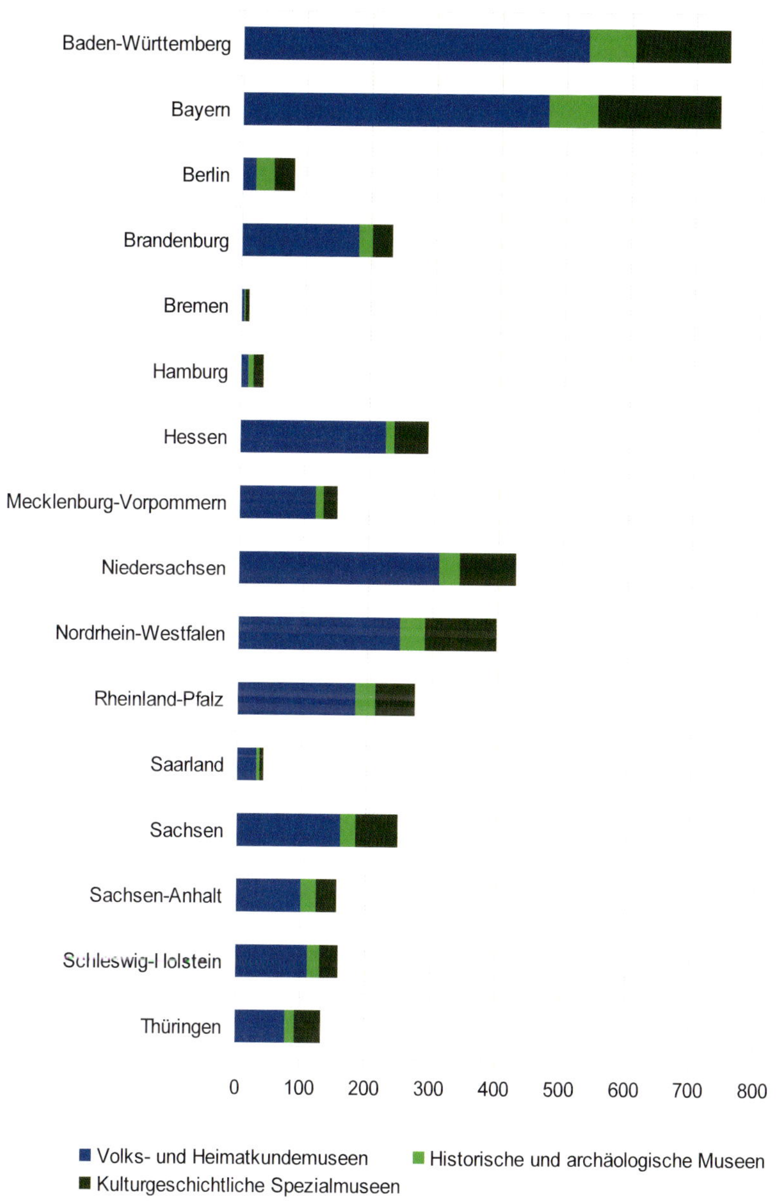

Abb. 2: Verteilung der Museen in den Ländern nach Museumsart
Auswertung nach Quelle: Institut für Museumsforschung 2009

Diese drei Museumskategorien umfassen somit deutlich mehr als 50 % der Gesamtanzahl der Museen in Deutschland, womit der Stellenwert dieser Einrichtungen hinreichend verdeutlicht ist. In ihrer Gesamtheit repräsentieren sie allein durch ihre Sammlungen einen hohen Wert, verkörpern ein umfangreiches Know-how und stehen zudem für eine beachtliche Kontinuität. Dennoch ist die Institution „Heimatmuseum" schwer zu definieren: Zu vielfältig sind die Ausprägungen dieser Museumsgattung, der leider häufig zu Unrecht ein etwas „verstaubtes" Image anhaftet. Daher gelingt am ehesten eine Umschreibung:

Ein Heimatmuseum beschränkt seine Aktivitäten in der Regel auf einen räumlich begrenzten Bezugsraum. Damit lässt es sich auch als regionales Museum fassen. Beide Begriffe werden im Folgenden gleichermaßen verwendet. Heimatmuseen oder regionale Museen stellen die historische Entwicklung eines Ortes oder einer Region anhand von Exponaten und Dokumenten dar. Nicht selten sind sie in einem historisch bedeutenden oder thematisch typischen Gebäude untergebracht. Die Schwerpunkte der Darstellung variieren stark und können beispielsweise auf prägenden Wirtschaftszweigen, bekannten Persönlichkeiten, ausgewählten Zeitabschnitten, landschaftlichen Besonderheiten und ähnlichen Themensegmenten liegen. Hinsichtlich Professionalität, Wissenschaftlichkeit, Methoden der Vermittlung und Organisationsformen gibt es erwartungsgemäß größere Unterschiede – verständlicherweise nicht zuletzt begründet durch die verschiedenen Trägermodelle.

Dieser Leitfaden richtet sich an alle diese Einrichtungen, die als Gedächtnis der Region Exponate und Wissen zusammentragen, vermitteln und erforschen, und will ihnen Ansätze aufzeigen, warum und wie durch Integration von Natur und Landschaft eine Bereicherung des Angebotes zu erreichen ist.

Neuer Zugang für eine bewährte Institution

Der unmittelbare regionale Bezug und das vielfältige regionale Wissen ermöglichen es gerade den Heimatmuseen in einzigartiger Weise, interdisziplinär besondere thematische Zusammenhänge aus der Region und für diese darzustellen. In ihren Angeboten können sie den regionalen Lebensraum als Ergebnis der Wechselwirkung zwischen naturräumlichen Gegebenheiten und menschlicher Einflussnahme im Laufe der Geschichte verdeutlichen. Allgemein erfreuen sich Natur und Landschaft in der breiten Bevölkerung einer hohen Wertschätzung: Die Sicherung der landschaftlichen Schönheit und Eigenart ihrer Heimat erachten rund 95 % der Befragten als wichtig (vgl. Bundesamt für Naturschutz 2009c). In der Werbung, in TV-Spots und Zeitschriften bieten Naturbilder außerordentlich beliebte Rahmenmotive.

In einer nicht zuletzt durch die Medien global wahrgenommenen Welt wird für viele Menschen ein Bezug zum eigenen engeren Umfeld immer wichtiger. Von einem festen Standpunkt aus ist es sicherlich leichter, sich fremde Welten zu erschließen. In einer Zeit, in der Natur- und Kulturerlebnisse als Reisemotive hoch im Kurs stehen, liegt hier eine besondere Chance. Ausgesuchte und spezielle Landschaften mit ihren jeweiligen Besonderheiten und in ihrer Authentizität zu entdecken, gehört einfach dazu und damit wird auch im Tourismus geworben. Die Heimatmuseen befassen sich ebenfalls mit den Eigenarten ihrer jeweiligen Region. Die Spurensuche in Heimatmuseen und ihrem Umfeld erschließt somit die umgebende Landschaft als einen überschaubaren Raum mit Platz für Natur und den Menschen mit seiner kulturellen Tätigkeit. Die Vermittlung von Schönheit und Eigenart der Landschaft haben auch hinsichtlich der Globalisierung einen hohen Stellenwert. Angesichts der weltweiten Nutzungsanforderungen ist eine nachhaltige Entwicklung von Kulturlandschaft nur möglich, wenn sich Menschen für sie interessieren und dabei die Frage nach der „richtigen" Art der Naturnutzung stellen.

Lange galt die Landschaft als neutrale Verfügungsmasse der boomenden Entwicklungen, bestenfalls als logistische oder bautechnische Herausforderung. Dabei verursacht der Raubbau an Landschaften weltweit längst Umweltprobleme in unvorstellbarem Ausmaß – wichtige Stichworte sind hier Klimaveränderung, Wasserknappheit, Nahrungsmangel und Artenschwund (Valentien 2010). Ökologische Einzelmaßnahmen werden diese Entwicklung nicht umkehren können.

Nachhaltigkeit muss größer und vor allem umfassender gedacht werden: Landschaft darf nicht nur als materieller Ressourcenlieferant wahrgenommen werden, sondern ist unbedingt auch in ihrer Bedeutung als ästhetischer und emotionaler Lebensraum zu stärken. Regionalspezifische Heimatmuseen, die Natur- und Kulturlandschaft einbeziehen, leisten hierzu einen wichtigen Beitrag. Bevor man in die thematischen Inhalte einsteigt, ist es wichtig, sich die spezifische Situation, die Problemlage sowie die Potenziale von Heimatmuseen vor Augen zu führen.

- ***Problemlage***

Heimatmuseen werden in der Regel mit viel ehrenamtlichem Engagement, aber nur wenigen hauptamtlichen Kräften aufgebaut und unterhalten. Die meisten Engagierten befinden sich (inzwischen) im Seniorenalter. Zudem sind in der Regel kaum finanzielle Mittel für eine Umgestaltung von Ausstellungen und Umsetzung von modernen Ausstellungskonzepten vorhanden. Daher sind moderne museumspädagogische Konzepte in Heimatmuseen selten zu finden. Es gilt, geeignete Instrumente für den notwendigen Modernisierungsprozess bereit zu stellen, damit Heimatmuseen ein möglichst breites Publikum ansprechen und weitere (vor allem jüngere) Zielgruppen erreichen können. Nur so ist einem Überalterungsprozess entgegenzuwirken. Zudem können moderne Konzepte dabei helfen, Sponsoren zu Zuwendungen für die Überarbeitung von Ausstellungen zu überzeugen.

- ***Potenziale***

Die in den Museen engagierten Personen interessieren sich beispielsweise für regionale Identität, Gärten, alte Nutzpflanzen und Tierrassen, Friedhöfe, (Hohl-)Wege, Brauchtum, Geschichte, Oral History, historische Landschaftsnutzungsformen (z.B. Kopfbaumschnitt, Wiesenbewässerung etc.) und für das Landschaftsbild. Hierdurch entsteht ein vielfältiger Fundus lokalen Wissens über kulturlandschaftliche Zusammenhänge. Dieser kann durch die Multiplikatoren in Heimatmuseen erschlossen und fundiert vermittelt werden. MitarbeiterInnen in den Heimatmuseen oder auch thematisch assoziierte Personen können hier eine stärkere Vermittlerrolle einnehmen, wenn ihnen entsprechende Ideen und Materialien an die Hand gegeben werden. Damit lässt sich ein wesentlicher Beitrag zur Bildung für eine nachhaltige Entwicklung umsetzen.

Für Heimatmuseen, die Natur und Umwelt als neuen Ansatzpunkt aufgreifen, liegt in den neuen Themen sicherlich die ihre weitere Existenz sichernde Chance, den Anschluss an aktuelle Entwicklungen und Ansprüche ihrer BesucherInnen zu halten und auch die sie tragenden ehrenamtlichen und hauptamtlichen Strukturen zu erneuern. Andererseits können sie den Anspruch erheben, mit ihren Angeboten besondere Impulse für eine nachhaltige Gestaltung der Welt zu geben. Dies kann bedeuten, neue Themenkomplexe aus Natur und Umwelt und damit verbundene Methoden in ihre Arbeit zu integrieren und entsprechend zu vermarkten. Dies ist insbesondere wichtig, da viele Einrichtungen keine institutionelle Förderung bekommen und darauf angewiesen sind, dass Schulen und andere Institutionen ihre Einrichtung nutzen. Prioritäres Ziel ist es daher, die Vermittlung von Naturschutzthemen in Heimatmuseen auszubauen und zu verbessern.

Vor diesem Hintergrund sind einige regionale Museen bereits auf dem Weg, diesen neuen Zugang – bzw. neue Perspektiven auf „alte" Themen – zu erschließen und damit auch eindeutige Vorteile für ihre eigene Arbeit zu erreichen. Viele weitere Heimatmuseen können von solchen positiven Erfahrungen profitieren. Diese machen deutlich, dass die Beschäftigung mit den „neuen" Themen nicht allein das Bildungsangebot erweitert, sondern bemerkenswert praktisch erfahrbare positive Wirkungen für die eigene Institution bedeuten kann. Kurz gesagt: Es bedeutet Arbeit, sich den „neuen" Themen zu stellen, aber es ist eine Arbeit, die sich in unterschiedlicher Weise für die eigene Institution unter den folgenden Aspekten auszahlt:

- Verstärkung des Beitrags zu Bildung: Die Museen greifen Ziele der Bildung für nachhaltige

Entwicklung auf und setzen sie auf unterschiedliche Art um. Durch Herstellung von direkten Bezügen zur Lebensweise der BesucherInnen und Aufzeigen von Handlungsalternativen vor dem regional-geschichtlichen Hintergrund der bestehenden Angebote leisten sie einen Beitrag zur Kommunikation zu nachhaltigem Verhalten. Dabei sprechen sie sowohl Kinder und Jugendliche (in Schulklassen und Familien, Großeltern-Enkel) als auch Erwachsene als Zielgruppen an. Die Publikumswirksamkeit wird spürbar erhöht.

- Förderung von Kooperationen und Netzwerken: Mit einer verstärkten Ausrichtung auf die genannten Themen entstehen Anreize, weitere KooperationspartnerInnen zusammenzubringen, so zum Beispiel Heimat- und Naturschutzvereine. Mit dem Aufbau von regionalen Netzwerken erschließen sich neue Ressourcen und nicht zuletzt neue Finanzierungsmöglichkeiten.
- Bekanntmachen und Modernisieren: Die Vermittlung von Naturschutzthemen in Heimatmuseen trägt dazu bei, die vorhandenen Angebote zu kommunizieren und bekannter zu machen, zu verbessern und zu modernisieren: Die Wahrnehmung und Umsetzung moderner museumspädagogischer Konzepte, ausgerichtet auf unmittelbares Erleben, unterstützt in solchen Einrichtungen (Heimat-/Freilichtmuseen) einen allgemeinen Modernisierungsprozess.
- Steigerung der Attraktivität – zum Beispiel für Familien und Schulen: Schulen könnten verstärkt die Heimatmuseen vor Ort als außerschulische Lernorte nutzen (Bildung für nachhaltige Entwicklung, Training in handlungsorientiertem Verantwortungsdenken). Damit werden das Naturerleben und Naturverständnis insbesondere bei SchülerInnen und Familien gefördert.
- Zielgruppengewinnung: Das Thema Naturschutz spricht neue (jüngere) Zielgruppen (Heimatmuseen, Heimatvereine) an und bewirbt verstärkt die bisherigen Zielgruppen.
- Ehrenamt stärken: Nicht nur extern, sondern auch intern weckt ein neuer Zugang Interesse, ermöglicht die Ansprache neuer Mitgliedergruppen und leistet somit einen wirksamen Beitrag zur Nachwuchssicherung. Es erfolgt zudem eine Förderung und Professionalisierung des ehrenamtlichen Engagements bei der Vermittlung von Naturschutzthemen in Heimatmuseen.
- Integration fördern: Insbesondere bei MigrantInnen aus osteuropäischen Ländern sind oft noch eine große Artenkenntnis, vor allem auch die praktische Erfahrung mit alten Nutzungssystemen (Landnutzung, Handwerk, Nahrungsmittelkonservierung etc.) vorhanden. Diese Gruppen können in besonderer Weise einbezogen werden (s. Abschnitt 4.5).

Um Themen wie Artenvielfalt und Nachhaltigkeit verständlich und lebensnah zu gestalten, muss man gewiss nicht erst in die weite Welt hinaus schweifen. Auf einem Rundgang durch den Museumsgarten oder einer Exkursion in die umgebende Kulturlandschaft lässt sich durchaus anschaulich vermitteln, dass Artenschutz direkt vor unserer Haustür stattfindet und praktiziert werden muss. Die regionaltypischen Obst- und Gemüsesorten, bewährte Kulturpflanzen, alten Nutz- und Haustierrassen oder die Einfriedungen und Hecken als Bestandteile der Kulturlandschaft machen einen wesentlichen Teil unserer biologischen Vielfalt und unseres kulturellen grünen Erbes aus. Jeden Tag verschwinden diese Lebensräume mehr und es sterben zahlreiche Arten aus. Hier können Heimatmuseen ansetzen und die globalen Zusammenhänge auf lokaler Ebene mit kreativen Ansätzen veranschaulichen. Ansatzpunkte, welche diese Potenziale erschließen helfen, liefern drei Begriffe, die auf den ersten Blick möglicherweise sperrig erscheinen, auf den zweiten aber viele interessante Blickwinkel erschließen.

Biologische Vielfalt

„Biologisch" und „Vielfalt" sind für die meisten Menschen bekannte und verständliche Begriffe. Vielfalt ist ein akzeptierter Wert, zudem positiv besetzt und mit Reichtum, Vielseitigkeit, bunt und modern verbunden. Die vielleicht weniger vertraute Kombination im Begriff der biologischen Vielfalt macht daher neugierig. Welche thematischen Zugänge sind damit verbunden?

Mit der Verabschiedung des UN-Übereinkommens über die biologische Vielfalt im Jahr 1992 und der Nationalen Strategie zur biologischen Vielfalt im Jahre 2007 erhielten die Begriffe „biologische Vielfalt" oder „Biodiversität" eine nachdrückliche und vor allem auch politisch unterstützte Bedeutung im behördlichen sowie ehrenamtlichen Naturschutz in Deutschland.

Zu den konkreten Visionen der Nationalen Biodiversitätsstrategie zählen beispielsweise die Erhaltung und Entwicklung von Kulturlandschaften. Abschnitt B 1.3.2 *Kulturlandschaften* führt aus: „Die Kulturlandschaften Deutschlands sind verschiedenartig strukturierte Landschaften mit einer spezifischen regionaltypischen Eigenart und Dynamik, die oft noch durch traditionelle Nutzungen geprägt sind. Viele von ihnen haben eine herausragende Bedeutung für die Erholung der Menschen und für die Erhaltung der biologischen Vielfalt."

Kulturlandschaft ist sicherlich kein statisches Gebilde, sondern unterliegt einem stetigen Wandel, den die gesellschaftlichen Entwicklungen mittragen und prägen (Kulturlandschaft im Zusammenspiel von Mensch und Natur). Gerade auch diese Themensegmente können Heimatmuseen von ihrer Grundkompetenz her sehr gut vermitteln. Die Heimatorganisationen sind daher in der Strategie auch als Akteure explizit benannt. Aktionsfeld C 12, *Ländlicher Raum und Regionalentwicklung*, führt aus: „ Intensivierung der Erfassung, Erhaltung und Vermittlung der ländlichen Kulturlandschaft (Heimatvereine und -verbände, Bund Heimat und Umwelt in Deutschland (BHU))."

Konkret umfasst der Begriff der biologischen Vielfalt bzw. der Biodiversität die Vielfalt der Lebensräume, der Pflanzen- und Tierarten sowie der Genotypen. Er steht somit für die Erhaltung der Gesamtvielfalt unserer belebten Umwelt in ihren verschiedenen Dimensionen und für eine Nutzung, die nachhaltig sein muss. Dabei geht es nicht um möglichst hohe Artenzahlen, sondern vielmehr um die funktionalen Abhängigkeiten und Beziehungen der Arten untereinander, und gerade auch im direkten Bezug zum Menschen. Dadurch wird es möglich, darzustellen, wie diese Vielfalt der Natur mit dem persönlichen Alltag und dem Handeln des/der Einzelnen zusammenhängt.

Mögliche Zugänge zu dieser Thematik für Heimatmuseen sind:

- Vielfalt in der Natur: häufig entweder als mehr oder weniger harmonisches Ganzes oder in Teilausschnitten spezieller Lebensräume oder einzelner Pflanzen und Tiere wahrgenommen.
- Abhängigkeiten: Arten, Lebensräume und Gene hängen voneinander und von der Handlungsweise der Menschen in Bezug auf Natur und Umwelt ab.
- Emotionale Ansprache: Eine fakten- und informationslastige Ansprache erreicht eher solche BesucherInnen, die sich bereits stark für diese Themen interessieren. Neues Interesse wird über eine Ansprache entfacht, die Gefühle wie Freude oder Neugier hervorruft und Einfühlungsvermögen weckt.

- Optimistische Botschaften: Kaum ein anderer Lebensbereich ist bei den meisten Menschen so uneingeschränkt positiv besetzt wie „Natur". Entsprechend sind die Vielfalt, das Schöne, das Reiche hervorzuheben, um positive Gefühle anzusprechen. Liegt der Schwerpunkt eher auf negativen Informationen, wie etwa dem Artensterben, so vermindert sich die Akzeptanz des Themas.
- Eigenes Handeln: Zielpunkt ist in jedem Fall das Aufzeigen konkreter persönlicher Handlungsoptionen, wie alle selbst den Erhalt und das Wachstum biologischer Vielfalt unterstützen und den Rückgang verlangsamen oder aufhalten können.
- Direkte Begegnung: Unmittelbare Erfahrung mit allen Sinnen in der Natur erreicht die BesucherInnen besonders nachhaltig. Die mediale Aufbereitung kann die Augen öffnen und sollte mit Angeboten eines unmittelbaren Naturerlebens verzahnt sein.

Beispiel:

Förderung der Artenvielfalt im traditionellen Bauerngarten im Museumsdorf Altwindeck

Abb. 3: Bauerngarten im Museumsdorf Altwindeck
Foto: D. Kölzer

Mittlerweile ist in zahlreichen Dörfern die Vielfalt der Kulturpflanzensorten zurückgegangen. Traditionelle Nutzgärten haben ihre Funktion verloren und sind mittlerweile aus vielen Dörfern verschwunden. Hier können Heimatmuseen einen wichtigen Beitrag zur Erhaltung der Artenvielfalt leisten, indem sie die Tradition der bäuerlichen Landwirtschaft und Nutzgärten demonstrieren. Im Museumsdorf Altwindeck (Rhein-Sieg-Kreis, Nordrhein-Westfalen) wurde ein traditioneller Bauerngarten angelegt. Die BesucherInnen lernen hier traditionelle, bekannte und weniger bekannte „Bauernblumen", Kräuter sowie Nutz-, Zier- und Heilpflanzen kennen. Gerade die ihnen unbekannten Pflanzen wecken das Interesse der BesucherInnen und motivieren dazu, selbst wieder mehr Vielfalt in den eigenen Garten zu bringen. Gleichzeitig bietet ein naturnaher Bauerngarten gerade für Familien mit Kindern Raum für naturkundliche Beobachtungen und schafft einen Bezug zu heimischen Pflanzen und Tieren. Die Pflege des Bauerngartens hat im Museumsdorf Altwindeck die Gruppe „Agenda naturnaher Garten Windeck" übernommen, die auch entsprechende Tipps und Informationen bezüglich Pflanzenauswahl, deren Beschaffung und Kultur anbietet. Die Beete im Museumsgarten sind – wie früher üblich – mit Buchsbaum eingefasst. Ein Holzzaun nach altem Vorbild umgrenzt den gesamten Museumsgarten. Hier erhöht die Einbeziehung regionaltypischer Baumaterialien und -techniken gleichzeitig die kulturlandschaftliche Vielfalt.

Abb. 4: Insektenhotel im Bauerngarten *Foto: D. Kölzer*

Abb. 5: Hochbeet im Museumsgarten *Foto: D. Kölzer*

Neben dem eigentlichen Bauerngarten wurden im Museumsdorf in Mischkultur bepflanzte Hochbeete angelegt, für die die Kinder des Familienzentrums Regenbogenland (Windeck) die Patenschaft übernommen haben. Das Kennenlernen unterschiedlicher Nutzpflanzen mit deren Anbau und Verwendung bietet die Chance, Wissen praktisch weiterzugeben. Gleichzeitig können solche Gärten zur Erhaltung der Nutzpflanzenvielfalt beitragen. Nicht zuletzt stellen alte Nutzpflanzen und Gemüsesorten ein Zeugnis der jeweiligen Dorfgeschichte dar. Hochbeet-Gärten bieten auch StadtbewohnerInnen die Chance, einen Garten anzulegen, denn ungeeigneter, nicht tiefgründiger oder nährstoffarmer Gartenboden kann durch ein Hochbeet „nutzbar" gemacht werden. Hochbeete werden systematisch aufgeschichtet mit Ästen, Zweigen, Grassoden, Laub, Kompost und Erde. Wenn diese organischen Substanzen verrotten, entsteht Wärme. Dadurch keimt das Saatgut schneller und auch früher. Ebenso reift das Gemüse schnell und kann früh geerntet werden. Mit der Anlage von kleinen Nutzgärten lässt sich die Nutzpflanzenvielfalt unterstützen.

Zum Schutz und zur Förderung von Nützlingen im Garten wurde im Museumsdorf ein sogenanntes „Insektenhotel" angelegt. Dieser künstlich geschaffene Unterschlupf besteht aus Baumrinde, Stroh, Torf, Lehm u.Ä. Aufgrund der Nähe zum naturnahen Garten finden die „Hotelbewohner" viele einheimische Kräuter, blütenreiche Wildpflanzen und Sträucher.

Internet:

www.heimatmuseum-windeck.de · www.naturgartenwindeck.de

Nachhaltigkeit

In Heimat- und Freilichtmuseen ist der Gedanke der langfristigen Erhaltung von Traditionen ohnehin gegeben, so dass auch der Nachhaltigkeitsgedanke in moderner Sichtweise umgesetzt werden kann. Hierbei lässt sich die Bedeutung von Regionalität im Kontext von Globalität wirksam darstellen.

Um die Welt für nachfolgende Generationen lebenswert zu erhalten und zu gestalten, gilt es zu lernen, nachhaltig zu denken und zu handeln. Nur so lassen sich Lösungen für Herausforderungen wie den Klimawandel oder die weltweit wachsende Armut finden. Seit der Verabschiedung der Beschlüsse der Weltkonferenz in Rio de Janeiro 1992 und dem Beginn der UN-Weltdekade „Bildung für nachhaltige Entwicklung" im Jahr 2005 sind formelle Bildungsinstitutionen wie Schulen und Kindertagesstätten, aber auch non-formale Einrichtungen wie beispielsweise Museen und andere außerschulische Lernorte gefordert, das Thema verstärkt aufzugreifen. Das bedeutet insbesondere darzustellen, wie Menschen vor Ort und global ökologisch (das Naturerbe bewahrend), sozial (das Naturerbe gerecht verteilend) und ökonomisch (das Naturerbe pfleglich nutzend) ihr Leben und ihren Alltag gestalten.

„Bildung für eine nachhaltige Entwicklung vermittelt Kindern und Erwachsenen nachhaltiges Denken und Handeln. Sie versetzt Menschen in die Lage, Entscheidungen für die Zukunft zu treffen und dabei abzuschätzen, wie sich das eigene Handeln auf künftige Generationen oder das Leben in anderen Weltregionen auswirkt" (Deutsche UNESCO-Kommission). Sie vermittelt Wissen über lokale und globale Zusammenhänge sowie Herausforderungen und die komplexen wirtschaftlichen, ökologischen und sozialen Ursachen und Folgen. Die Bildungsangebote stärken die Entscheidungs- und Handlungskompetenz – also die Fähigkeit, Wissen über nachhaltige Entwicklung anzuwenden und Probleme nicht nachhaltiger Entwicklung zu erkennen.

Besteht ein entsprechendes Konzept, das Erlebnisse zu Lernerfahrungen über soziale, wirtschaftliche und ökologische Zusammenhänge zusammenführt, entsteht für die BesucherInnen ein attraktiver Zugang zu einem ansonsten häufig eher abstrakten Lerngegenstand und ein Ansatz zum Aufbau einer eigenen Gestaltungskompetenz. Die mehrperspektivische Erschließung von Umweltsituationen und -problemen aus unterschiedlichen Wissensfeldern und lebensweltlichen Erfahrungsbereichen erweist sich somit als Grundvoraussetzung einer Bildung und Sensibilisierung für nachhaltige Entwicklung.

Denkbare Zugänge sind

- Vorbildfunktion: ökologisch nachhaltiges Verhalten und Wirtschaften in den alltäglichen Betriebsabläufen der Einrichtungen,
- Wahrnehmung des Bildungsauftrages: Verankerung der Bildung für Nachhaltigkeit im Grundkonzept und entsprechende inhaltliche und qualitative Angebote, um angesichts der Freizeitsituation der Gäste Bildung als Erlebnis zu vermitteln,
- Kooperationen: Engagement in übergeordneten Verbänden, kontinuierlicher interdisziplinärer Austausch zu speziellen Themen, Erschließen von Synergien durch inhaltliche, organisatorische und strategische Partnerschaften.

Beispiel:

1000 Jahre Fischereibruderschaft – nachhaltige Fischwirtschaft im Fischereimuseum Bergheim an der Sieg

Das Fischereimuseum (Rhein-Sieg-Kreis, Nordrhein-Westfalen) existiert in seiner heutigen Form seit 2010. Zuvor gab es bereits eine Sammlung historischer Gerätschaften aus dem Berufsalltag der Fischer, die von der lokalen Fischerei-Bruderschaft zusammengetragen worden war. Über 1000 Jahre lang bewirtschaftete die zunftähnlich organisierte Fischerei-Bruderschaft die Fischgewässer im Gebiet der Siegmündung und hat im Laufe der Zeit dazu beigetragen, dass diese inzwischen einmalige Kulturlandschaft bis heute erhalten blieb: Die untere Sieg gehört heute zu den fischreichsten Flüssen in Deutschland. Die Regeln der gemeinschaftlichen Ressourcennutzung zielten daher schon immer auf eine nachhaltige Nutzung ab, die eine Überfischung ausschloss. Solche Systeme könnten auch zukünftig wieder an Bedeutung gewinnen. Leitidee des Museums ist es, den historischen Fischfang in der Siegaue als eine Wechselwirkung zwischen Natur und Kultur darzustellen und damit die Themen Artenvielfalt und Nachhaltigkeit verständlich und lebensnah zu vermitteln. Die Herstellung direkter Bezüge zur Lebensweise der BesucherInnen und das Aufzeigen von Handlungsalternativen vor einem regional-geschichtlichen Hintergrund leisten einen Beitrag zur Kommunikation über nachhaltiges Verhalten. Die Sammlung und auch das neue Museumsgebäude stehen in direkter Verbindung bzw. in Sichtbeziehung mit dem Naturschutzgebiet Siegaue. Die Beziehungen und Abhängigkeiten der Arten untereinander werden vorgestellt und in direkte Beziehung zum Menschen gebracht. Die Ausstellung zeigt, wie die Vielfalt der Natur mit dem persönlichen Alltag und dem Handeln des/der Einzel-

Abb. 6: Das Museumsgebäude fügt sich harmonisch in die Landschaft ein. Foto: H. Mick, Regionale 2010

Abb. 7: Exponate werden im Rahmen von Inszenierungen in ihrem Sinnzusammenhang gezeigt, ergänzt durch Dioramen und Modelle. Foto: H. Mick, Regionale 2010

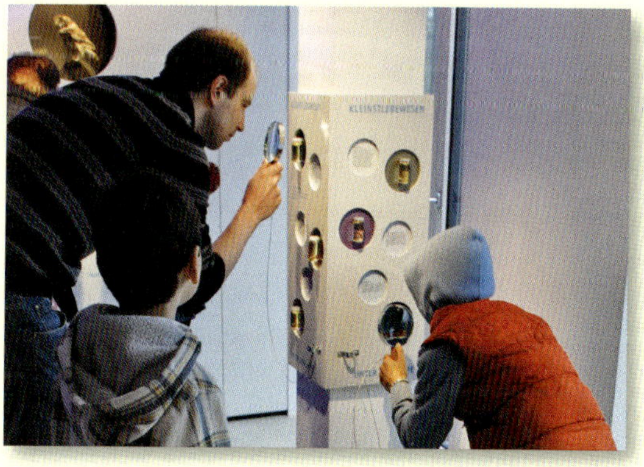

Abb. 8: Interaktive Lernstation Foto: C. Vorwig

nen verzahnt ist. Das Museum versteht sich als außerschulischer Lernort und möchte in der nahen Zukunft engere Kontakte zu Schulen herstellen. Damit soll das Naturerleben und das Naturverständnis bei Kindern und Jugendlichen gefördert werden. Außerdem plant das Museum, sein Angebot um die Anlage eines Naturpfads in der Siegaue zu erweitern. Exkursionen wie die Jahreszeiten-Wanderungen in der Siegaue werden bereits angeboten. Außerdem entsteht ein Radweg mit Informationen zum Thema Fischfang.

Abb. 9: Anfassen erlaubt! *Foto: S. Klinke*

Internet:

www.fischereimuseum-bergheim-sieg.de

Literatur:

Brodesser, H. (1987): Die Fischerei-Bruderschaft zu Bergheim an der Sieg. – Troisdorf.

Klein, M. u. Kremer, B.P. (2010): Die Sieg. Tallandschaft zwischen Rothaargebirge und Niederrheinischer Bucht. – Köln.

Kulturlandschaft

Die Kulturlandschaft ist das Ergebnis der folgenreichen Wechselwirkung zwischen naturräumlichen Gegebenheiten und menschlicher Einflussnahme im Laufe der Geschichte. Entsprechend finden sich in der gegenwärtigen Kulturlandschaft Elemente aus unterschiedlichen Epochen. Das Gesamtbild ist das Ergebnis eines Wandels, der sich auch in der Zukunft fortsetzen wird.

So reicht die Auseinandersetzung mit der Kulturlandschaft weit über die rein historisch-konservierende Sicht hinaus. Kulturlandschaft verbindet die ökosystemare Ebene mit der wirtschaftlichen Dimension; sie bildet ebenso die regionaltypische Prägung wie auch aktuelle Prozesse ab.

Die Kulturlandschaft ist nicht nur Ort alltäglichen Handelns, in dem private, gesellschaftliche und geschäftliche Netzwerke gepflegt werden. Sie ist vor allem auch Lebensraum, der von allen individuell sinnlich, emotional und ästhetisch erfahren werden kann. Sie kann somit auch bedeutende Grundlage für die eigene Identitätsfindung bzw. -bindung sein und bietet einen wichtigen Ort der Identifikation. Das Maß an Identifikation ist desto stärker, je intensiver sich die Menschen und Institutionen als maßgeblichen Teil eines positiv bewerteten Ganzen wahrnehmen, in dem sie Wertschätzung erfahren, ihre Interessen Berücksichtigung finden und die Möglichkeit besteht, aktiv mit zu gestalten.

Die Kulturlandschaft ist auch im jüngst novellierten Bundesnaturschutzgesetz ausdrücklich als Schutzgut beschrieben. Es gilt, die „Vielfalt und Eigenart" zu erhalten. Dies zielt sowohl auf den Aspekt der biologischen Vielfalt in vielfältigen Landschaften ab als auch auf den kulturellen Aspekt von historisch entstandenen Landschaften, die oftmals eine wichtige Erholungsfunktion und einen Naturerlebniswert aufweisen. Die Studie „Naturbewusstsein 2009 – Bevölkerungsumfrage zu Natur und biologischer Vielfalt" (Bundesministerium für Umwelt, Naturschutz und Reaktorsicherheit u. Bundesamt für Naturschutz 2010) zeigt, dass die meisten Menschen mit „Naturerlebnis" das Erleben kulturell gestalteter, abwechslungsreicher Landschaften verbinden – weniger hingegen die „reine" Naturlandschaft, die überwiegend geschlossene, ursprüngliche Wälder bedeuten würde.

Zwei Konventionen spielen im Hinblick auf Landschaft und Kultur eine internationale Rolle, beide sind jedoch von Deutschland bislang noch nicht unterzeichnet. Es handelt sich zum einen um die Europäische Landschaftskonvention, die sich mit der Erhaltung und Entwicklung von Landschaften in Europa befasst (vgl. www.civilscape.eu). Zum anderen ist hier das UNESCO-Übereinkommen zur Erhaltung des Immateriellen Kulturerbes zu nennen. Hierzu zählt die Erhaltung des kulturellen Erbes, das vor allem als Wissensspeicher vorhanden ist, z.B. das Wissen um alte Handwerkstechniken, Landnutzungstechniken oder Legenden und Sagen. In diesem Bereich ist in Heimatmuseen eine große Vielfalt vertreten und zu vermitteln. Heimatmuseen können daher mit der Vermittlung des Themas Kulturlandschaft einen Beitrag zur Umsetzung internationaler Bestrebungen leisten.

Die Kulturlandschaft eignet sich hervorragend als thematischer Anknüpfungspunkt für die Arbeit in Heimatmuseen und kann sie zu einer Institution zur Stärkung der regionalen Identität mit einer Bedeutung für die nachhaltige Regionalentwicklung werden lassen. Die attraktive Kulturlandschaft mit ihrer historischen Bausubstanz, lebendigen Städten und Gemeinden, mit gewachsenen landwirtschaftlichen und natürlichen Strukturen und gesellschaftlichen Angeboten bietet auf vielen Betrachtungsebenen eine große Vielfalt und Qualität.

Die meisten AkteurInnen und BesucherInnen nehmen jedoch vor allem den gegenwärtigen Ausschnitt wahr und betrachten die Kulturlandschaft vorrangig aus ihrem individuellen Blickwinkel mit den sich daraus ergebenden jeweiligen Erwartungen und Nutzungsansprüchen. Kommunikations- und Vernetzungsstrukturen sind häufig nur themenbezogen vorhanden. Selbst in den oft überschaubaren Orten fehlen interdisziplinäre, an den vielfältigen Wirkungsebenen der Kulturlandschaft orientierte Kontakte und Projekte.

Das Potenzial einer Kulturlandschaftsperspektive bleibt daher zu einem Großteil ungenutzt. Die Kenntnisse über historische und gegenwärtige Zusammenhänge und das sich ergänzende Zusammenspiel verschiedener Fachbereiche gilt es daher zu erkennen und für eine zukunftsfähige Entwicklung zu nutzen.

Heimatmuseen können die Vielschichtigkeit der Kulturlandschaft nutzen, um durch das Anknüpfen an einzelne Facetten oder die Gesamtheit den BesucherInnen vielfältige Erlebnisse zu vermitteln und neue Zugänge zu erschließen. Gerade das breite lokale und regionale Wissen ermöglicht es diesen Institutionen, am konkreten Beispiel aus der eigenen Sammlung oder dem Umfeld detailliert Geschichte, Prozesse und die sie bedingenden Faktoren aufzuarbeiten. Anknüpfungspunkt kann dabei ein Exponat, ein Gebäude oder Ähnliches sein, das in seinen landschaftlichen Kontext gestellt und unter verschiedenen landschaftsbezogenen Blickwinkeln betrachtet wird.

Mögliche Zugänge zu dieser Thematik für Heimatmuseen sind:

- die ökosystemare Ebene,
- die ökonomisch-politische Ebene,
- die naturräumliche Prägung, z.B. als Agrar-, Wald-, Seen-, Gebirgslandschaft,

- der sozio-historische Kontext, vor allem im Blick auf Heimat-, Landes- und Denkmalpflege, als Grundlage von Identitätsfindung und -bindung sowie als Raum, in dem man sich wohlfühlen kann,
- kulturwissenschaftliche Reflexion und Deutung,
- Gestalt oder Bild, Gegenstand sinnlicher Wahrnehmung, mit Symbolik, Ästhetik, Emotion sowie
- Motiv künstlerischen Schaffens

Beispiel:

„Ein Museum geht in die Landschaft" – Heimatmuseum des Daadener Landes

Das Heimatmuseum des Daadener Landes (Landkreis Altenkirchen, Rheinland-Pfalz), dessen Anfänge bis in das Jahr 1921 zurückreichen, ist im Obergeschoss der „Alten Post" in der Ortsmitte von Daaden untergebracht. Im Erdgeschoss des historischen Gebäudes (1671 errichtet) mit charakteristischem Rundturm betritt man eine Wendeltreppe im Turm, wobei die dort ausgestellten historischen Fotos die BesucherInnen bereits im Treppenhaus geschickt in die thematischen Schwerpunkte des Museums einführen. Trägerin des Museums ist die Ortsgemeinde Daaden. KooperationspartnerInnen sind u.a. der Arbeitskreis Heimatgeschichte des Daadener Landes, der Westerwaldverein Daaden e.V. sowie die Evangelische Kirchengemeinde Daaden. Die Ausstellung zeigt vor allem das vom Bergbau, dem Hüttenwesen sowie der Land- und Haubergswirtschaft (weitergehende Informationen zum Thema „Haubergswirtschaft" finden Sie in dieser Publikation im Beitrag von Alfred Becker) geprägte Alltagsleben in dieser Teilregion des Westerwaldes. Damit steht die Sammlung auch in direkter Verbindung mit der umgebenden Kulturlandschaft und weist auf prägende Wirtschaftszweige und landschaftliche Besonderheiten der Region hin. Die das Landschaftsbild und -ökologie prägende Haubergswirtschaft existiert dort auch heute noch. Aufgrund steigender Brennstoffkosten und im

Abb. 10: Das Heimatmuseum befindet sich im historischen Gebäude. Foto: D. Kölzer

Sinne einer nachhaltigen Energieerzeugung kann sie zukünftig sogar noch an Bedeutung gewinnen. Gegenüber früher hat sich allerdings ein Wandel vollzogen. Dies gilt sowohl hinsichtlich der gewerblichen und privaten Abnehmer als auch für die Arbeitsmethoden. Für eine zukünftige Entwicklung wird die regelmäßige Abfolge gleichgroßer Jahresschläge als bewährte Methode zur Sicherung der Nachhaltigkeit der Holznutzungen beibehalten. Auch stärkt die Nutzung der Niederwaldflächen die regionale Wertschöpfung. Geändert haben sich jedoch die sozialen Gefüge und damit die Eigentumsform. Das Waldeigentum ist heute nicht mehr gemeinschaftliches Eigentum der BewohnerInnen einer Ortschaft.

Abb. 11: Die Ausstellung zeigt u.a. die Haubergswirtschaft.
Foto: D. Kölzer

Abb. 12: Der Themenwanderweg führt am ehemaligen Basaltsteinbruch „Schimmerich" vorbei.
Foto: D. Knautz

Das Museum zeigt nur eine Auswahl der vorhandenen Bestandsobjekte. Hierbei versucht man, sich auf die interessantesten und ausgefallensten Stücke zu beschränken. Jedes Exponat ist auf einem Schild benannt und zeitlich eingeordnet. Weitergehende Informationen werden vom Museumsleiter oder seinem Stellvertreter erzählt. Viele Wandergruppen besuchen das Museum in Verbindung mit den angebotenen Themenwanderungen, die am Heimatmuseum starten oder dort enden. Diese Wanderungen (auf Wunsch mit WanderführerIn des Westerwaldvereins) führen durch die Kulturlandschaft des Daadener Landes und integrieren u.a. aufgelassene Basaltsteinbrüche (Abbaustätten sind heute ausgewiesene Naturschutzgebiete), Niederwaldflächen, ein Renaissanceschloss sowie die Barockkirche Daaden in den Wegeverlauf. Weitere Wanderungen führen über den Panorama- und den Grubenwanderweg. Zu diesen Wanderungen gibt es im Museum weiterführende Informationen. Der Arbeitskreis Heimatgeschichte des Daadener Landes bereitet zurzeit eine Dokumentation der alten Bergmannspfade vor.

Internet:

www.daaden.de/Tourismus/

Der Leitfaden

Wo vielfältiges regionales Wissen und die Bereitschaft zur lebendigen Weitergabe bestehen, werden neben Ausstellungsstücken in einem womöglich historischen Gebäude auch viel hauptamtliches und ehrenamtliches Engagement sowie ein neuer Blickwinkel gebraucht, um attraktive Angebote zu entwickeln. Das Aufgreifen eventuell neuer und aktueller Themen(bezüge) wie beispielsweise Artenvielfalt, Nachhaltigkeit oder Kulturlandschaft bietet ein geeignetes Potenzial, das vorhandene Konzept zu überdenken. Dies kann Anstoß sein für eine grundsätzliche und selbstkritische Betrachtung der aktuellen Situation des Museums. Für manches Museum ist die inhaltliche Auseinandersetzung ein Impuls zu neuem Schwung. Da sollte das Museum mehr bieten als vielerorts wiederholte, bekannte Themen, verstaubte Sammlungen und zielgruppenferne Angebote – meist Ursache dafür, dass mancherorts BesucherInnen wegbleiben und junge Mitwirkende fehlen.

Dabei sind die Potenziale vorhandener Museen groß – immerhin sind sie entstanden durch jahrelange Aufbauarbeit, großen Mittel- und Personaleinsatz, unzählige ehrenamtlich geleistete Stunden und viele (Sach-)Spenden. Diese Potenziale gilt es, nachhaltig zu nutzen.

Viele Heimatmuseen und Sammlungen sind auf dem Weg, das wertvolle vorhandene Potenzial des Museums im immer wieder notwendigen Erneuerungsprozess zeitgemäß zu nutzen. Oft reicht es, für diesen Prozess eine neue (Blick-)Richtung zu wählen, die nur wenig Mitteleinsatz benötigt. Dennoch führt eine Neuorientierung oft zu einer kritischen Betrachtung des Vorhandenen und kann Auslöser dafür sein, Stück für Stück, entsprechend der Möglichkeiten, einzelne Aspekte der Museumsarbeit zu überdenken. Das Aufgreifen aktueller Bezüge oder die Darstellung vorhandener Objekte in einem anderen thematischen Kontext können bei einem Erneuerungsprozess helfen.

Abb. 13: Die historische Wassermühle mit Mühlteich zeigt die enge Verzahnung zwischen Natur und Kultur. Foto: D. Gotzmann

Der im Folgenden dargestellte Leitfaden will aufzeigen, welche Möglichkeiten sich eröffnen, wenn die Themen Nachhaltigkeit, biologische Vielfalt und kulturlandschaftliche Zusammenhänge aufgegriffen und vermittelt werden. Es zeigt sich, dass mit diesen Themen eine ganze Reihe von Alltagsbezügen herzustellen sind, die von regionaler Wertschöpfung bis hin zu globaler Verantwortung reichen. Mit Fantasie, Initiative und Kooperation hat sich durch die gemeinsame Arbeit von Museums-

Abb. 14: Diese Einheit von Lebensraum und Wirtschaftsraum ist in unserer Gesellschaft heute kaum noch zu finden. Foto: D. Gotzmann

trägerInnen, Aktiven aus den Vereinen und PartnerInnen aus den Gemeinden schon so manches ansprechende Angebot realisieren lassen. Solche Museums-Projekte sind mit einem Stein vergleichbar, der ins Wasser geworfen wird. Der Stein wirft im Wasser Ringe, das Projekt verändert den Alltag im Museum und bei der Trägerin/beim Träger. Was genau geschehen wird, kann niemand im Voraus wissen. Ein Patentrezept für den Ablauf von Museumsprojekten kann es also nicht geben. Abhängig von Gebäude, Sammlung und Umfeld, von Trägerstrukturen und touristischer Einbindung, muss jedes Museum sein eigenes Konzept entwickeln. Bei dem einen Museum geht es um das Angebot von Mitmachaktionen mit alten Gerätschaften zum Erfahren früherer Arbeitsbedingungen. In einer anderen Institution wird vielleicht ein Bauerngarten zum Überlebensraum der Vielfalt alter Gemüse- und Zierpflanzen. Ein drittes Museum nutzt Gemälde zur Verdeutlichung des Landschaftswandels und der Landschaftswahrnehmung im Lauf der Zeit, während anderswo das gesamte Museumskonzept entsprechend umstrukturiert wird. Überall sind der Spaß und die Bereitschaft zur Mitarbeit zunächst einmal wichtiger als die Höhe der zur Verfügung stehenden Gelder.

Die Veränderung des Museumsangebotes ist ein Entwicklungsprozess, ein lebendiger Vorgang, in dem es viel zu lernen gibt. Nicht erst Aktionen wie Landschafts-Rallye, Kräuter-Tauschbörse, interaktives Diorama oder Waldbauern-Führung integrieren die neuen Themen in das Museumsangebot. Auch partizipative Prozesse sind Bestandteil von Nachhaltigkeit, in diesem Fall sind KooperationspartnerInnen zu gewinnen, neue HelferInnen zu beteiligen und interdisziplinäre Kontakte aufzubauen. Behördengänge werden nötig, Abstimmungen finden statt, Fachkenntnisse müssen erfragt werden. Das ist für alle Beteiligten ein interessanter Lernprozess. Auch Fehler, Pausen, Unterbrechungen, Streit und Probleme haben darin ihren Platz und ihre Berechtigung. Der Erfolg kleiner Teilschritte bringt immer wieder Schwung in die Museumsarbeit. Deshalb ist es sinnvoll, klein zu beginnen und schrittweise für die neuen Themen „Platz" zu schaffen. Die Vorschläge des nachfolgenden Leitfadens geben Schritt-für-Schritt-Anregungen zur Ideenentwicklung und zum Projektablauf. Auch wenn sich die einzelnen Schritte erfahrungsgemäß teilweise überschneiden und nicht immer streng nacheinander ablaufen, hilft die Orientierung an den Teilschritten bei der Konzeption, der Organisation und der Umsetzung entsprechender Angebote. Es ist sinnvoll, dort einzusteigen, wo ein Zugang vorhanden ist oder Ideen am einfachsten umzusetzen sind. Dennoch sollte ein Gesamtkonzept im Auge behalten werden.

Der Leitfaden richtet sich an alle Einrichtungen – ob Heimat- oder Stadtmuseum, ob regionales Museum oder Sammlung –, die als Gedächtnis der Region Exponate und Wissen zusammentragen, vermitteln und erforschen. Er will Ansätze aufzeigen, wie durch Integration der Themen Nachhaltigkeit, biologische Vielfalt und Kulturlandschaft eine Bereicherung des Angebotes zu erreichen ist. Der folgende Leitfaden will somit Hilfestellungen und Tipps für die Praxis geben. Er fasst die Arbeitsergebnisse von zwei Expertenworkshops des Bundes Heimat und Umwelt zusammen, in die alle Beteiligten ihre reichen Erfahrungen haben einfließen lassen.

Der Leitfaden – ein Überblick

Seite

1. Ausgangssituation 43
   1.1 Ausgangspunkt Museum 43
   1.2 Trägerschaft 43
   1.3 Räumliche Situation 43
   1.4 Ausstattung 44
   1.5 Lage, Gelände und Umgebung 45
   1.6 Personelle Situation 46
   1.7 Finanzen 46
   1.8 Selbstverständnis 47
   1.9 Besucherstruktur und Zielgruppe 47
   1.10 Angebote im Umfeld 48
2. Ziele 48
   2.1 Absicht der Trägerin/des Trägers 48
   2.2 Ermittlung der Zielgruppe 49
   2.3 Mögliche Umsetzungsstrategien 50
3. Konzept und Entwicklung 51
   3.1 Ausgangspunkt Sammlung – methodische Zugänge 51
   3.2 Leitbild 58
4. Umsetzung 61
   4.1 Informationen, Besichtigungen und Kontakte 61
   4.2 Arbeitsgruppe 62
   4.3 Umsetzungsbausteine 63
   4.4 Zielgruppengerechte Angebote schaffen 79
   4.5 Gewinnen von Mitarbeit und Partnerschaften 81
   4.6 Finanzierung und Genehmigungen 84
   4.7 Realisation 85
   4.8 Wartung und Betreuung 87
   4.9 Öffentlichkeitsarbeit 87
   4.10 Evaluation 88
5. Fazit 89
6. Weiterführende Informationen 90

1. Ausgangssituation – die Voraussetzungen des Museums

Die TrägerInnen regionaler Museen bewegen sich in einem Landschaftsraum, der hinsichtlich seiner natürlichen Ausstattung, Struktur, Schönheit, Geschichte und anderer Aspekte jeweils spezifische Voraussetzungen aufweist. Bei allen TrägerInnen variieren räumliche Ausstattung, Sammlungsbestand, Besucherfrequenz sowie pädagogische Ausrichtung und Aufarbeitung sehr stark. Zudem verfügt jedeR TrägerIn auch über ein unterschiedliches Know-how sowie über abweichende technische und finanzielle Möglichkeiten. Jedes regionale Museum, ob Heimatmuseum, Freilichtmuseum, Sammlung oder vergleichbare Einrichtung, ist damit einzigartig in seiner Geschichte, Struktur und Ausrichtung. Bevor ein Veränderungsprozess begonnen wird, muss jedeR TrägerIn die Ressourcen nicht nur für die Angebotserweiterung selbst, sondern auch für den anschließenden langfristigen Betrieb zu Beginn realistisch einschätzen.

1.1 Ausgangspunkt Museum

Wo setzt das Museum Schwerpunkte? Welches sind die gegenwärtigen Museumsaktivitäten?

Ein Museum wird nach dem Internationalen Museumsrat ICOM (International Council of Museums) definiert als „eine gemeinnützige, ständige, der Öffentlichkeit zugängliche Einrichtung, im Dienste der Gesellschaft und ihrer Entwicklung, die zu Studien-, Bildungs- und Unterhaltungszwecken materielle Zeugnisse von Menschen und ihrer Umwelt beschafft, bewahrt, erforscht, bekannt macht und ausstellt" (Deutscher Museumsbund 2006). Vor diesem Hintergrund sollte jedes Museum eine Bestandsaufnahme seiner Aktivitäten in den Handlungsfeldern (Sammeln, Bewahren, Forschen, Ausstellen und Vermitteln) durchführen, um einen Überblick über die bisherigen Leistungen zu bekommen. Festzustellen ist dabei auch, welche Handlungsfelder bereits jetzt die Themen Nachhaltigkeit, biologische Vielfalt oder Kulturlandschaft aufgreifen.

1.2 Trägerschaft – Aufgaben, Zuständigkeiten und rechtliche Absicherung des dauerhaften Betriebs

Die Trägerstrukturen der Museen sind je nach Ausgangslage erwartungsgemäß unterschiedlich. Die Palette reicht von öffentlich oder kirchlich getragenen Institutionen bis zu privat oder von Unternehmen getragenen Einrichtungen. Folglich sind abhängig von der Trägerstruktur und der Organisationsform die Entscheidungswege sehr unterschiedlich.

Hinsichtlich der Absicherung eines dauerhaften Betriebes bestehen entsprechend große Differenzen. Viele Heimatmuseen werden komplett ehrenamtlich geführt und sind als Verein organisiert; es gibt keine hauptamtlichen Kräfte. Alle Aufgaben – vom Kassendienst über die Ausstellungsgestaltung und -unterhaltung bis zur Museumsleitung – werden von den Vereinsmitgliedern erledigt. Der Bestand ist damit komplett vom Engagement Einzelner abhängig, mit allen damit verbundenen Vor- und Nachteilen. Die Darstellung der Chancen und Probleme der eigenen Trägerstruktur hilft bei der realistischen Einschätzung von Handlungsmöglichkeiten.

1.3 Räumliche Situation – Möglichkeiten des Gebäudes, baulicher Zustand und Perspektiven

Eine wichtige Voraussetzung für langfristige Museumsaktivitäten ist ein zuverlässig verfügbares Museumsgebäude oder -gelände. Bei kleinen Sammlungen oder auch bei landwirtschaftlichen Großgerätesammlungen ist das nicht selten ein Problem. Vielfach unterstützen Kommunen sowie Privatleute oder Firmen im Zuge von Kooperationen die kleineren Museen, indem sie historische Gebäude mit der Verpflichtung zum Unterhalt oder ungenutzte La-

Abb. 15: Das Außengelände von Museen eignet sich besonders für die Vermittlung von Naturthemen, wie z.B. am Mühlteich des Freilichtmuseums Detmold. Foto: I. Gotzmann

denlokale zur Vermeidung der üblichen Leerstandsprobleme zur Verfügung stellen. Mitunter erzählen bereits diese Gebäude, ob alt oder neu, eine Geschichte.

Ist die räumliche Situation abgesichert, stellt sich die Frage, inwieweit die Raumstruktur für die Ausstellung und den Museumsbetrieb (Besucherservice, Besucherlenkung, Barrierefreiheit, Besuchergruppengröße etc.) geeignet ist und mit welchen einfachen Umräumemaßnahmen eine Verbesserung ohne großen Aufwand zu erreichen ist. Nicht umsonst gibt es bei großen Museen immer wieder Umbaumaßnahmen, die das Gebäude an neue Bedarfslagen und Standards anpassen. Hierzu sind bei gepachteten oder überlassenen Gebäuden oder Geländen selbstverständlich Abstimmungen mit den Eigentümern erforderlich. Darüber hinaus lassen sich gegebenenfalls durch Kooperationen weitere Räumlichkeiten von PartnerInnen nutzen.

1.4 Ausstattung – Sammlungsbestand und Ausstellungszustand

Die Sammlung mit ihren Exponaten ist der Kern eines jeden Museums. Bereits die Zusammenstellung der Sammlung gibt dem Museum eine Richtung. Naturkundliche Sammlungen mit Pflanzen und Tieren aus aller Welt waren die Keimzelle vieler naturhistorischer Museen, die heute die Menschen auch mit interaktiven Erlebnisausstellungen anlocken. Viele Kunstmuseen stellen aus ihrem breiten Fundus an Gemälden und Fotografien, ergänzt um Leihgaben, in immer wieder neuen thematischen Perspektiven spannende Ausstellungen zusammen. Hier stellt sich die Frage nach der Ausrichtung der Sammlung des eigenen Museums. Ist der Bestand überhaupt dokumentiert? Gibt es eine Ausrichtung (zeitlich, regional, thematisch etc.) oder fühlt man sich verpflichtet, alles zu nehmen, was man zuträgt, wie es bei ehrenamtlichen Heimatmuseen leicht vorkommt? Wie gelingt es, den Sammlungsbestand in einem guten Zustand zu halten? Finden sich in der Sammlung Exponate, die bemerkenswerte Bezüge zu Natur und Landschaft aufweisen (s. Abschnitt 3.1)?

Gerade bei kleineren Museen wie einer Bergbausammlung kann die Ausstellung aus der Präsentation des gesamten Sammlungsbestandes bestehen. Da eine thematisch und didaktisch ausgerichtete Ausstellungsgestaltung eine zeit- und nicht selten auch kostenaufwändige Arbeit ist, die auch ein entsprechendes Know-how erfordert, findet sich in kleineren Museen nicht immer ein ausgereiftes Ausstellungskonzept. Kein Wunder – die Erstellung, Überarbeitung oder Neukonzeption einer Dauerausstellung, aber auch einer zeitlich begrenzten Wechselausstellung, ist abhängig von den verfügbaren Ressourcen. So erstaunt es gewiss nicht, wenn so manche Ausstellung den Charme vergangener Jahr(zehnt)e verbreitet und didaktisch leicht angestaubt anmutet. Durch das liebevolle Engagement der Beteiligten fehlt oft die erforderliche Distanz zur realistischen Einschätzung der Situation. Erreichbar ist dies am einfachsten über einen Blick von außen. Hierzu können Besucherbefragung durchgeführt werden. Gemeinsame Begehung mit Externen kann zur Evaluation beitragen. Zudem stehen Beratungsangebote von Museumsverbänden zur Verfügung. Des Weiteren gibt es thematische und didaktische Fortbildungsangebote verschiedener Institutionen. Auch der Besuch anderer Museen schärft den Blick für die eigene Situation. Hierbei kann man auch den Austausch mit anderen Museen gezielt suchen.

Abb. 16: Anhand der Apotheke im Heimatmuseum Bergneustadt lassen sich die Nutzung von Heilpflanzen, nachhaltige Sammeltechniken und die Bedeutung überlieferten Wissens thematisieren. Foto: F. Parthen

1.5 Lage, Gelände und Umgebung – Möglichkeiten, Umfeld und Erreichbarkeit

Für den Museumsbetrieb kann die Lage des Museums entscheidend sein. Die Erreichbarkeit mit öffentlichen Verkehrsmitteln ist beispielsweise für den Besuch durch Kindergärten und Schulklassen eine gute Voraussetzung. Eine versteckte Lage am Ortsrand erschwert die Auffindbarkeit für ortsfremde AutofahrerInnen, lässt sich aber durch eine gute Ausschilderung leicht ausgleichen. Hier beginnt die Beurteilung der räumlichen Einbindung. Dazu gehört aber auch die Prüfung der Anbindung an Fuß- und Radwanderwege sowie die Klärung der Darstellung des Museums in Stadtplänen, Wanderkarten oder elektronischen Orientierungsmitteln.

Viele Museen nutzen auch ihren Außenbereich für den Museumsbetrieb, ob als Spielbereich, Außenterrasse, Parkplatz, Ausstellungsraum oder Demonstrationsfläche. Abhängig ist das natürlich von der Flächenverfügbarkeit. Die Möglichkeiten der Geländenutzung hängen von Größe, Zustand, Ausrichtung oder Nachbarschaft ab. Ist kein eigenes Grundstück vorhanden, können bei Bedarf vielleicht Nachbarflächen temporär genutzt oder dauerhaft gepachtet werden. Liegt das Museum im Siedlungsbereich, ergeben sich andere thematische Bezüge zur Ausstellung als bei direkten Spaziergängen vom Museum aus in den Landschaftsraum mit Feldern, Flüssen und Wäldern.

Abb. 17: Ein Fensterblick bietet einen Bezug zur umgebenden Landschaft. Foto: D. Kölzer

1.6 Personelle Situation – hauptamtliche, ehrenamtliche und kooperative Möglichkeiten

Museumsarbeit erfordert vielfältige Fähigkeiten, unabhängig davon, ob es sich um ein großes Museum mit 100 und mehr Beschäftigten oder um ein kleines, ehrenamtlich geführtes Museum handelt: Museumsmanagement, Sammeln, Bewahren, Forschen und Dokumentieren sowie Ausstellen und Vermitteln sind Handlungsfelder an jedem Museum. Schon allein aufgrund der personellen Möglichkeiten muss jedes Museum seine Handlungsfelder unterschiedlich gewichten. Zudem haben alle MitarbeiterInnen, ob hauptamtlich oder ehrenamtlich, bestimmte Kenntnisse, Fähigkeiten und Fertigkeiten und sind längst nicht überall einsetzbar. Gibt es eventuell MitarbeiterInnen, die sich bereits mit den Themen Nachhaltigkeit, biologische Vielfalt oder Kulturlandschaft intensiver beschäftigen? Eine realistische Einschätzung der personellen Situation und der Möglichkeiten zur Ergänzung dieses Potenzials, etwa durch Fortbildungen, Kooperationen, Ehrenamtliche oder Freiwilligendienste bilden das Fundament, um neue Angebote auf eine gute Basis zu stellen.

1.7 Finanzen – wie viel Geld ermöglicht den Betrieb?

Einen Etat zur Finanzierung des laufenden Betriebes stellt der/die TrägerIn bereit. Auch Kosten für permanente oder langfristig notwendig werdende Pflege- und Wartungsarbeiten sind dabei zu berücksichtigen. Bei hauptamtlich geführten Museen muss schon allein wegen der Personalkosten ein jährliches Budget für Lohnkosten, Unterhaltung, Veranstaltungen und Öffentlichkeitsarbeit zu Verfügung stehen. Häufig wird es aus verschiedenen Quellen (Träger, Einnahmen, öffentliche Förderung, Sponsoren u.a.) gespeist. Angesichts der zunehmenden Finanzknappheit öffentlicher Institutionen kann es alljährlich zu Diskussionen über die erforderliche Höhe kommen, denen man am besten mit einer öffentlichkeitswirksamen Arbeit entgegenwirkt.

Bei komplett ehrenamtlich getragenen Museen ist das Budget in der Regel noch stärker von eigenen Einnahmen, Spenden und Sponsoren abhängig und wird entsprechend schwanken. Eine realistische Einschätzung der zuverlässig verfügbaren Mittel, aber auch der aus der Erfahrung für Projektideen akquirierbaren Mittel, ist in beiden Fällen als Planungsgrundlage für neue Ideen wichtig. Selbst wenn sich deshalb niemand „teure" Ideen verbieten lassen darf, wird doch ablesbar, welcher Aufwand für neue Angebote im finanziellen Bereich betrieben werden muss.

1.8 Selbstverständnis – Eigendiagnose und Funktion des Museums

Die Frage nach dem Profil des Museums ist enorm wichtig für seine Wahrnehmung in der Öffentlichkeit, aber auch für die Orientierung der eigenen Arbeit. Heimatmuseen beziehen ihre Anziehungskraft in der Regel aus ihrem regionalen Bezug. Für BesucherInnen aus der Region können sie identitätsstiftend sein, wenn sie nicht beliebige Inhalte präsentieren, denen der konkrete Ortsbezug fehlt, sondern sich mit ihrem Wissen in die gegenwärtigen Prozesse einbringen. Touristische BesucherInnen regt der regionale Bezug zu Fragen oder zu Vergleichen mit der eigenen Region an. In beiden Fällen werden die Heimatmuseen interessant, wenn sie Dinge oder Zusammenhänge darstellen, die so nur hier gesehen werden können. Nachhaltigkeit, biologische Vielfalt oder Kulturlandschaft können vor diesem Hintergrund das Profil schärfen. Gerade bei Heimatmuseen besteht die Gefahr, dass Elemente aus der vermeintlich guten alten Zeit präsentiert werden, die nahezu überall aufgezeigt werden könnten. Erst der direkte Bezug zum eigenen Landschaftsraum macht die Bezüge konkret verständlich und unverwechselbar. Ohne Gegenwartsbezug und aktivierende Vermittlung wäre das Museum ansonsten eine Zeitinsel der Vergangenheit. Ein Museum ist aber kein „Hort des Wissens", den alle ehrfurchtsvoll vor der bewahrenden Leistung per se schätzen und besuchen müssen, sondern viel eher handelt es sich um einen „Dienstleister", der den Menschen interdisziplinär Informationen und Erlebnisse vermittelt und dem/den BesucherInnen eigene Zugänge eröffnet. Hat das Museum ein Alleinstellungsmerkmal in seinen Themen oder Angeboten, gibt es in der Regel auch ein klares Selbstverständnis, das auch wahrgenommen wird.

1.9 Besucherstruktur und Zielgruppe – Zahlen und spezifisches Angebot

Eine Betrachtung der bisherigen Besucherstruktur bildet die Grundlage für die anschließende Ermittlung der potenziellen Zielgruppen für die neuen Themenschwerpunkte im Museum (vgl. Abschnitt 2.2). Sind genauere Daten über die BesucherInnen bislang unbekannt, bieten sich einfache Fragebögen, die am Eingang ausgeteilt werden, als geeignetes Instrument zur Datenerhebung an. Zusätzlich

Abb. 18 + 19: Das Selbstverständnis eines Museums drückt sich auch im Erscheinungsbild aus.
Fotos: Fischereimuseum Bergheim (18), G. Hein (19)

sind Besucherzählungen an besonderen Stichtagen sinnvoll. Entsprechend der finanziellen, personellen und professionellen Möglichkeiten kann diese Studie mehr oder weniger tiefgehend sein. Eine Besucherbefragung, ein ausliegendes Gästebuch bzw. ein Kummerkasten kann zusätzlich die Anregungen der BesucherInnen entgegen nehmen. Sie ermöglichen auch einen selbstkritischen Blick auf das eigene Angebot bzw. auf die Wünsche, Bedürfnisse und Wahrnehmung der BesucherInnen.

Zur Formulierung geeigneter Fragen für den Erhebungsbogen bieten sich die Charakterisierungshilfen von Zielgruppen an, die in Abschnitt 2.2 beschrieben werden.

Hilfreich beim Finden der aussichtsreichsten Zielgruppe ist zudem das Aufspüren von bereits vorhandenen Verbindungen zum Museum und ausgewiesener Interessenlage an Themenschwerpunkten. Fragen nach Mehrfachbesuchen, Besuchen in anderen Museen und dem Kenntnisstand über biologische Vielfalt, Kulturlandschaft und Nachhaltigkeit können hierzu beitragen.

1.10 Angebote im Umfeld – regionale Mitbewerber und eigene Positionierung

Das Museum ist Teil des Bildungs- und Freizeitangebotes einer Region. Aus der Perspektive des Natur- und Umweltschutzes wird die Region unterschiedliche Strukturen bieten, von denen vermutlich nur wenige im Mittelpunkt der öffentlichen Wahrnehmung stehen. Sind es in der Eifel Wald, Wasser und Wildnis, sind es woanders Flechthecken, Hauberge oder gänzlich andere Lebensräume bzw. Umweltthemen, die im Mittelpunkt der Aktivitäten und der allgemeinen regionalen Wahrnehmung stehen. Der Tourismus einer Region nimmt wieder eine andere Perspektive ein, baut unter Umständen auf Aktivitäten, setzt sie als Reit- oder Wellnessregion in Szene oder vermarktet sie als musikalische Gartenregion. Die Regionalentwicklung mit den Gebietskörperschaften wiederum verfolgt vielleicht Aktivitäten zur Wirtschaftsförderung, Identitätsstärkung und Vernetzung. In diesem Geflecht von Angeboten und Perspektiven muss sich das Museum zunächst orientieren und dann mit seinen spezifischen Merkmalen positionieren. Kleine Museen sind darauf angewiesen sich in die regionalen Angebote und Zielsetzungen einzubinden und hierbei Kontakte zu knüpfen. Kooperationen und Vernetzungen bauen sich in der Regel viel leichter auf, wenn sich verbindende und stärkende Themen und Angebote finden lassen. Auch Doppelungen lassen sich so vermeiden. Ein guter Überblick über Strukturen und Angebote der Region ist unverzichtbar. Auch AnbieterInnen in den Bereichen Gastronomie und Beherbergung gehören dazu.

2. Ziele

Wohin soll sich das Museum entwickeln? Wie soll das Museum nach außen erscheinen? Was soll erreicht werden? Mit der geplanten Veränderung oder Erweiterung des Themenspektrums verbinden sich konkrete Vorstellungen hinsichtlich der organisatorischen, wirtschaftlichen und/oder touristischen Ziele der anzusprechenden Zielgruppe(n) sowie der inhaltlichen Kommunikationsziele und -inhalte. Bevor man dabei didaktisch-gestalterische oder mediale Maßnahmen im Innen- oder Außenbereich ergreift oder personell gebundene Angebote wie Veranstaltungen, Führungen, Demonstrationen auswählt, ist immer eine sorgfältige planerisch-perspektivische Vorarbeit erforderlich.

2.1 Absicht des Trägers/der Trägerin – was sind die Ziele?

JedeR TrägerIn eines Museums muss sich die Frage stellen, welchen Zielen die Angebotserweiterung in Richtung Nachhaltigkeit, biologischer Vielfalt oder Kulturlandschaft dienen soll. Sicher bilden dabei inhaltliche Überlegungen (s. Einleitung) einen wichtigen Schwerpunkt. Längst nicht immer wird jedoch dies die alleinige Zielsetzung sein. Vielmehr können sich damit auch der Wunsch nach organisatorischen Verbesserungen oder das Ziel der langfristigen Existenzsicherung verbinden. Die Absicht sollte sich möglichst kurz in nur ein paar prägnanten Sätzen zusammenfassen lassen. Die Maßnahmen aller folgenden Schritte müssen dann exakt dieses Ziel unterstützen. In dieser Phase ist auch kritisch zu prüfen, ob die Neuorientierung (gegebenenfalls in Kombination mit weiteren Maßnahmen) überhaupt das geeignete Mittel ist, um die Zielsetzung zu erreichen. Die folgenden Anregungen sollen schlaglichtartig mögliche Absichten des Trägers/derTrägerin aufzeigen, die einem Heimatmuseum Hilfestellung bei der eigenen Zielfindung geben kann. Weitere Zielsetzungen sind möglich und hängen von den örtlichen Gegebenheiten ab.

- Es soll eine *Schwerpunktverschiebung* zwischen den Handlungsfeldern des Museums vom Sammeln und Bewahren hin zum Ausstellen und Vermitteln erfolgen.
- Das Museum will sich für neue Gruppen öffnen, um zu einer *attraktiven, lebendigen Anlaufstelle* und einem Forum im Ort zu werden.
- Der neue, interessante Zugang soll intern und extern Interesse wecken. Mit der erhöhten Publikumswirksamkeit verbindet sich die Hoffnung auf neue Zielgruppen und *steigende Besucherzahlen*.
- Über die Themenerweiterung ist die Ansprache potenzieller neuer Mitgliedergruppen, gerade auch unter jüngeren Menschen, möglich, so dass die Maßnahmen zusätzlich der *Nachwuchssicherung* dienen.
- Die Kooperation mit Verbänden und Einrichtungen ist der erste Schritt zum Aufbau von *regionalen Netzwerken* über die reinen Museumsnetzwerke hinaus.
- Der Wunsch zur *Erschließung neuer Finanzierungsmöglichkeiten* und letztendlich der Wunsch nach *Existenzsicherung* ist in Verbindung mit der Neuausrichtung durchaus realistisch.
- Die *Ansprache muss zeitgemäß* durch Integration aktueller, angewandter und interdisziplinärer Themen in die klassischen Angebote erfolgen. Neue Medien und neue Vermittlungsformen kommen dabei zum Einsatz.
- Wichtig sind die Akzentuierung oder Herstellung *direkter Bezüge zur Lebensweise der BesucherInnen*.
- Das Museum will zur Kommunikation von *nachhaltigem Verhalten* beitragen oder selbst durch eigene Maßnahmen eine *Vorbildfunktion* übernehmen, sei es auch nur um Energiekosten oder andere Unterhaltungskosten zu senken.
- Es ist an der Zeit, *alte Zöpfe abzuschneiden* und sich von eingefahrenen Strukturen, Angeboten und Sammlungs-Ballast zu befreien.
- Angestrebt wird eine (schrittweise) thematische *Verschiebung der Gesamtausrichtung* des Museums, um ein Profil auszubilden oder zu schärfen.

2.2 Ermittlung der Zielgruppe

Sollen mit dem neuen Themenspektrum die gleichen BesucherInnen angesprochen werden wie bisher oder müssen neue bzw. weitere Zielgruppen definiert werden? Welches sind die aussichtsreichsten Zielgruppen für das Museum und die Themen biologische Vielfalt, Kulturlandschaft und Nachhaltigkeit?

TouristInnen bilden vielerorts eine wichtige Besuchergruppe. Dabei ist festzustellen, dass der Gesellschaftstrend zu einer immer stärkerer Individualisierung geht. BesucherInnen kommen mit äußerst unterschiedlichen Motivationen, Erfahrungen und Kommunikationsvorlieben in ein Museum. Eine konsequente Ausrichtung der Angebote an den gewünschten Zielgruppen ist daher die Voraussetzung für den Erfolg einer touristischen Maßnahme (Tourismus NRW 2009) sowie eine effiziente Kommunikation in der Öffentlichkeits- und Bildungsarbeit (Bundesamt für Naturschutz, Bundesministerium für Umwelt, Naturschutz und Reaktorsicherheit 2010, Umweltbundesamt 2009). Wird die Zielgruppe zu allgemein gefasst, besteht die Gefahr, niemanden richtig zu erreichen bzw. nur bei denen auf offene Ohren zu stoßen, die bereits sensibilisiert sind.

Die aktuellen und gewünschten BesucherInnen lassen sich anhand von verschiedenen Eigenschaften einer Zielgruppe zuordnen. In Anlehnung an das Lebenszyklusmodell (Tourismus NRW 2009) und der Annahme, dass sich das Freizeitverhalten an den Kriterien Alter, Familienstand und Kinderzahl orientiert, wird in diesem Leitfaden der Schwerpunkt auf die folgende Zielgruppeneinteilung (vgl. Abschnitt 4.4) gesetzt:

- Kinder im Kindergarten- und Grundschulalter
- Jugendliche und junge Erwachsene
- Singles und Paare ohne Kinder
- Familien mit mindestens einem Kind unter 18 Jahren
- SeniorInnen

Teilweise sind die Übergänge zwar fließend, aber meist ist die Zuordnung der BesucherInnen zu einer konkreten Zielgruppe leicht nachvollziehbar. Dieser vereinfachte Ansatz zur Einteilung der Zielgruppen wurde gewählt, da er einfach umzusetzen ist. Er ist mit geringen personellen wie finanziellen Mitteln anwendbar, zur Ermittlung der entsprechenden Merkmale bedarf es nur weniger Fragen mit bereits vorgefertigten Antwortkategorien, und die Ergebnisse dieser Einteilung liefern eine gute Basis für die Umsetzbarkeit von Angeboten. In Kombination mit den jeweiligen Vorlieben einer Altersgruppe wie Wandern, Radfahren, Kultur oder Gesundheit wird die Entscheidung über den speziellen Zugang (vgl. Abschnitt 3) erleichtert.

Eine besonders detaillierte Zielgruppenanalyse gelingt durch die Angabe von soziodemographischen Faktoren wie Geschlecht, Bildungsgrad, Einkommen, Herkunft und Wohnort (Umweltbundesamt 2009). Abschnitt 4.4 wird über das Merkmal Herkunft die Sondergruppe der *Zugezogenen aus dem In- und Ausland* und entsprechende Angebote für Heimatmuseen beschreiben.

Bei der Erarbeitung von sinnvollen Zielgruppen für ein Heimatmuseum bietet auch der Ansatz des SINUS-Instituts Hilfestellungen. Die vom Sinus-Institut entwickelten „Sinus-Milieus®" beschreiben Zielgruppen nach einem Modell, das demografische Eigenschaften und Lebenswelten der Menschen verbindet und nach ihren Lebensauffassungen und Lebensweisen gruppiert (vgl. www.sinus-institut.de). Das ganzheitliche Gesellschafts- und Zielgruppenmodell orientiert sich an sozialen Milieus, die durch Kombination von Werten, Bedürfnissen und Ansprüchen bestimmt werden. Hiermit sind differenzierte Zielgruppenanalysen möglich. Dieser Ansatz besitzt in der Marktforschung derzeit einen hohen Stellenwert und wird auch für eine Verbesserung der Natur- und Umweltkommunikation angewandt (Bundesamt für Naturschutz, Bundesministerium für Umwelt, Naturschutz und Reaktorsicherheit 2010, Umweltbundesamt). Ein Blick in die beiden Studien über Natur- und Umweltbewusstsein lohnt sich. Sie liefern vielfältige Anregungen in Bezug auf natur- und umweltbezogene Wahrnehmungs- und Einstellungsmuster der jeweiligen sozialen Milieus, wodurch eine zielgruppengenaue Produktentwicklung und Kommunikation der Schwerpunktthemen biologische Vielfalt, Kulturlandschaft und Nachhaltigkeit gelingen kann.

2.3 Mögliche Umsetzungsstrategien

Wie finde ich Unterstützung in meinem Museum für die neuen Ansätze? Welcher Weg zur Realisation kann verfolgt werden?

Die Vielfalt der Umsetzungsstrategien (s. Abschnitt 4) ist breit gefächert. Die Anforderungen an

Grundinvestition, Planung, methodische Aufbereitung sowie Betreuungs- und Wartungsaufwand variieren stark. Für jede Ausgangssituation sollte sich eine Möglichkeit finden lassen. An dieser Stelle geht es um eine erste Einschätzung von realistischen Wegen, Chancen und Problemen auf der Basis der jeweiligen Ausgangssituation.

- Entwickeln und Prüfen einer ersten thematischen und organisatorischen Grundidee zu einem Angebotspaket als *Diskussionsgrundlage* hilft, eine Neuorientierung in Gang zu bringen, selbst wenn letztendlich ganz andere Maßnahmen zur Umsetzung kommen.
- Abhängig von der intern erforderlichen Überzeugungsarbeit und den möglichen Widerständen sind möglichst konfliktfreie einfache *erste Schritte* (Führungen, Rallyes etc.) auszuwählen.
- *Erste Einstiegsaktionen* (Mitmachaktionen, Museumsnacht etc.) wecken Interesse nach innen und außen, schaffen Vertrauen und wirken als Motor. Als Versuch erfolgreich durchgeführt zeigen sie, dass der Weg richtig ist. Bleibt der Erfolg aus, helfen sie in dieser frühen Phase, den Kurs richtig zu bestimmen.
- *Schrittweise wachsende Konzepte* sind ein gangbarer Weg angesichts knapper Kassen und erforderlicher vorsichtiger Veränderung.

3. Konzept und Entwicklung

Welche methodischen Zugänge werden genutzt um Nachhaltigkeit, biologische Vielfalt oder Kulturlandschaft in das Angebot zu integrieren? Wie wird daraus ein tragfähiges Leitbild entwickelt?

Vor allem kreative Ideen und pädagogische Überlegungen sind in dieser Phase gefragt, doch auch der personelle, organisatorische, technische und finanzielle Aufwand ist im Hinterkopf zu behalten, um ein realisierbares Konzept zu entwickeln. Der vielleicht schwierigste Schritt ist dabei zunächst, einen für das Museum und die Menschen, die es betreiben und besuchen, passenden Zugang zu den neuen Themenbereichen zu finden. Dazu ist es hilfreich, zu Beginn von den einzelnen Exponaten auszugehen und dann darauf aufbauend einen übergreifenden bzw. immer wieder wechselnden Gesamtzugang für das Museum, die Ausstellung, seine Führungen oder andere Angebote zu finden. Dabei ist es keineswegs notwendig, alles Vorhandene über den Haufen zu werfen, sondern vielmehr gilt es einen neuen Blick auf Altbekanntes mit dem Fokus auf Natur und Landschaft zu werfen und diesen neuen Blick auch den BesucherInnen zu vermitteln. Ist dieser neue Zugang gefunden, führt das Leitbild dann die verschiedenen Überlegungen mit ihren vorwiegend inhaltlich-didaktischen Aspekten zu einer schlüssigen Idee des neuen Angebotes zusammen. Ausgehend von den Möglichkeiten vor Ort und den inhaltlichen Zielvorstellungen des Trägers/der Trägerin orientiert sich die neu formulierte Idee an den Interessen der in Aussicht genommenen Zielgruppe bzw. den zu erwartenden BesucherInnen.

3.1 Ausgangspunkt Sammlung – methodische Zugänge

Was haben die vorhandenen Exponate mit Natur und Landschaft zu tun? Wie finde ich Anknüpfungspunkte? In vielen Heimatmuseen stehen historische Aspekte im Vordergrund der Sammlung. Anhand von Exponaten wird dargestellt, wie und mit welchen Mitteln die Menschen früher lebten und arbeiteten. Wird die Vielschichtigkeit der Zugänge von Natur und Landschaft hinzugezogen, eröffnen sich viele Anknüpfungspunkte und interessante Fragestellungen. Einzelne Exponate stellen dann eine Grundlage dar, um einen Bezug zur Landschaft mit ihren typischen Pflanzen und Tieren herzustellen. Dabei bleibt immer der regionale Bezug mit seinen bekannten bzw. leicht recherchier- und überschaubaren Bedingungen der Bezugsrahmen, in den die

Inhalte von Nachhaltigkeit und biologischer Vielfalt transportiert werden. Die in der Museumsarbeit verwendeten Zugangsmöglichkeiten werden im Folgenden genutzt, um die Bezüge zu den Themen biologische Vielfalt, Nachhaltigkeit und Kulturlandschaft herauszuarbeiten. Damit wird eine praktische Handlungsanleitung gegeben, die es erleichtern soll Exponate in den neuen Kontext zu stellen.

Am Beispiel der Karden – Geräten der Wollbearbeitung, die in vielen Sammlungen von Heimatmuseen zu finden sein dürften – lassen sich diese Zugänge exemplarisch verdeutlichen:

Karden sind Geräte, die ähnlich aussehen wie große Drahtbürsten. Ist die Wolle zu Flocken gezupft, wird sie damit aufgelockert und für das Spinnen vorbereitet. Dazu werden zwei dieser Geräte verwendet. Man legt einige Wollflocken auf eine Karde und kämmt sie mit der zweiten etwas auseinander. So bekommen die Haare eine Richtung und werden noch viel lockerer als beim Zupfen. Erst danach kann es ans Spinnen gehen.

(Quellen für diesen Text und die nachfolgenden Texte zur Karde: siehe Literaturverzeichnis)

Abb. 20: Die Handkarde besteht aus zwei genagelten Holzbrettchen. Foto: LVR-Freilichtmuseum Lindlar

3.1.1 Ökologischer Zugang

Über das Exponat selbst, sein Material, seinen Namen, seine Funktionsweise u.Ä. ist vielfach ein Bezug zum Landschaftsraum mit seiner Pflanzen- und Tierwelt herzustellen. Nicht immer ist das auf direktem Weg möglich, und vielfach wird hierzu Hintergrundwissen erforderlich sein, das über Recherche oder Hinzuziehen von ExpertInnen gewonnen wird. Aspekte dazu sind:

- Darstellen der naturräumlichen, abiotischen Gegebenheiten (Geologie, Böden, Klima, usw.) als Ausgangspunkt von Landschaftsentwicklung,
- Herausarbeiten der biologischen Vielfalt in verschiedenen Naturräumen und Nutzungsstrukturen zu verschiedenen Zeiten,
- Aufzeigen der Lebensbedingungen für Flora und Fauna in verschiedenen Entwicklungsstadien und Lebensräumen auch unter den Bedingungen von Eingriffen in die Natur/Umwelt,
- Darstellen einzelner Pflanzen- und Tierarten als typische Bewohner mit spezifischen Ansprüchen.

Abb. 21: Der Fruchtstand der Karde war Vorbild zur Entwicklung des Werkzeugs „Karde". Foto: D. Kölzer

Vorbild aus der Natur

Die Karde hat den Namen nach der Weber-Karde. Ihre etwa eigroßen, stacheligen Blütenköpfe wurden schon in der Eisenzeit getrocknet. Mit ihnen werden gewebte Tücher aufgeraut, was den Stoff wasserabweisend macht. Noch bis ins 20. Jahrhundert wurden sie in Maschinen zum vorbereitenden Kämmen (Kardieren) der ungesponnenen Wolle eingesetzt. Die Stacheln der Blütenköpfe sind fest und elastisch zugleich, weswegen sie die Wolle kämmen, ohne sie zu ruinieren. Noch heute werden Kardiermaschinen in der industriellen Wollverarbeitung eingesetzt. Obwohl heute längst Nägel statt Pflanzenstacheln die Wolle auseinanderziehen, lebt die Karde im Namen weiter fort. Die Wilde Karde war und ist in Europa, Nordafrika sowie Süd- und Ostasien leicht zu finden. Sie wächst an Wegrändern, auf Schuttplätzen, an Ufern und Weiden auf nährstoff- und kalkreichen, feuchten Böden. Sie sieht aus wie eine Distel, ist es aber nicht, sondern gehört in eine eigene Pflanzenfamilie der Kardengewächse *(Dipsacaceae)*. Der Name stammt vom griechischen Wort *dipsa* für Durst: Am Blattgrund der Stängelblätter der bis zu 1,5 m hohen Pflanze sammelt sich Regenwasser, das Tieren und Menschen den Durst stillen kann – eine Pflanze also mit vielen Talenten.

Beispiele für weiterführende thematische Bezüge:

- *biologische Vielfalt: Nutzpflanzenvielfalt und ihre (historische) Nutzung; Bionik (Vorbilder aus der Natur für technische Entwicklungen), weitere Werkzeuge sind z.B. Dorne oder Stacheln als Haken, Mohnkapsel als Salzstreuer*
- *Kulturlandschaft: Karden wachsen an menschlich beeinflussten Lebensräumen so an Wegen, auf Wiesen oder auf Schuttplätzen*
- *Nachhaltigkeit: Die Kardenfrüchte sind nachwachsende Werkzeuge ohne Abfälle*

3.1.2 Historischer Zugang

Die meisten Exponate stehen als Zeitzeugen für einen bestimmten Zeitpunkt in der Vergangenheit. Erfolgt die Einordnung in einen Zeitbogen, der von der Vergangenheit in die Gegenwart und sogar bis in die Zukunft reicht, tauchen automatisch Fragen auf. Der Funktions- und Bedeutungswandel gerät in den Blick. Wird dieser Gegenstand heute noch in derselben Art genutzt, was ist an seine Stelle getreten? Fragen nach der Bedeutung dieser Veränderung für die eigene Lebensweise, den Landschaftsraum, die Pflanzen- und Tierwelt tauchen fast von selbst auf. Mit dem breiten regional-geschichtlichen Wissen der AkteurInnen im Museum lassen sich diese Fragen aufgreifen und für die Bildungsarbeit nutzen:

- Herausarbeiten der verschiedenen Phasen der Landschaftsentwicklung; zeitliche Dimensionen erschließen sich unter unterschiedlichen fachwissenschaftlichen Aspekten (Archäologie, Architektur, Volkskunde, Geografie, Kunst, Ökologie usw.)
- Aufspüren älterer und jüngerer Landschaftselemente als Spuren der jeweiligen Phasen
- Darstellung der Prozesshaftigkeit und der Veränderung im Verhältnis zur relativen Dauerhaftigkeit einzelner Elemente; Darstellung von Konstanz und Wandel
- Die Auseinandersetzung mit der Vergangenheit – mit Bezügen zu Gegenwart und Zukunft – beugt der Musealisierung der Landschaft und der Idealisierung der „guten alten Zeit" vor.

Gerät mit Geschichte

Die mühselige Handarbeit des Kardierens wurde 1748 durch die Erfindung der handbetriebenen Walzenkarde erleichtert, bei der sich zwei Walzen gegeneinander bewegen. Mit der Erfindung der ersten mechanischen Spinnmaschine mit Wasserantrieb im Jahre 1769 wurde das Kardieren beim

Spinnen zum Engpass. Entsprechend wurden auch mechanisch angetriebene Karden entwickelt.

Die heute eingesetzten Walzen- oder Deckelkarden arbeiten nach wie vor nach dem Vorbild aus der Natur. Allerdings sind die Maschinen immer schneller, breiter und genauer geworden. Die Produktivität hat sich vervielfacht. Eine Walzenkarde mit 3,5 m Breite produziert 1000 kg Kardenband pro Stunde. Damit ersetzt sie die Handarbeit einer Vielzahl von Menschen. Kein Wunder, dass der ursprüngliche Beruf des Karders im Zuge dieser Entwicklung verschwand, genau wie viele andere Berufe. Er wurde durch neue Berufe und Berufszweige in der Textilindustrie ersetzt.

Beispiele für weiterführende thematische Bezüge:

- *Kulturlandschaft: Spuren der Mechanisierung in der Landschaft z.B. Wasserkraftnutzung, Gewässerbelastung durch Textilverarbeitung*
- *Nachhaltigkeit: Wie viele Hände arbeiteten an einem Textilstück gestern heute; Energiebedarf bzw. Umweltbelastungen der Produktionsprozesse*

Abb. 22: Die Industrialisierung betraf alle Arbeitsschritte, so auch das Kardieren oder das Spinnen, wie bei der hier dargestellten Spinnmaschine.
Foto: H. Dahmen, LVR-Industriemuseum Euskirchen

3.1.3 Funktional-wirtschaftlicher Zugang

Die Erfüllung von Grundbedürfnissen ist letztendlich die Triebfeder der wirtschaftlichen Tätigkeit der Menschen. Wirtschaftliche, ökologische und soziale Zusammenhänge bilden die drei Grundsäulen der Nachhaltigkeit. Viele Exponate stellen einen Bezug zur Wirtschaftsweise der Menschen ihrer Zeit her. Diese Wirtschaftsweise hat in der Regel die Landschaft verändert und auch Spuren hinterlassen, die aufgezeigt werden können.

- Herausarbeiten der wirtschaftlichen (Land- und Forstwirtschaft, Bergbau, Industrie, Erholungswirtschaft usw.) oder funktionalen Bedeutung (Furten, Pässe, Wege, Erhebungen usw.) von Landschaft und Landschaftselementen,
- Voraussetzungen und Bedingungen unterschiedlicher Nutzungsstrukturen,
- Veränderung der Nutzungsbedingungen und -strukturen im Lauf der Zeit im Zuge technischer und wirtschaftlicher Entwicklung,
- Darstellung der ablaufenden Prozesse und Zyklen,
- Regionale und globale Strukturen und Rahmenbedingungen,
- großräumige Typisierung nach dem Erscheinungsbild, z.B. Agrar-, Wald-, Seen-, Gebirgs- und Heidelandschaft; birgt die Gefahr der Oberflächlichkeit und erschwert den Zugang zu regionalen Besonderheiten.

Wollwirtschaft

Wolle wird seit etwa 3000 v. Chr. zur Herstellung von Kleidung verwendet und war in Europa zusammen mit Leinen lange Zeit die wichtigste Textilfaser.

Im Mittelalter wurden Schafhaltung und Wollproduktion im Zuge von Bevölkerungswachstum, zunehmender Verstädterung und beginnender Arbeitsteilung im Handwerk wichtige Wirtschaftszweige. Die Schafhaltung breitete sich aus. Die Wollqualität verbesserte sich durch Züchtung neuer Schafsrassen. Im Jahre 1873 waren in Deutschland 25 Mio. Schafe statistisch erfasst. Entsprechend ausgedehnte Grünland- und Heideflächen prägten damals die Landschaft.

Durch die Einführung intensiver Anbaumethoden in der Landwirtschaft mit Fruchtfolge und Düngereinsatz, Flurbereinigungen und der Auflösung alter Weidegerechtigkeiten sanken die Möglichkeiten für die Schafzucht. Als dann der Spinn- und Webvorgang mechanisiert wurde und importierte Baumwolle die Traditionsfasern Leinen und Wolle zunehmend verdrängte, verlor auch die Wollindustrie und damit die Schafzucht zunehmend an Bedeutung. Entsprechend sanken die Schafzahlen, und mit ihnen verschwanden die Weide- und Heideflächen aus dem Landschaftsbild. 1900 waren es bereits nur noch 10 Mio. Schafe in Deutschland, 1914 sank die Zahl auf 5,4 Mio. Heute gibt es 2,4 Mio. Schafe in Deutschland.

Wolle stammt heute aus knapp 100 Ländern, die rund 2,2 Mio. t Wolle jährlich gewinnen. In Deutschland beträgt die Schafwollproduktion nur noch rund 8000 t. Nach wie vor ist die Wolle aus Australien, China oder Neuseeland weißer und feiner, so dass die hiesige preislich und qualitativ nicht mithalten kann.

Beispiele für weiterführende thematische Bezüge:

- *biologische Vielfalt: Züchtung verschiedener Schafrassen (regionale Rassen, Wollschaf, Fleischschaf, u.a.) im Zuge der Entwicklung*
- *Kulturlandschaft: Landschaftliche Voraussetzungen der Regionen mit Wollindustrie früher-heute; Auswirkung von Beweidung auf die Landschaftsentwicklung und Entstehung von Lebensräumen (z.B. Heidegebiete); Flurnamen und Straßennamen*
- *Nachhaltigkeit: Soziale und ökologische Veränderungen im Zuge der Entwicklung regional und global, fair gehandelte Textilien*

Abb. 23: In Deutschland wird kaum noch Wolle produziert, daher sind alte Nutztierrassen vom Aussterben bedroht. Foto: G. Hein

3.1.4 Sozio-kultureller Zugang

Soziale Gemeinschaften in einer Region zeichnen sich durch materielles Kulturerbe (z.B. Baukultur) und immaterielles Kulturerbe (z.B. Dialekte) aus. Die Regionen mit ihren natürlichen Bedingungen und ihren kulturellen Entwicklungen haben die Lebensweise der Menschen geprägt und prägen sie selbst in Zeiten der Globalisierung bis zu einem gewissen Grad auch heute noch. Diese Zusammenhänge lassen sich ausgehend von einzelnen Exponaten darstellen:

- Auswirkung von politischen und rechtlichen Bedingungen auf das Landschaftsbild (Größe von Flurstücken und Art der Erbfolge; Langzeitwirkungen von Grenzen – genannt werden soll hier der „Eiserne Vorhang", in dem sich heute das „Grüne Band" befindet),
- Wechselwirkungen zwischen Gesellschaftsstrukturen, Landschaftsstruktur und Landschaftsnutzung,
- Berufe, Bauweisen, Dialekte, Trachten als Spiegel des Landschaftsraumes,

- Veränderung von Werten, Normen, Sichtweisen und deren Einfluss auf die Landschaft,
- Bedeutung von Landschaftselementen für Identitätsstiftung, Religion usw.

Arbeitsteilung

Das Kämmen oder Kardieren mit einer Karde ist nur ein Teilschritt in der arbeitsintensiven Verarbeitung von Wolle. Schäfer zogen die Schafe heran; Scherer waren dafür zuständig, die Schafe zu scheren. Die Wollschläger hatten die nach dem Scheren noch grob zusammenklumpende und zumeist recht verunreinigte Rohwolle zu säubern. Karder kämmten die Rohwolle mit den Karden und befreiten sie so von groben Verunreinigungen, Spinner verarbeiteten die Wollfasern zu Fäden weiter, und Weber produzierten aus den Wollfäden schließlich Tuch. Die aus Wolle gefertigten Stoffe mussten häufig darüber hinaus gewalkt werden. Färber färbten bei qualitativ hochwertigen Stoffen die Wollfäden; häufiger jedoch bereits die fertig gewebten Stoffe. Als im 18. Jahrhundert die Industrialisierung des Textilhandwerks erfolgte, verschwanden viele dieser Berufe. Sie leben häufig nur noch in Familiennamen fort. Neue Berufe wie der des Textilingenieurs traten an die Stelle der alten Berufe.

Mit den Berufen veränderten und verlagerten sich auch die Arbeitsplätze in der Textil- und Bekleidungsindustrie. In der Bundesrepublik Deutschland gingen dort von 1955 bis 1980 über 400.000 Arbeitsplätze verloren. Heute werden nur noch 5 % aller in Deutschland verkauften Textilien auch in Deutschland hergestellt.

Beispiele für weiterführende thematische Bezüge:

- *Biologische Vielfalt: weitere Faserpflanzen wie z.B. Flachs, Nessel, Jute, Baumwolle*
- *Kulturlandschaft: regionale Materialien und regionaltypische Verarbeitung von Faser- und Färbepflanzen; Bezug zu Trachten und Textilien*
- *Nachhaltigkeit: Weg der Textilien gestern und heute vom Rohstoff bis zum Kunden; Transportwege; Nutzungsdauer von Textilien; wie viele Kleider braucht ein Mensch?*

Abb. 24: Heimatmuseen tragen zur Erhaltung des Wissens über historische Handwerkstechniken und damit zur Bewahrung des immateriellen Kulturerbes bei. Der Spinnkreis trägt zur Vermittlung in der Öffentlichkeit bei.
Foto: D. Stender, LVR-Industriemuseum Euskirchen

3.1.5 Künstlerisch-ästhetischer Zugang

Die Landschaft mit ihren Pflanzen und Tieren war schon früh Gegenstand künstlerischer Darstellungen. Dieser Zugang stellt die sinnliche Wahrnehmung und die Emotion in den Vordergrund und ermöglicht eine Auseinandersetzung mit den Veränderungen der Wahrnehmung von Natur und Landschaft, den Einstellungen und den Wertvorstellungen, mit denen Menschen mit Natur und Landschaft umgehen:

- Bildhafter Gesamteindruck als Grundlage positiven Landschaftserlebens,
- Landschaft als Gestalt oder Bild, mit Symbolik, Ästhetik, Emotion, als Motiv künstlerischen Schaffens,
- Landschaft im Spiegel von bildender Kunst, von Literatur, Sagen und Märchen.

Schafkultur

Die Karde als Arbeitsgerät zum Kämmen von Schafwolle steht hier stellvertretend für ein weltverbindendes Symbol – das Schaf. Als uraltes Nutztier begleitet es den Menschen durch die Geschichte. Das Schaf findet sich überall – zu allen Zeiten, auf allen Kontinenten und in allen Religionen. Es nährt und wärmt, wird geschoren, geschlachtet, geopfert und verehrt.

Schafe waren seit mehr als 10.000 Jahren nicht nur bei den Nomadenvölkern Existenzgrundlage, Hauptwirtschaftszweig, wichtigste Währung, Statussymbol und Altersvorsorge. Kein Wunder, dass das Schaf auch eine zentrale Rolle im religiösen Leben spielte und spielt. Und so zeigen „Lamm Gottes" und der „gute Hirte" bis heute, wie Gott mit den Menschen umgeht. Weihnachtliche Hirten- und Krippenlieder sind wichtiger Teil der Kultur. In Gemälden von Pieter Brueghel bis zu Franz Marc finden sich Schafe eingebunden in landschaftliche Szenerien oder als abstrahierte Symbole.

Nehmen wir die Umgangssprache, so scheinen wir heute noch ein Nomadenvolk zu sein, denn „wir haben keinen Bock" und „scheren uns einen Dreck", obwohl wir doch „unsere Schäfchen ins Trockene bringen" sollten. Zum Einschlafen „zählen wir Schäfchen", halten ein „Schäferstündchen", bevor wir dann ausgeruht „zum Wolf im Schafspelz" werden. Wir können aber auch „lammfromm" sein und „Schäfchenwolken" beobachten.

Beispiele für weiterführende thematische Bezüge:

- *Biologische Vielfalt: Darstellung von Schafen auf Gemälden unterschiedlicher Regionen, Länder und Kontinente – Bedeutung der Schafzucht mit Rassenvielfalt in kulturhistorischer Sicht und Reflexion über jahrtausendelange Lebensraumauswirkungen durch (Schaf-)beweidung*
- *Kulturlandschaft: Interpretation von Landschaftsbildern; landart-Projekte, u.a.*
- *Nachhaltigkeit: Kultur sowohl im Sinne künstlerischer und gesellschaftlicher Kreativität als auch im anthropologischen Sinne weltweit vielfältiger Kulturen liefert Impulse zu zukunftsfähigen, nachhaltigen Lebens- und Wirtschaftsweisen*

3.1.6 Alltagszugang

Dieser Zugang stellt den Menschen in den Mittelpunkt, der im Alltag in seiner Zeit die Exponate als Gebrauchsgegenstand häufig genutzt hat. Der/die BesucherIn wird dadurch zwangsläufig zum Vergleich mit den heutigen Alltagsabläufen aufgefordert. Regionale Bezüge zur Landschaft als Nahrungs- und Baustofflieferant waren früher viel unmittelbarer als heute und lassen sich nicht nur mit ihren persönlichen Vor- und Nachteilen, sondern auch mit ihren landschaftsbezogenen Konsequenzen darstellen:

- Darstellung der Landschaft als alltäglicher, oft kaum bewusst wahrgenommener Lebens- und Bezugsraum für die Abläufe des sozialen, ökonomischen und politischen Handelns,
- Herausarbeiten der Lebenswelten der Menschen in verschiedenen Räumen und Phasen,
- Darstellung der Alltagsabläufe und Tätigkeiten im Jahreslauf oder in langjährigen Folgen,

- Wandel der Lebens- und Arbeitsbedingungen im Landschaftsraum,
- Wirkungen der alltäglichen Handlungsmuster auf den Landschaftsraum,
- Herstellung von Brücken zur gegenwärtigen Lebenswelt durch Vergleiche, Analogien, Alltagshandlungen.

Die Qual der Wahl

Socken stricken gehört für viele der Vergangenheit an. Und die Zeiten, in denen fast alle Wolle zu Hause mit einer solchen Karde bearbeitete, um sie für das Spinnen vorzubereiten und nach dem Spinnen zu verstricken, liegen noch weiter zurück. Damals stellte sich auch noch nicht die Frage nach den wärmsten Socken. Das waren unzweifelhaft die Wollsocken.

Angesichts von Kunstfasern und Baumwolle stellt sich diese Frage heute schon eher. Die besonderen Materialeigenschaften machen das Naturprodukt Wolle auch heute noch zu einem geeigneten Sockenmaterial. Wolle nimmt Schmutz schlecht an und knittert kaum. Sie ist sehr farbbeständig und nimmt im Gegensatz zu Kunstfasern wenig Schweißgeruch an. Wolle reguliert zudem auf natürliche Art die Temperatur. Sie nimmt zwar im Faserinneren Wasserdampf auf, die Oberfläche stößt Wasser jedoch ab. Wolle fühlt sich deshalb trotz Feuchtigkeitsaufnahme viel länger trocken an als Baumwolle.

Socken aus Wolle sind daher immer noch eine gute Wahl, insbesondere für lange Wanderungen. Der Fuß bleibt auch bei langer Beanspruchung trocken, und bei Kälte wärmen die Socken.

Beispiele für weiterführende thematische Bezüge:

- *Biologische Vielfalt: Eigenschaften verschiedener natürlicher Fasern und ihre pflanzliche und tierische Herkunft*
- *Kulturlandschaft: regionaltypische Textilien und ihre Bezüge zur Landschaft: Formen, Farben, Materialien*
- *Nachhaltigkeit: Lebensstile am Beispiel der Wahl von eigener Bekleidung, Umweltbelastung durch Hightechmaterialien*

Abb. 25: Alltagsbezüge zum persönlichen Leben machen komplexe Zusammenhänge begreifbar. Foto: G. Hein

3.2 Leitbild

Welche Methoden unterstützen die Absichten des Museums am besten und dienen der Profilierung des Museums? Wie entwickle ich aus den Ideen ein schlüssiges Konzept? Sammeln, Bewahren, Forschen und Vermitteln sind die zentralen Aufgaben eines Museums. Leitbild und Museumskonzept bilden in diesen Handlungsfeldern die Grundlage für die Museumsarbeit. Die thematische Neuausrichtung legt innerhalb dieser Handlungsfelder Schwerpunkte fest und zeigt eine Entwicklungsrichtung auf. Dabei sind im Zuge der Orientierung an Nachhaltigkeit, biologischer Vielfalt oder Kulturlandschaft nicht direkt in allen Handlungsfeldern Veränderungen erforderlich, sondern nur in einzelnen Bereichen, zum Beispiel bei der Vermittlung. Nach außen macht das formulierte

Leitbild das Profil und die Leistungen des Museums sichtbar. Nach innen wirkt das Leitbild als Handlungsorientierung für die im Museum Arbeitenden. Dazu formuliert das Leitbild die übergeordneten Ziele nicht nur auf der inhaltlichen, sondern auch auf der organisatorischen Ebene. Leitbilder sind damit ein Instrument der Qualitäts- und Organisationsentwicklung. „Unser Museum", „Unsere Aufgaben", „Für wen arbeiten wir?", „Mit wem arbeiten wir zusammen?", „Wie arbeiten wir?" sind die Fragen, die das Leitbild beantwortet. Die Neuorientierung auf Nachhaltigkeit, biologische Vielfalt oder Kulturlandschaft bedingt eine Spezialisierung, die profilschärfend ist, was häufig zur Verbesserung der Wahrnehmung in der Region und auch überregional beiträgt. Die Darstellungen zu den zugangsbezogenen Leitbildern verstehen sich als Beispiele.

Abb. 26: Ein Leitbild sollte gemeinsam erarbeitet und abgestimmt werden. Foto: G. Hein

- Das Leitbild kann von „oben" vorgegeben oder von „unten" gemeinschaftlich entwickelt werden. Die *größtmögliche Akzeptanz* ist wichtig, damit es dann im Alltag auch von möglichst allen mitgetragen wird. Da aber nie alle mitmachen werden und müssen, liegt der „richtige" Weg wohl dazwischen und hängt letztendlich im hauptamtlich oder ehrenamtlich geführten Museum von den Personen ab. In jedem Fall ist ein Moderationsprozess mit der Leitbildentwicklung verbunden.
- Hilfreich ist es, nicht immer mit dem großen Besen zu kehren. *Aufbauend auf Bestehendem und Geleistetem* muss nicht alles entsprechend dem neuen Leitbild gleichzeitig und konsequent angegangen werden. Selbst wenn dadurch phasenweise Brüche im Erscheinungsbild entstehen, ist es wichtig, keine unüberschaubaren Dauerbaustellen entstehen zu lassen.
- Wichtig ist eine *Kernorientierung*, die die Museumsdarstellung wie einen roten Faden durchzieht. Hieran lassen sich andere Themen ausrichten. Kernorientierungen können beispielsweise sein: die Darstellung des Menschen in der regionalen Landschaft, die familienfreundliche Aufbereitung oder die Einbindung in das regionale Gesamtangebot (vgl. hierzu den Beitrag von Thorsten Ludwig in dieser Publikation). Kernorientierung kann auch eine thematische Schwerpunktsetzung beinhalten.
- Wichtigste Sammlungs- und Forschungsregion ist die direkte Umgebung. Beim *ökologischen Schwerpunkt* werden zu Aspekten der biologischen Vielfalt und Ökologie Arbeiten durchgeführt. Hierzu zählen z.B. das Artenspektrum im Museumsumfeld oder die Entstehung von Lebensräumen durch die Nutzungsgeschichte. Das Wirken des Menschen beeinflusste und beeinflusst die Lebensräume. Eine nachhaltige Nutzung sichert die Lebensgrund-

lagen. Voraussetzung für dieses neue Denken und Handeln ist das Wissen um die Zusammenhänge des Lebens und der Wechselbeziehungen mit dem menschlichen Wirken. Das Museum hat den Auftrag, zur Ergründung und Vermittlung dieser globalen und ökologischen Zusammenhänge mit musealen Mitteln beizutragen. Es wirkt auf die Wahrnehmung der globalen und direkten Verantwortung jedes einzelnen Menschen hin, die daraufhin abzielt die natürlichen Lebensgrundlagen zu sichern.

- Den *historischen Schwerpunkt* nutzt das Museum, um zum Ort der Information, Reflexion und Diskussion über den eigenen Ort und Landschaftsraum zu werden. Es bietet Erklärungen und Hintergründe zur Ortsgeschichte an, dient dabei gleichzeitig als Forum für die wichtigen Themen der Region. Dadurch trägt es zur Verständigung über die Gegenwart und Zukunft bei. Das Museum greift mit seinen Sammlungen, Ausstellungen und Veranstaltungen Themen der Gegenwart auf und stellt zukunftsbezogene Fragen.
- Den *Alltagsschwerpunkt* nutzt das Museum, um Zeugnisse des Alltagslebens zu sammeln, zu bewahren, zu erschließen und sie zugänglich zu machen. Im Mittelpunkt stehen der Austausch und das Lernen über den Alltag. Je mehr die Welt durch Vernetzung räumlich und zeitlich „schrumpft“, desto wichtiger wird die Erfahrung der Lebensweisen vergangener Generationen – bei ihnen waren Arbeits- und Herstellungsprozesse in der Regel langsamer und regionaler. Nicht der nostalgische Rückblick auf vermeintlich idyllische Zeiten oder der Blickwinkel einer vermeintlich besseren Gegenwartskultur stehen im Vordergrund, sondern die Auseinandersetzungen mit Selbstverständlichkeiten und das Öffnen von Horizonten.
- Das Museum mit *soziokulturellem Schwerpunkt* bewahrt und sichert zentrale Teile des kulturellen Erbes und geschichtlichen Wissens einer Region. Es weckt Verständnis für historische Zusammenhänge und kulturellen Wandel und leistet damit einen Beitrag zur Identitätsbildung aller BürgerInnen. Es ist gleichermaßen Forum und Begegnungsstätte und versteht sich als kulturelle Bildungs- und Dienstleistungseinrichtung für ein breites Publikum. Das Museum präsentiert die Sammlungen in ihrer Vielfalt anschaulich, lebendig und ansprechend und in wechselnden Bezügen mit dem Ziel, immer wieder neu den Blick auf Geschichte und Gegenwart zu werfen. Sonderausstellungen regen den gesellschaftlichen Dialog über aktuelle interkulturelle Entwicklungen an.
- Beim *wirtschaftlichen Schwerpunkt* vermittelt das Museum gesellschaftliche und wirtschaftliche Fakten vor dem landschaftlichen Hintergrund. Geschichte, Wirtschaft, Geografie, Politik und Sozialkunde verbinden sich an konkreten Beispielen zu Modellen von Wirtschaftskreisläufen mit der Darstellung der Erzeugung von Produkten, der Handelswege und des Verdienstes in den verschiedenen Berufen. Veranstaltungen stellen den Kontakt zwischen Menschen aus den unterschiedlichen Wirtschaftszweigen der Region her. Schulen erhalten einen anschaulichen Einstieg in eine häufig nur abstrakt erlebbare Thematik. Der wirtschaftliche Schwerpunkt ist sehr gut geeignet, die Nutzungsgeschichte einer Landschaft, und damit die entstandenen Lebensräume zu erklären, da diese durch wirtschaftliche Bedingungen entstanden sind.
- Der *künstlerisch-ästhetische Schwerpunkt* will das Museum zu einer Kulturinstitution weiterentwickeln, die zur Begegnung mit Landschaft und Kunst einlädt. Ausgehend von der lokalen

Verankerung trägt es mit interessanten Fragestellungen dazu bei, künstlerische Ausdrucksformen im historischen Wandel und im globalen Zusammenhang zu verstehen. Mit seinen Fragestellungen und Angeboten nimmt das Museum teil an der Diskussion über die gesellschaftliche Bedeutung der Kunst und ihre Wirkungsmöglichkeiten in gesellschaftlichen Prozessen.

Kernorientierung und Schwerpunktsetzung dienen dazu den Museen ein unverwechselbares Profil zu geben. Die Kernorientierung muss dennoch Raum lassen für wechselnde Ausstellungen, Aktionen und Projekte. Bei den gewählten Schwerpunkten lassen sich die Themen biologische Vielfalt, Nachhaltigkeit und Kulturlandschaft stets einbinden. Die konkrete Umsetzung ist abhängig von den regionalen Gegebenheiten, aber auch von der Kreativität der MuseumsmacherInnen.

4. Umsetzung

Wie gehe ich vor? Welche Umsetzungsschritte führen zur Realisation? Die Integration neuer thematischer Zugänge in das Museum ist nicht nur mit inhaltlich-gestalterischen Veränderungen verbunden, sondern häufig auch mit Veränderungen in vielen anderen Bereichen des Museumsalltags. Bei der Ideenentwicklung ist der Gesamtrahmen der langfristigen Veränderung im Voraus häufig noch nicht absehbar. Die Ausgangssituation ist in jedem Museum anders, und die Veränderung ist ein Schritt für Schritt ablaufender Entwicklungsprozess. Entsprechend kann es kein Patentrezept für den Ablauf der Umsetzung geben. Nachdem die oben beschriebenen Schritte abgearbeitet sind, finden sich hier Anregungen zum Projektablauf und zu sinnvollen weiteren Umsetzungsschritten. Auch wenn die einzelnen Schritte sich erfahrungsgemäß teilweise überschneiden und nicht immer streng nacheinander ablaufen, hilft die Orientierung an den Teilschritten bei der Organisation unabhängig davon, ob es sich um kleine Maßnahmen oder komplexe Gesamtveränderungen handelt.

4.1 Informationen, Besichtigungen und Kontakte

Wie kann ich mich am Anfang informieren? Wo finde ich Anregungen und Ideen für eigene Handlungsansätze? Wer hat Erfahrungen in bestimmten Bereichen? Am Anfang stehen die Initiatoren einer Veränderung mit ihrer Idee oft allein in ihrem Museum. Für die thematische Erweiterung oder gar Neuausrichtung auf die Themenfelder Kulturlandschaft, Nachhaltigkeit und biologische Vielfalt gilt es deshalb zunächst, konkrete Beispiele zu finden und Erfahrungsberichte einzuholen. Ansatzpunkte bieten die Literatur- und Internetrecherche (s. Auflistung in Abschnitt 6), die Besichtigung anderer Museen und der intensive Gedankenaustausch mit verschiedenen AkteurInnen. Auch Beratungsangebote sollten in Anspruch genommen werden.

- Die Sammlungen von Beispielen anderer Museen (z.B. Naturkundemuseen, Freilichtmuseen und einige Heimatmuseen sowie von Informationszentren) helfen bei der Positionierung der eigenen Vermittlungsarbeit. Sie machen zudem deutlich, dass man mit diesen neuen Ansätzen nicht allein steht und darin Potenziale liegen, die auch für das eigene Museum tragfähig sein können.
- Die kritische Betrachtung von Beispielen aus anderen Museen unterstützt die Entwicklung eigener Ideen.
- Der Austausch mit TrägerInnen und MitarbeiterInnen anderer Museen hilft, die Chancen und Probleme für die eigenen Ideen kritisch zu hinterfragen und Tipps und Tricks für die Vorgehensweise zu erhalten.

Abb. 27: Die Besichtigung von anderen Museen bietet Anregungen für die eigene Arbeit. *Foto: G. Hein*

- In allen Bundesländern gibt es öffentliche Institutionen, die Museumsberatung anbieten. In NRW ist die Museumsberatung bei den Landschaftsverbänden angesiedelt, in Baden-Württemberg gibt es eine Landesstelle für Museumsbetreuung. Der Deutsche Museumsbund gibt eine Übersicht über die regionalen Museumsorganisationen und die Beratungsangebote.

4.2 Arbeitsgruppe

Wie lässt sich die Arbeit zur Ausrichtung des Museums auf Nachhaltigkeit, biologische Vielfalt und Kulturlandschaft beginnen und organisieren? Allein ist die Integration neuer Themen und Angebote in den Museumsalltag nicht zu schaffen. Zwar müssen nicht alle bei den neuen Aktivitäten beteiligten AkteurInnen mitmachen, aber es muss eine Basis bestehen, die auch institutionell verankert ist. Gespräche mit Gleichgesinnten im Trägerverein oder erste Kontakte zu möglichen KooperationspartnerInnen sind Wege, eine Unterstützung zu finden. Auch Unkenntnis, Vorbehalte und Ablehnung werden so deutlich. Das gibt Hinweise für die notwendige Überzeugungsarbeit. Es empfiehlt sich, eine Arbeitsgruppe einzurichten, die sich mit der Umsetzung befasst. Von Zeit zu Zeit ist jedoch auch ein Blick „von außen" sinnvoll, da man im laufenden Prozess „betriebsblind" werden kann.

Abb. 28: Die Bildung einer Arbeitsgruppe ist ein erster Schritt zu einer Neuorientierung. *Foto: G. Hein*

- Ein erster Schritt zur Umsetzung ist die Bildung einer *Arbeitsgruppe*, die von den Museumsgremien (TrägerIn, Trägerverein o.Ä.) den „Auftrag" hat, sich um die Integration der neuen Themen und Angebote zu kümmern.
- Durch die Arbeitsgruppe bleibt die *Verantwortung* nicht auf den Schultern von einem oder zwei Aktiven liegen, sondern verteilt sich. Die AkteurInnen bleiben flexibel, und das Projekt wird nicht zum selbstgesetzten Zwang für einzelne Aktive.
- Bei den überwiegend ehrenamtlich getragenen Einrichtungen ist es umso wichtiger, dass alle die *eigenen Fähigkeiten und Interessen* einbringen können. Entsprechend können in der Gruppe kommunikative Menschen Kontakte aufbauen, andere übernehmen arbeitsteilig inhaltliche oder technische Aufgaben. So bleibt die Gruppe auch offen für neue Menschen und Impulse.
- In der Startphase kann es sinnvoll sein, *außenstehende Fachleute* zu Sitzungen oder Workshops einzuladen, denn der „Prophet" gilt auch im Bereich der Museums-Aktivitäten oftmals nur wenig im „eigenen Land".

4.3 Umsetzungsbausteine

Welche Möglichkeiten der Vermittlung gibt es? Welche Vor- und Nachteile sind mit den einzelnen Umsetzungsbausteinen verbunden? Wie komme ich zu einer sinnvollen Auswahl für die eigene Institution? Das Sammeln, Bewahren und Erforschen von Zeugnissen unserer Kultur gehört neben der Vermittlung der Bedeutungsinhalte an die BesucherInnen zu den Kernaufgaben eines Museums. Multimediale Freizeitparks mit atemberaubenden Bildern und Erlebnissen, überraschenden Momenten und vielfältigen Vergnügen stehen kleinen und großen Museen als Gegenpole gegenüber. Museen werden als Institution zwar häufig irgendwo zwischen Lernort und Kulturtempel eingeordnet, aber längst nicht immer und bei weitem nicht von allen mit den Begriffen interessant oder spannend verbunden. Obwohl die Zeiten des „Bitte nicht anfassen" in vielen interaktiven Ausstellungen vorbei sind, fühlen sich viele potenzielle BesucherInnen von dem belehrenden Erscheinungsbild und den mit dem Museumsbegriff verbundenen Vorstellungen eher abgeschreckt als angezogen.

Die Präsentation der Inhalte ist in diesem Gesamtzusammenhang eine anspruchsvolle Aufgabe. Sie bedient sich einer Vielfalt von Methoden und Formen, um dem/der BesucherIn den Zugang zu Exponaten, Inhalten und dem Museum generell zu erleichtern. Im Idealfall werden die BesucherInnen auf vielfältige Art und Weise zu selbstständigem Entdecken und Lernen mit allen Sinnen angeregt. Dabei geht es nicht nur um die Aufarbeitung von Informationen der verschiedenen Quellen und Fachdisziplinen. Vielmehr verschmelzen für den/die BesucherIn Ort, Medien, Installation, Information und Veranstaltungen zu einem Gesamtbild. Der entstehende Gesamteindruck ist entscheidend dafür, ob die Absicht des Trägers und das Kommunikationsziel den/die BesucherIn erreicht.

Das regionale Museum lenkt mit den neuen Themenzugängen die Wahrnehmung auf Dinge und Sachverhalte, welche die BesucherIn zunächst kaum bewusst wahrnehmen werden. Gerade vor diesem Hintergrund kommt der Auswahl von Vermittlungs-Bausteinen für die Umsetzung eine große Bedeutung zu. Sie erfolgt nicht zuletzt auch unter Berücksichtigung der Kosten sowie des Organisations- und Umsetzungsaufwandes. Auch die schrittweise vorzunehmende Umsetzung als wachsendes Konzept von der Veränderung des Angebotes durch neue thematische Führungen als möglichem erstem Schritt bis hin zu einer letztendlich völlig neuen Ausstellungskonzeption ist zu berücksichtigen. Die Aufgabenteilung zwischen den verschiedenen Bausteinen ist zu definieren und festzulegen. Das Museum soll nicht zu einer unterhaltsamen, künstlichen Erlebniswelt werden, aber es soll seine BesucherIn mit seinen Objekten und Qualitäten faszinieren. Wo immer möglich, sind ein spielerischer Zugang zum Thema und leicht verständliche Informationen hilfreich. Trotzdem sollten auch BesucherInnen mit Vorkenntnissen Neues entdecken können.

4.3.1 Bausteine für Innen

Viele Heimatmuseen befinden sich in historischen Gebäuden mit einer eigenen Geschichte. Die historischen Räume bestimmen wesentlich den Gesamteindruck und tragen zur Stimmung des Museums bei. Die Ausstellungsgestaltung sollte den historischen Raum akzeptieren und ihn nicht durch massive Einbauten überformen. In modernen Gebäuden ist der Spielraum größer. Die Themen Nachhaltigkeit, biologische Vielfalt und Kulturlandschaft in bestehende Raum- und Ausstellungsstrukturen zu integrieren, erfordert bei beiden Gebäudetypen längst nicht zwingend ein komplett neues Ausstellungskonzept, auch wenn dieser Gedanke leicht aufkommen mag. Vielmehr geht es darum, die Objekte sprechen zu lassen, und zwar in einer anderen Sprache oder über eine neue Geschichte, die ihre Herkunft oder Funktion in einen landschaftlichen Rahmen stellt (vgl. Abschnitt 3). Die BesucherInnen verstehen die Objekte nur dann, wenn es den AusstellungsmacherInnen gelingt, die Aussagen direkt erfahrbar und leicht zugänglich zu machen. Möglich wird das durch unterschiedliche Bausteine (vgl. dazu auch die Abschnitte 4.3.3 und 4.3.4).

- *Das Sichtbarmachen alter Konstruktionen und die Darstellung der landschaftsbezogenen Bauweisen* ist nicht nur bei Fachwerkhäusern möglich. Bei allen Gebäuden lässt sich über die Verwendung der Baustoffe oder die regionalen Gebäudemerkmale ein landschaftlicher Bezug herstellen. Offengelegte Natursteine, Eichenbalken, Lehmziegel oder moderne Betonelemente können verknüpft werden mit Steinbrüchen, Wäldern, Tongruben und Zementwerken der näheren oder weiteren Umgebung. Sie ermöglichen die Darstellung eines Zeitbogens von der Vergangenheit über die Gegenwart bis in die Zukunft.
- An der *Funktion eines historischen Gebäudes* lassen sich der zeitliche Wandel und der landschaftliche Kontext ablesen. Nutzungswandel ist zeitübergreifend darstellbar und lässt sich nicht nur aus der Perspektive der Entstehungszeit (Fabrik, Scheune, Bauernhaus, Mühle etc.) begreifen. Der Strukturwandel, der ihrem landschaftlichen Funktionsverlust bis hin zur Mu-

Abb. 29: Holzkonstruktionen wie bei diesem Fachwerk bestehen aus nachwachsenden Rohstoffen. *Foto: G. Hein*

seumsnutzung zu Grunde liegt, kann genutzt werden, die heutigen Strukturen (Industriemühlen, landwirtschaftliche Großbetriebe, Auslandsfertigung etc.) mit ihren großräumigen Bezügen gegenüberzustellen. Über die jeweiligen Vor- und Nachteile und einen Ausblick in die Zukunft lässt sich Nachhaltigkeit thematisieren. So waren Windmühlen lange Zeit landschaftsprägend und sind heute bis auf wenige Museumsexemplare aus der Landschaft verschwunden. Inzwischen prägen jedoch Windenergieanlagen das Landschaftsbild. Hier lässt sich der Aspekt der nachhaltigen Energiewirtschaft thematisieren.

Abb. 30: Die Kombination von Geräten und Bildern veranschaulicht, wie Landschaft auch im Museum einen Platz finden kann. *Foto: G. Hein*

- *Landschaft nach zu innen holen* ist mit Originalobjekten, über Fotos, Gemälde oder Dioramen möglich. Damit lässt sich der Landschaftsbezug zu Exponaten verdeutlichen. Ein Wassereimer stellt beispielweise den Bezug zu alten Brunnen und über den Vergleich mit dem heutigen Alltag zur früheren und heutigen Trinkwasserversorgung her. Mit Landschaftsmodellen oder historischen Karten und Fotos lassen sich die Prozesse der Landschaftsentwicklung dokumentieren und beispielsweise die Bedeutung von verschiedenen Strukturelementen (Hecken, Gewässer etc.) für die biologische Vielfalt darstellen.
- *Interaktive Elemente* sind nicht nur aufwändig konstruierte Installationen mit Klappen und Druckknöpfen, die Informationen erschließen oder Dinge in Bewegung setzen. Im Museum können das auch Objekte zum Anfassen sein: Eine Ausgrabungsecke für Kinder mit zusammensetzbaren Fundstücken, eine Verkleidungskiste, welche die BesucherInnen mit Kleidungsstücken und Werkzeugen aus unterschiedlichen Zeiten und landschaftsbezogenen Berufen in Verbindung bringt, ein Landschaftssetzkasten, der in Form eines Memospieles zur Zuordnung von Exponaten und Landschaftselementen anregt oder ein Erinnerungskoffer, der gerade für ältere BesucherInnen die Landschaften der Kindheit wachruft.
- *Nutzbare Räume* machen durch das praktische Hineinleben in vergangene Alltagsabläufe (in Mühle, Bauernhaus, Schule, Schusterwerkstatt oder Apotheke) den unmittelbaren Vergleich zu den heutigen Lebensumständen deutlich. Damit ergibt sich für die BesucherInnen direkt ein Ansatzpunkt zur Nachhaltigkeit, die nahezu automatisch den Vergleich mit dem eigenen Alltag angeregt. So lässt sich an der Schusterwerkstatt die Nachhaltigkeit thematisieren,

Abb. 31: *Sonderausstellungen bieten Abwechslung und die Chance, neue BesucherInnen zu gewinnen. Die Teppichausstellung im Heimatmuseum Bergneustadt fand ein besonderes Interesse bei Migranten.* Foto: M. Hoenow

das gesamte Ausstellungskonzept zu verändern. Erforderlich ist dazu entweder ein separater freier Raum im Museum oder ein Raum außerhalb des Museums (Sparkassen- oder Rathausfoyer, Stadthalle oder Schule, eine Gaststätte oder Kulturforum usw.). Möglich ist aber auch eine entsprechende thematische Neubeschriftung der vorhandenen Ausstellung für eine begrenzte Zeit in einem Museumsteil.

- *Platz schaffen für Neues* ist unverzichtbar, wenn eine hohe Exponatfülle und -dichte (z.B. 20 alte Bügeleisen des gleichen Typs) den/die BesucherIn erschlägt. Durch vorsichtiges „Entrümpeln"

denn im Gegensatz zu heute wurden früher Schuhe ausschließlich aus Naturmaterialien hergestellt und mehrfach repariert. Das Thema biologische Vielfalt lässt sich z.B. bei der Apotheke anhand der Sammlung und Verwendung von Heilpflanzen darstellen. Unterstützt wird das durch entsprechende Angebote in Form von Führungen und Veranstaltungen (s. nächste Abschnitte).

- *Thematische Wechselausstellungen* sind eine Möglichkeit, neue Themen im Museum aufzugreifen, ohne gleich

Abb. 32: *Sammelleidenschaft ist zwar Voraussetzung für Museen, aber weniger ist oft mehr. Die Konzentration auf ein „Werkzeug des Monats" würde dem/der BesucherIn den Zugang erleichtern.* Foto: G. Hein

kann der Bestand reduziert werden. Dabei ist aber unbedingt die Wertschätzung etwaiger Exponat-StifterInnen zu beachten. Auch für die neuen Informationen muss Platz geschaffen werden, denn einfach nur neue Inhalte in die bestehende Ausstellung einfügen, dürfte in der Regel zur Überfrachtung führen. In jedem Fall ist bei Exponaten und Texten weniger mehr. Einfache und kurze Texte, die für alle verständlich sind, Fragen, die zum Nachdenken anregen, oder auch humoristische Darstellungen sind ansprechender als lange Texttafeln und eine unübersichtliche Vielfalt.

Abb. 33: *In Partenstein findet seit Jahren das größte und längste Projekt zu einer Burg im Spessart statt. Im Gefolge mehrerer Grabungskampagnen und einer aufwendigen Restaurierung und Teilrekonstruktion von Mauern und Toranlage der Burg wurde ein eigener Burgenverein gegründet. Einmal im Jahr wird ein großes Burgfest organisiert. Anlässlich des Burgfestes 2008 wurde ein voll funktionsfähiger mittelalterlicher Kran mit Laufrad rekonstruiert, mit dessen Hilfe die Arbeiten auf einer Burgbaustelle veranschaulicht werden können.* Foto: G. Ermischer

4.3.2 Bausteine für außen

Nicht alle Museen verfügen über ein eigenes Grundstück, aber jedes Museum ist eingebunden in ein mehr oder weniger attraktives Umfeld. Ob Stadtzentrum oder Waldgebiet – in jedem Fall gibt es Möglichkeiten, auch das Umfeld für die thematische Ausrichtung auf die Aspekte Nachhaltigkeit, biologische Vielfalt und Kulturlandschaft zu nutzen. Kräutergärten oder Themenwege sind zusätzliche Inhalte, die meist mit konkreten, eher baulichen Maßnahmen verbunden sind. Der Kostenaufwand für die Herstellung, aber auch der langfristige organisatorische Betreuungsaufwand können eventuell erheblich sein. Gerade das Umfeld lässt sich in der Regel aber auch mit deutlich geringerem Aufwand leicht durch personelle oder mediale Vermittlung (s. Abschnitte 4.3.3 und 4.3.4) in die thematische Neuausrichtung einbeziehen.

- *Gestalteter und didaktisch genutzter Außenbereich:* Demonstrationsflächen beispielsweise mit Ausgrabungsfeld, Flachsröste, steinzeitlicher Bodenbearbeitung, Holzbackofen, Flechthecke, Kopfbäumen oder Waschteich ermöglichen vielfältige Beobachtungen und thematische Besucheraktivitäten. Wenn sie in die ständigen Museumsaktivitäten, in Kurse und Veranstaltungen eingebunden sind, fällt die laufende Pflege in der Regel leicht. Die Einrichtung einer Gelände-Arbeitsgruppe oder von halbjährlichen Arbeitseinsätzen im Gelände hilft, die Pflege zu bewältigen.
- Ein *Garten* an einem historischen Gebäude muss nicht zwangsläufig zu einem Bauerngar-

Abb. 34: Ein liebevoll angelegter Garten lädt zum Verweilen ein.
Foto: M. Frielingsdorf

Einrichtung eines Gartens muss allerdings allen klar sein, dass damit abhängig von der Größe und Bearbeitungsintensität ein erheblicher Betreuungsaufwand verbunden ist und die Gefahr besteht, dass das Projekt verwaist, wenn die betreuenden Personen aussteigen. Gut sind daher langfristige angelegte Betreuungskonzepte. Denkbar ist die Übernahme von Patenschaften für Teilbereiche durch nahegelegene Schulen, Kindergärten, Altenheime oder verschiedene andere Vereine oder Institutionen, die allerdings auch betreut werden müssen. Weitergehende Informationen finden Sie in dieser Publikation im Beitrag

ten werden. Er kann Nahrungspflanzen im Wandel der Zeiten präsentieren oder als Pflanzenarche alte Färbepflanzen, Gemüse-, Blumen- und Obstsorten beherbergen. Besonderes Interesse finden Nutzpflanzen, da hier der Bezug zum Alltag direkt gegeben ist. Die Erhaltung alter Nutzpflanzen als Aspekt der biologischen Vielfalt ist ein geeignetes Thema für Heimatmuseen. Mit einer Bienenhaltung im Garten lässt sich die Funktion der Bestäubung erläutern, aber auch der wirtschaftliche Nutzen der Bestäubearten sowie die Geschichte der Imkerei. Bei der

Abb. 35: Historische Nutzungsarten, wie diese Bienenkörbe, oder auch alte Nutztierrassen können ein spannendes Thema für Heimatmuseen sein. Kooperationen mit ImkerInnen, Archevereinen etc. können dabei helfen.
Foto: G. Hein

von Gertrud Hein. Detaillierte Projektbeschreibungen siehe auch Bund Heimat und Umwelt 2009b sowie Marianne Frielingsdorf in Bund Heimat und Umwelt 2008b.

Abb. 36: Themenwege können den Wirkungsbereich von Museen erweitern.
Foto: M. Hoff

- *Tierhaltung* alter Haustierrassen oder Bienen auf dem Museumsgrundstück bedeutet stets eine besondere Verantwortung, die aber nicht zwingend vom Träger/von der Trägerin selbst übernommen werden muss. Durch Kooperationen mit Kleintierzüchtervereinen, LandwirtInnen oder Imkervereinen, die an Flächen oder Standorten interessiert sind, lässt sich das unter Umständen zum gegenseitigen Vorteil realisieren. Auch die zeitlich begrenzte Aufnahme von „Leihtieren" auf der Museumswiese ist möglich.

- *Themenwege* im Umfeld mit festen Installationen vor Ort bzw. als mediale Angebote in Papierform oder mit GPS-Geräten (hierzu siehe Bund Heimat und Umwelt 2010e) erweitern den Aktionsradius des Museums. Themen wie Nachhaltigkeit, biologische Vielfalt und Kulturlandschaft sind so direkt im Siedlungsbereich oder in der Landschaft zu verdeutlichen. Wird ein Themenweg in Papierform als Rallye angeboten, ist der Planungs- und Herstellungsaufwand überschaubar. Ein Themenweg mit Tafeln und Installationen im Gelände oder Leihgeräten ist ein eigenes Projekt, das mit entsprechendem Know-how umgesetzt werden muss. Folgekosten, Betreuungs- und Organisationsaufwand sind zu beachten.

- Besteht die Sammlung beispielsweise aus landwirtschaftlichen Großgeräten wie Traktoren, Pflügen und Dreschmaschinen, kann es sinnvoll sein, zur Demonstration von Kulturformen und Arbeitsweisen historischer Geräte *Flächen* anzupachten oder ungenutzte Flächen temporär zu nutzen. Dies kann auch für andere alte Kulturtechniken wie Holzkohlemeiler (vgl. den Beitrag von Alfred Becker in dieser Publikation), Arbeit mit Rückepferden, Obstwiesen o.Ä. notwendig sein. So gibt es mobile Obstpressen, bei denen man die Erträge der Obstwiesen zu Saft verarbeiten kann, bis hin zur Mitwirkung an einer Regionalmarke. Durch den Vergleich früherer und heutiger Arbeitsweisen finden sich Anknüpfungspunkte zu Nachhaltigkeit, biologischer Vielfalt und Kulturlandschaft. Kooperationen mit LandwirtInnen, FörsterInnen, Naturschutzverbänden, Keltereien, Fischereivereinen u.Ä. sind hier denkbar. Weiterführende Projektbeispiele siehe auch Bund Heimat und Umwelt 2008b.

Abb. 37: Die Demonstration historischer Arbeitsweisen lässt sich am einfachsten am praktischen Beispiel nachvollziehen, wie hier im Freilichtmuseum Lindlar. *Foto: G. Hein*

genheit haben, sich Museum und Gelände selbsttätig anzueignen. Voraussetzung dazu sind unter anderem *Spielangebote*, die zum eigenen Tun anregen. Die räumlichen (Gelände u.a.) und organisatorischen Bedingungen (Sicherheit u.a.) sind dazu zu schaffen. Ein bewegungsfreundliches Gelände, das vielfältige Erlebnis- und Erfahrungsmöglichkeiten rund um Natur und Geschichte bietet, ist nicht nur Spielplatz, sondern kann auch Ausgrabungsstätte, Garten, Werkstatt und Unterrichtsort sein.

4.3.3 Didaktische Bausteine

Vor allem Aufgeschlossenheit, Interesse, Phantasie und Kreativität sind gefragt, wenn Führungen und Veranstaltungen die neuen

- Eine *Freiluftklasse* – ein Sitzplatz im Freien in Klassengröße – kann das Raumangebot im Museum ergänzen und als Arbeitsplatz für Arbeiten genutzt werden, die im Gebäude viel Schmutz bedeuten würden (Wolle verarbeiten, Herstellung von Pflanzenfarben u.a.). Gleichzeitig kann der Raum bei Festen als Grillplatz oder, etwas großzügiger gestaltet, als kleine Bühne für Freiluftkonzerte dienen.
- Museen müssen sich innen und außen auf Bewegungsbedürfnisse von Kindern einstellen. Kinder sollten Gele-

Abb. 38: Angebote für Unterricht im Freien sind attraktiv für Schulen. *Foto: M. Hoff*

Abb. 39: Spiel- und Erlebnisangebote steigern die Attraktivität von Heimatmuseen für Familienausflüge. Foto: M. Hoff

Themen in bestehenden Ausstellungen aufgreifen. Nicht alle finden auf dieselbe Art und Weise einen Bezug zum Themenkreis Nachhaltigkeit, biologische Vielfalt oder Kulturlandschaft. Entsprechend gilt es, vorhandene MitarbeiterInnen passend einzusetzen und ihnen nicht Themen aufzudrängen, zu denen sie keinen Zugang finden. Mut ist gefragt, wenn Veranstaltungen zum ersten Mal stattfinden. Auch Ausprobieren und ein langer Atem helfen, die richtigen Angebote zu entwickeln. Damit sich niemand übernimmt, sind kleine, zeitlich überschaubare Aktionen realistischer als direkt auf Langfristigkeit angelegte Angebote, die einzelne AkteurInnen dauerhaft verpflichten. Personelle Unterstützung und neues Wissen ist durch Kooperationen mit Vereinen und Institutionen (s. Abschnitt 4.5) oder durch Fortbildungen zu erreichen.

- *Lebendige* Führungen bleiben nachhaltiger in Erinnerung als hochwertig aufgearbeitete Beschilderungen. Führungen können in derselben Ausstellung oder im Umfeld des Museums verschiedene Themen und Blickwinkel aufgreifen. Durch Verkleidungen können die FührerInnen in bestimmte Rollen schlüpfen und (zu mehreren) sogar verschiedene NutzerInnen der Vergangenheit oder die Vergangenheit mit der Gegenwart in einen Dialog treten lassen. Werden Dinge innerhalb der Führung praktisch ausprobiert oder findet sich innerhalb der Führung etwas zum Mitnehmen oder Basteln, bleiben die Inhalte noch besser in Erinnerung. Erfahrungsgemäß behält der lernende Mensch 10 % von dem, was er liest, 30 % von dem, was er sieht und hört, aber 90 % von dem, was er selbst sagt und tut. Unterschiedliche Institutionen, wie zum Beispiel die Natur- und Umweltschutzakademien, bieten Arbeitshilfen, aber auch gezielte Fortbildungen an, die vermitteln, wie man Führungen lebendig gestalten kann.

Abb. 40: Lebendige Führungen im historischen Gewand sind beliebt. Foto: M. Hoff

Abb. 41: Die Demonstration des Drechslers ermöglicht das Gespräch über die besonderen Eigenschaften verschiedener Hölzer bzw. Baumarten. Foto: M. Hoff

- *Praktische Demonstrationen*, am besten mit Mitwirkungsmöglichkeiten, sprechen BesucherInnen besonders an. Das können Alltagsdemonstrationen und aktives Mitwirken an Aktionen im Museum sein, wie Kaffeekochen mit allen notwendigen Arbeitschritten vom Holzhacken, Feuer machen bis zum Kaffeerösten. Abhängig vom eigenen Gelände oder der Zusammenarbeit mit PartnerInnen sind aber auch das Aufschichten eines Kohlemeilers oder die Mitarbeit beim Flechten von Flechthecken oder beim Schnitt von Kopfweiden möglich.
- An den Richtlinien und Lehrplänen orientierte *Schulangebote* unterstützen LehrerInnen im Unterricht oder auf Klassenfahrten, die geforderten Themen Nachhaltigkeit und biologische Vielfalt abzudecken. Der regionale Bezug ist im Bereich des Geschichts-, Erdkunde- und Sachunterrichts ein wichtiger Aspekt. In Zusammenarbeit mit den Schulen, aber auch mit Jugendherbergen oder Schullandheimen lassen sich interessante pädagogische Angebote entwickeln, die auf die spezifischen Bedürfnisse inhaltlich (Lehrpläne, Vor- und Nachbereitung u.a.) und organisatorisch (Gruppengröße, Zeitraster, Materialien u.a.) abgestimmt sind. Das Angebot von Projekt- oder Facharbeiten für SchülerInnen ermöglicht Win-win-Situationen für beide Seiten.
- *Ferienprogramme und Kindergeburtstage* sind insbesondere für Familien mit Kindern interessant und werden gerade wegen der Verbindung von Bildung und Spaß gerne angenommen.

Abb. 42: In Heimatmuseen können Projektarbeiten von SchülerInnen stattfinden. Foto: M. Hoff

Abb. 43: Das Darren von Äpfeln im Freilichtmuseum Detmold zeigt anschaulich alte Techniken und spricht mit dem Duft und der Möglichkeit zum Probieren die Sinne an. Regionale Sorten und regionale Produkte können hierbei thematisiert werden. Foto: I. Gotzmann

- Veranstaltungen wie *Vorträge, Sitzungen, Gesprächsforen, Kurse und Fortbildungen* mit und von PartnerInnen wie Kunstvereinen, Naturschutzverbänden, Natur- und Umweltbildungseinrichtungen im eigenen Hause bündeln Fähigkeiten und liefern einen hohen gemeinsamen Nutzen, von denen kleinere Einrichtungen in besonderem Maße profitieren.
- Vor allem *Veranstaltungen wie saisonale Feste* und Brauchtumsfeste richten den Blick der Öffentlichkeit auf das Museum. Pflanzentauschbörsen oder regionale Märkte können einen Beitrag zum Thema biologische Vielfalt leisten.
- *Kochkurse* mit alten Rezepten oder Gemüsesorten, Fisch und Kräutern aus der Umgebung sowie die Verköstigung mit regionalen Speisen locken nicht nur neue BesucherInnen in das Haus, sie leisten auch einen wichtigen Beitrag zum Thema biologische Vielfalt und Kulturlandschaft.
- Die Einrichtung von *spezifischen Arbeitsgruppen* (Umweltjugendgruppe, Archivgruppe u.a.) können das Museum bzw. den/die TrägerIn nach innen und außen stärken. Erforderlich ist eine kontinuierliche und zuverlässige Betreuung durch feste AnsprechpartnerInnen.

4.3.4 Mediale Bausteine

Der Medieneinsatz im Museum reicht vom Ausstellungsplan bis hin zu PC-Stationen. Gezielt eingesetzt können diese informativen oder aktivierenden Elemente die neuen Themen in eine bestehende Ausstellung bringen. Auf unterschiedliche Art vermitteln die verschiedenen Medien Inhalte und liefern Anstöße zur Auseinandersetzung mit Exponaten und Themen. Über Medien kann es auch gelingen, die Ausstellung für spezielle Nutzergruppen zu erschließen. Fremdsprachige Informationen, Hinweise für Blinde oder Gehörlose sind nur mit Medieneinsatz als Faltblatt, Audioguide und 3D-Karte oder über Gebärdensprach-Videos möglich. Die neuen Medien und Geräte wie GPS-Empfänger oder Smartphones bieten wiederum andere Möglichkeiten, Orte und Themen aufzuspüren oder sogar vor Ort im Internet abzurufen.

- Das Erscheinungsbild des Museums wird nicht allein durch das Gebäude und die Ausstellung bestimmt. In Zeitungen und auf Briefbögen, auf Flyern und Plakaten, auf Wegweisern und Veranstaltungsprogrammen muss es durch Name, Logo und Erscheinungsbild einen Wiedererkennungseffekt geben. Dieses aufeinander abgestimmte Erscheinungsbild aller Medien – das *Corporate Design* – trägt zur öffentlichen Wahrnehmung des Museums bei und spiegelt im besten Fall sein Selbstverständnis.

- Wesentliche Medien im Museum sind und bleiben die *Exponate sowie die Text- und Grafiktafeln*. Dabei ist auf gut lesbare Schrifttypen in bequem lesbarer Schriftgröße zu achten. Ausstellungsgestaltung ist leider nicht in einfache Regeln zu fassen. Die Grundregeln der visuellen Kommunikation kommen hier zum Einsatz, und diese beziehen sich längst nicht nur auf anatomische Maße für Augen- und Greifhöhe, sondern auch auf Raumaufteilung, Darbietung der Objekte und auf nicht zu lange Texte, die gut verständlich in übersichtlichen Leittext und informativen Vertiefungstext gegliedert sind. Anschauliche Diagramme, Grafiken und Fotografien erläutern die sorgfältig ausgewählten und angemessen dargebotenen Objekte. Die Zusammenarbeit mit entsprechenden Fachleuten wie zum Beispiel GrafikerInnen, AusstellungsgestalterInnen und KommunikationsdesignerInnen ist in jedem Fall hilfreich.

Abb. 44: Wesentliche mediale Elemente sind und bleiben Text- und Grafiktafeln.
Foto: M. Hoff

- *Elektronische* Medien können in Form von PC- oder Audiostationen in die Ausstellungen Einzug halten. Die modernen Medien sind aber kein Selbstzweck und bedeuten nicht automatisch eine Modernisierung des Museums. Technisches Knowhow ist bei der Einrichtung sowie bei der Betreuung der Stationen erforderlich, und nichts ist ärgerlicher, als nicht funktionierende Installationen im Museum. Barrierefreie oder inklusive Angebote kommen ohne elektronischen Medieneinsatz nicht aus.

- *Rallyes* zu den Themen Nachhaltigkeit, biologische Vielfalt und Kulturlandschaft können in der bestehenden Ausstellung oder in der Umgebung auf einfache Art den Blick für

Abb. 45: *Interaktive Elemente, wie diese Hörstation, können die Ausstellung beleben.* *Foto: M. Hoff*

den neuen Themenkreis öffnen. Je nach Altersgruppe und Schwerpunkt werden sie unterschiedlich konzipiert und ausgearbeitet. Nicht länger als ein doppelseitiges DIN A4 Blatt, leiten sie zum genauen Hinschauen an, und mit einer kleinen Belohnung für das Mitmachen am Ende machen sie nicht nur Kindern viel Spaß.

- *GPS-Tracks* mit Geräteausleihe erschließen einen Themenweg in der Umgebung des Museums ohne Installationen vor Ort und sprechen neue und vor allem jüngere Zielgruppen an. Diese moderne Form der Schnitzeljagd erfordert die Anschaffung von fünf bis sechs Geräten, damit sich eine Gruppe in Klassenstärke in Kleingruppen auf den Weg machen kann. Interessante Punkte werden mit ihren GPS-Koordinaten erfasst. Mit einem sogenannten Roadbook, gelenkt von Aufgaben, machen sich die „GeocacherInnen" dann auf den Weg.

4.3.5 Organisatorische Bausteine

Das Museum muss nicht alles allein realisieren. Durch Kooperationen werden Angebotsveränderungen möglich, die für beide KooperationspartnerInnen Vorteile bringen. Der organisatorische Rahmen muss dazu allerdings durch Wertschätzung, Verbindlichkeit und Zuverlässigkeit gegeben sein. Oft sind gerade diese Maßnahmen die schwierigsten, weil sich die Einrich-

Abb. 46: *Der Einsatz moderner Medien, wie bei dieser GPS-Rallye, spricht insbesondere Kinder und Jugendliche an.* *Foto: M. Hoff*

tung öffnen muss und liebgewonnene Gewohnheiten aufgebrochen werden. Öffnet sich das Museum in dieser Richtung, wird es von einem Hort regionalen Wissens zu einer vielfältig nachgefragten Anlaufstelle und ist als Freizeit- und Bildungsangebot eingebunden in das entsprechende regionale Gesamtangebot. Zu jedem Museum gehört ein organisatorisches Informations- und Servicepaket für die BesucherInnen. Nachhaltigkeit kann dabei nicht nur an inhaltlichen Themen festgemacht, sondern auch ganz praktisch erlebt werden, beispielsweise durch die Orientierung an Zielsetzungen des sanften Tourismus. Wichtige organisatorische Bausteine sind aber auch vermeintliche Kleinigkeiten wie Ausschilderung, Öffnungszeiten oder Raumnutzungen.

- *Touristische Einbindung und regionale Angebotsvernetzung* ermöglichen die Positionierung des Museums innerhalb der regionalen Vermarktungsschwerpunkte. In einer erwanderbaren Waldregion hat es zweifellos ein Museum leichter, das sich mit seinen Angeboten in diesen Rahmen einbindet, als eine Institution, die ein buntes, unspezifisches Allerlei anbietet. In einem Ort mit einem Feuerwehrbildungsheim hat ein Museum mit einer kleinen Feuerwehrabteilung geradezu eine Besuchergarantie.
- Über das eigene Angebot hinaus kann ein Heimatmuseum gemeinsam mit anderen örtlichen Anziehungspunkten *Kombinationsangebote mit anderen Anbietern* kreieren. Über eine Museumscard verbunden, lassen sich Netzwerke aufbauen und Außenangebote für die Umgebung schaffen. Die damit verbundene Themenvielfalt ermöglicht einen neuen Blick auf den Landschaftraum.
- Das Museum kann die fehlende *touristische Infrastruktur* eines Ortes ersetzen. Interessant für TouristInnen, Ausflugsgäste, RadfahrerInnen, WandererInnen, aber auch Ortsansässige, sind touristische Informationen oder gastronomische Angebote wie Kaffee und Kuchen. Die Übernahme von Aufgaben in der Kommune wie der Touristeninformation ermöglicht durch Doppelfunktion der Öffnungszeiten ggf. sogar die Einrichtung einer Stelle.

Abb. 47: Kombinationsangebote mit anderen AnbieterInnen oder PartnerInnen können das eigene Spektrum erweitern. Foto: M. Hoff

- Die Nutzung des *Museums als eines Veranstaltungsorts* externer Gruppen und Institutionen machen das Museum attraktiv für Menschen aus dem Ort und von außerhalb. Neue Themen halten damit Einzug in das Museum.

- Durch die *Vermietung von Räumen* für Außenstehende (z.B. für Hochzeiten, Firmenempfänge, Geburtstage) kann sich ein Museum wichtige finanzielle Einkünfte verschaffen und nebenbei die Aufmerksamkeit auf sich lenken.
- Sinnvolle *Öffnungszeiten zu Hauptbesucherzeiten* (vormittags für Schulen, am Wochenende für TouristInnen, in den Ferien für Ferienprogramme u.a.) sind bei ehrenamtlich getragenen Museen nicht immer leicht abzudecken, aber Voraussetzung für einen regen Museumsbesuch. BesucherInnen werden enttäuscht, wenn Sie womöglich wiederholt vor verschlossenen Türen stehen. Öffnungszeiten müssen klar angeschlagen und möglichst auch im Internet abrufbar sein. AnsprechpartnerInnen für eine Zugänglichkeit außerhalb der üblichen Öffnungszeiten sollten benannt werden.

4.3.6 Infrastrukturelle Bausteine

Wie viele andere öffentliche Gebäude können Museen Themen wie Nachhaltigkeit bereits unmittelbar durch ihre Architektur und ihre Ver- und Entsorgung sowie umweltfreundliche Beschaffung dem/der BesucherIn präsentieren. Sie übernehmen dann eine Vorbildfunktion. Gerade dieser Baustein greift stark in die bauliche Struktur bestehender Museen ein und ist mit entsprechendem planerischem und finanziellem Aufwand verbunden. Die verschiedenen möglichen baulichen Maßnahmen werden hier nur kurz angerissen.

- *Regenerative Energien* können über Photovoltaikanlagen, Sonnenkollektoren, Erdwärme u.Ä. genutzt werden. Regenwasser kann als Brauchwasser genutzt oder von der Kanalisation abgekoppelt im Gelände abhängig von den räumlichen Bedingungen versickert werden.
- Gezielte *räumliche Angebote* wie Labor, Schulungsraum, Küche u.Ä. können dem Museum neue Möglichkeiten für Veranstaltungen oder pädagogische Angebote erschließen. Eventuell gibt es ungenutzte Raumreserven, die man einer neuen Nutzung zuführen kann.
- Ein komplett *barrierefreies Museum* muss nicht nur die Anforderungen von RollstuhlfahrerInnen berücksichtigen, sondern allen Menschen mit Behinderung gerecht werden. Das bedeutet akustische und/oder tastbare Informationen und ein Leitsystem für Menschen mit Sehbehinderung oder blinde Menschen. Für hörgeschädigte Menschen sind an Akustikinformationen

Abb. 48: Barrierefreie Angebote, wie hier in der Biologischen Station Krickenbecker Seen, sind für alle BesucherInnen komfortabel. *Foto: B. Brieden*

Abb. 49: Objekte zum Anfassen machen das Museum lebendig, begreifbar und bieten auch Angebote für Menschen mit Sehbehinderung. Foto: S. Willer

Induktionsspulen o.Ä. vorzusehen, während für gehörlose Menschen Gebärdensprach-Videos erforderlich sind. Für Menschen mit geistiger Behinderung sind Angebote in leichter Sprache erforderlich. Die konsequente Ausstattung im Sinne der Gleichstellung aller Menschen ist aufwändig, aber entsprechend der Forderung nach Inklusion – Selbstbestimmung und Teilhabe – ist zumindest eine Darstellung notwendig, für welche Gruppen die Angebote des Museums nutzbar sind.

- Einen *Museumsladen*, nicht nur mit Andenken, sondern auch mit Forschungsutensilien (z.B. Becherlupen für Gewässer- oder Bodenuntersuchungen), Mineralien, Bücher (u.a. Natur- und Landschaftsbücher) o.Ä. entsprechend dem Museumsprofil, werden die BesucherInnen als Abrundung des Museumsbesuchs gerne annehmen. Regionale Erzeugnisse, insbesondere haltbare Produkte wie Marmeladen, Säfte, Honig etc. Auch Produkte aus Wildkräutern können gute Bezüge zur biologischen Vielfalt in der Umgebung oder des museumseigenen Gartens liefern. Diese Produkte lassen sich auch gut kombinieren mit Führungen, Exkursionen oder Kochevents. Durch das „Verkosten" von diesen Produkten wird biologische Vielfalt zu einem bleibenden Erlebnis. Ein Marktstand mit frischen regionalen Produkten von KooperationspartnerInnen passt auch zur thematischen Neuausrichtung, erfordert aber eine entsprechende Betreuung. Hier sind auch Regionalität und Saisonalität gut vermittelbar (hierzu siehe BUND HEIMAT UND UMWELT 2010d).

Abb. 50: Ein Museumsladen kann zusätzliche Einnahmen generieren, sollte aber Bezüge zum Museum oder zur Region haben. Foto: G. Hein

4.4 Zielgruppengerechte Angebote schaffen

Welches sind die potenziellen Zielgruppen für ein Heimatmuseum (vgl. Abschnitt 2.2) und durch welche Angebote kann man diese erreichen? Sinkende Besucherzahlen, Nachwuchsprobleme sowie wenige aktive Mitglieder gefährden die Existenz vieler Heimatmuseen und zwingen zum Beschreiten neuer Wege. Die Museen müssen ihren Bekanntheitsgrad steigern, Präsenz zeigen und durch spannende und zielgruppenorientierte Angebote neue Besuchergruppen ansprechen. Kreative Kombinationsangebote mit anderen VeranstalterInnen und die Fokussierung auf genau definierte Zielgruppen sind wesentliche Bestandteile einer Neuorientierung. Attraktivität schafft auch die Konzentration auf neue Schwerpunkte bzw. immer wieder wechselnden Perspektiven auf die Exponate wie biologische Vielfalt, Kulturlandschaft und Nachhaltigkeit. Gleichzeitig müssen aber Angebote kreiert werden, die dem Charakter eines Museums und seinen personellen wie finanziellen Kapazitäten sowie der Identität einer Region entsprechen. Folgende Ideensammlung ist deswegen lediglich als Anregung zu verstehen. Sie erhebt weder den Anspruch auf Vollständigkeit, noch soll alles umgesetzt werden. Im Gegenteil: Meist ist weniger mehr! Leider ist die beste Idee ohne die richtige Vermarktung nichts wert, umso wichtiger sind der Kontakt zu potenziellen PartnerInnen (vgl. Abschnitt 4.5) und der Ausbau von Netzwerken.

Abb. 51: SchülerInnen der Bio-Landschule Langenwetzendorf erfahren im Projekt „Hol die Knolle aus der Scholle", wie Kartoffeln gepflanzt und geerntet werden. Hierbei wurden verschiedene Kartoffelsorten kennengelernt.
Foto: Bio-Landschule Langenwetzendorf

- Die wohl wichtigste und am einfachsten einzubeziehende Altersgruppe sind *Kinder im Kindergarten- und Grundschulalter*. Kooperationen mit Schulen, Kindergärten, Vereinen, Jugendherbergen, Naturschutzverbänden, Umweltbildungseinrichtungen und Eltern können vielfältige und spannende Angebote schaffen. Themengebundene und altersgerechte Führungen, naturerlebnispädagogische Veranstaltungen, Rollenspiele, knapp gehaltene Rallyes zu bestimmten regional spezifischen Themen, Demonstrationen und praktisches Ausprobieren von Alltagssituationen wie Brotbacken im Holzofen oder Bastelaktionen für Kinder seien hier als Beispiele genannt. Für den Besuch der Ausstellung gilt vor allem in dieser Altersgruppe: Aktivitäten zum Ausprobieren bleiben nachhaltiger in Erinnerung. Deswegen muss Anfassen an bestimmten Stellen erlaubt sein!

- *Jugendliche* sowie *junge Erwachsene* werden häufig als problematische, wenngleich auch spannende Altersgruppe angesehen, da sie die museumfernste Zielgruppe darstellen. Klar scheint, dass Jugendliche über Zusatzangebote und nicht über die klassische Ausstellung zu gewinnen sind. Dabei kann das oben benannte Angebotsspektrum altersgerecht und erlebnisorientiert auch auf Jugendliche zugeschnitten werden. Veranstaltungen in der Umgebung des Museums wie GPS-Touren und Geocaching schaffen moderne und im Trend liegende Erlebnissituationen. Die Themen können hierbei sehr gut auf Natur und Landschaft abgestimmt sein. Ferner kann ein Heimatmuseum für Jugendliche auch eine wichtige soziale Funktion erfüllen, wenn es möglich ist, einen Raum als Treffpunkt zur Verfügung zu stellen. So wird der generationenübergreifende Dialog im Hause gefördert, und es kommt Leben in das Museum.
- *Singles* und *Paare* ohne Kinder können vor allem über touristische und soziale Anknüpfungspunkte auf das Heimatmuseum aufmerksam werden. Hier entscheiden die individuellen Freizeitvorlieben der Zielgruppe und das Angebotsspektrum im lokalen und regionalen Umfeld, welcher Zugang als sinnvoll erachtet werden kann. Für RadfahrerInnen und WandererInnen sind beispielsweise gastronomische Angebote und Informationsmöglichkeiten über die Umgebung bedeutsam. Für Kulturinteressierte könnten Kombinationsangebote z.B. zum Besuch der Kirche und des Heimatmuseums geschaffen werden. Für *Singles* könnte das Museum über Spezialangebote wie Führungen, Tanzveranstaltungen oder Kochkurse mit heimischen Gemüsearten speziell für Alleinstehende eine soziale Funktion einnehmen. Ob ein Heimatmuseum hierfür den richtigen Rahmen darstellt und ob das Image etwa von Singleparties ein falsches Licht auf ein Museum werfen könnte, muss intern geklärt werden.
- Vor allem an Wochenenden stellen *Familien mit Kindern* aus der näheren Umgebung bedeutsame Ausflugsgäste dar. Aktivitäten wie Radfahren und Wandern bilden hier ebenfalls wichtige Anknüpfungspunkte, genauso wie Gastronomie und saisonale Feste (Frühlings-

Abb. 52: Familienfeste sind kommunikativ und führen zur Steigerung des Bekanntheitsgrades des Museums. *Foto: M. Hoff*

fest, Erntefest) mit speziellen Erlebnisangeboten für Kinder (s.o.) sowie regionalen Köstlichkeiten. Bei entsprechenden räumlichen wie personellen Möglichkeiten kann die Haltung von alten Nutztierrassen und Bauerngärten ein besonderer Anziehungspunkt für Familien sein.

- Weiterhin sind *SeniorInnen* eine wichtige Zielgruppe für Heimatmuseen. Das vielfältige Wissen der älteren Generationen über die historische Landwirtschaft und die regionale Natur kann interessante Verbindungen zu den Themenschwerpunkten biologische Vielfalt, Kulturlandschaft und Nachhaltigkeit herstellen. Zur Überlieferung alten Wissens können *Großeltern mit Enkelkindern* eine spezielle Zielgruppe für ein Heimatmuseum darstellen. In Verbindung mit den klassischen Ausstellungsstücken und den Erzählungen der Großeltern kann eine besonders lebhafte und deswegen auch besonders nachhaltige Wissensübermittlung zwischen den Generationen stattfinden. Damit reale ZeitzeugInnen eingebunden werden können, muss die Ausstellung auf Objekte (Fotos, Texte, Möbel, Alltagsgegenstände) aus der aktuellen Großelterngeneration ausgerichtet sein. Im Sinne des „lebendigen Museums" kann eine aktive ZeitzeugInnensuche z.B. über Zeitungsanzeigen und deren Einbindung durch spezielle Themenführungen oder Erzählrunden erfolgen, aber auch Hörstationen mit Originalaufnahmen können eine Alternative zu den gemeinsamen Museumsbesuchen von Großeltern mit Enkelkindern bieten. Für SeniorInnen, insbesondere *DemenzpatientInnen*, kann das Museum durch „Erinnerungskoffer" mit Alltagsgegenständen aus deren Kindheit einen besonderen Beitrag leisten.
- Die Einbeziehung von *Zugezogenen* aus In- und Ausland als moderne Museumsaufgabe liefert einen vielversprechenden Nutzen für beide Seiten. In vielen Kommunen haben sich Neubürgerempfänge etabliert. Ein solcher Empfang ließe sich auch im Heimatmuseum abhalten. Das Museum kann dem Wissensdurst der neuen EinwohnerInnen über die Gegend und die neue Heimat gerecht werden. Im Gegenzug liefern vor allem Zugezogene mit Migrationshintergrund aus ländlichen Gebieten traditionelles Wissen in Bezug auf Kulturlandschaft und Landwirtschaft. Durch eine Patenschaft oder Pacht in einem gemeinschaftlich genutzten Museumsgarten lässt sich für die neuen DorfbewohnerInnen ein Stück Heimat schaffen und gleichzeitig ein wesentlicher Beitrag zu deren Integration in das Dorfgeschehen leisten (siehe http://www.wilabonn.de/Internationaler-Garten-Bonn.pdf). Erntefeste aus dem eigenen Museumsgarten und Pflanzentauschbörsen runden ein solches Angebot ab und sprechen auch andere DorfbewohnerInnen an.

4.5 Gewinnen von Mitarbeit und Partnerschaften

Welche Möglichkeiten eröffnen Kooperationen? Wie erreiche ich eine interdisziplinäre Arbeitsweise? Wie moderiert man den Austausch und die eventuell gegensätzlichen Ansätze der PartnerInnen? Wie gewinnt und betreut man Ehrenamtliche? Kooperationen mit unterschiedlichen PartnerInnen sind bei der Konzeption und Umsetzung von Angeboten zu Nachhaltigkeit, biologischer Vielfalt und Kulturlandschaft nicht nur aufgrund der inhaltlichen Vielfalt, sondern auch wegen der verschiedenen Aufgaben und der Akzeptanz innerhalb und außerhalb der Trägerin/des Trägers unverzichtbar. Viele Veranstaltungen sind ohne PartnerInnen nicht realisierbar. Die engen regionalen Bezüge und die gemeinsame Arbeit im Interesse eines gemeinschaftlichen Landschaftsraumes lassen dabei über Gegensätze hinweg Kooperationen mit vielfältigen Synergien entstehen. Erforderlich ist dazu, wie bei allen partizipativen Projekten, ein koordinierender und moderierender AnsprechpartnerInnen, der als zuverlässige Kontaktperson zur Verfügung steht. Qualifikationen zur Moderation und Organisationstalent sind Voraussetzung dazu, dass die Zusammenarbeit für alle PartnerInnen effektiv und produktiv wird und dauerhaft bestehen bleibt.

Viele KooperationspartnerInnen können auch einen großen Koordinierungs- und Zeitaufwand bedeuten. Am Anfang sollten daher einige gezielte Partnerschaften aufgebaut werden, um auch eine stabile Zusammenarbeit aufzubauen. Es ist zu erwägen, dass jeweils ein/eine MitarbeiterIn für einen/eine KooperationspartnerIn zuständig ist.

- *Der Aufbau einer Kooperationsstruktur* mit Runden Tischen, Projektteams u.Ä., mit Aktionen wie Workshops, Exkursionen, Foto- oder Geschichtenwettbewerben können auch Initialzündungen zur Kooperation sein. Professionelle Moderation und Organisation der Zusammenarbeit durch den/die TrägerIn oder eine/einen ExterneN, der/die gleichzeitig als KoordinatorIn und MotivatorIn wirkt, unterstützt die partnerschaftliche Zusammenarbeit. So fällt es leicht, ExpertInnen aus verschiedenen Bereichen zu konsultieren und an einen Tisch zu bringen. Hierbei gilt es auch, eventuell bestehende Vorurteile aufzugeben. Kooperationen erfordern jedoch eine regelmäßige Kontaktpflege. Zudem sind klare Absprachen hilfreich, was die PartnerInnen voneinander erwarten (dürfen).
- *Mögliche PartnerInnen* sind beispielsweise:
  - Kindergärten
  - Schulen
  - Jugendgruppen
  - PfadfinderInnen
  - FSJler (FSJ: Freiwilliges Soziales Jahr), FÖJler (FÖJ: Freiwilliges Ökologisches Jahr), BFDler (Bundesfreiwilligendienst)
  - Heimat- und Geschichtsvereine
  - Naturschutzvereine
  - Wandervereine
  - Eine-Welt-Läden bzw. entsprechende Netzwerke und Verbände
  - Kirchengemeinden
  - Behindertenverbände
  - LandwirtInnen
  - Landfrauen
  - Landjugend
  - ForstwirtInnen
  - JägerInnen

Abb. 53: Partnerschaften beleben die eigene Arbeit. Foto: M. Hoff

- ImkerInnen
- Freiwillige Feuerwehr
- Interkulturelle Vereine

Eine Übersicht über die vor Ort tätigen Vereine und Organisationen kann Anregungen zu weiteren, vielleicht auch ungewöhnlichen Partnerschaften geben.

Partnerschaften können unterschiedlich gestaltet werden:

- *PartnerInnen, die inhaltlich mitarbeiten* und Texte oder Bildmaterial erarbeiten (Naturschutzverbände, Denkmalbehörde, Stadtarchiv, VHS, Museen, Bildungsstätten, Biostationen, Universitätsinstitute, Kirchen etc.)
- Überlegungen zur Einbeziehung von *PartnerInnen in der Umsetzung und Betreuung*, z.B. handwerkliche Leistungen, Patenschaften bei der Betreuung von Gärten, Obstwiesen, Tieren oder Häusern, gemeinsame Vermarktung oder Öffentlichkeitsarbeit, gegenseitige Unterstützung bei Veranstaltungen. Partnerschaftliche Aktionen führen in der Regel zu einer größeren öffentlichen Wahrnehmung, die allen Beteiligten zugute kommt. Hierbei können Institutionen, z.B. Schulen oder auch einzelne BürgerInnen, als PartnerInnen auftreten.
- *Kooperation mit ProjektpartnerInnen*, die auch Teile der Verantwortung und/oder Finanzierung übernehmen (Kommunen, Kreise, Tourismusverbände, Banken und Sparkassen etc.).
- *Ehrenamtliche* sollten möglichst frühzeitig eingebunden werden. Damit die MitarbeiterInnen motiviert sind und dabeibleiben, ist es wichtig, offen zu sein für ihre Interessen und Anregungen. Aufgaben sollten konkret verteilt und zeitlich beschränkt vergeben werden. Dabei sollte berücksichtigt werden, wer welche Potenziale (Stärken/Schwächen) hat. Es ist hilfreich, zu bestimmten Themen temporär Arbeitsgruppen zu bilden.
- Bürgerschaftliches Engagement für hauptamtlich oder ehrenamtlich geführte Museen kann durch *Vereinbarungen über die freiwillige Mitarbeit* auf eine verbindliche Basis gestellt werden. Für eine/einen ehrenamtlicheN oder hauptamtlicheN MitarbeiterIn kann die Koordination der Ehrenamtlichen schwierig werden, daher ist ein/eine „AktivensprecherIn" der EhrenamtlerInnen als *HauptansprechpartnerIn* hilfreich. Eine gute und sensible Kommunikation ist notwendig.
- Im *Zusammenspiel* zwischen *ehrenamtlichen und hauptamtlichen* MitarbeiterInnen können Konflikte auftreten. Ehrenamtliche erwarten leicht zu großes Engagement vom/von der hauptamtlichen MitarbeiterIn, weit über die eigentliche Arbeit hinaus; Hauptamtliche hingegen befürchten, dass ihnen „ihre" Arbeit weggenommen wird. Bei unterschiedlichen Ansichten kann zur Entscheidungsfindung der Rat von externen ExpertInnen, z.B. eines fachlichen Beirats, hilfreich sein.
- Zur *Einbeziehung von Mitwirkenden und Zielgruppen*, zu denen konkrete Zugänge fehlen, ist es hilfreich, *„VermittlerInnen"* zu finden, um Berührungsängste auf beiden Seiten zu überwinden. So kann beispielsweise bei geplanten Angeboten für Menschen mit Behinderungen zunächst ein Kontakt über die Behindertenbeiräte oder die entsprechenden Verbände geknüpft werden. Bei Menschen mit Migrationshintergrund kann es hilfreich sein, ÜbersetzerInnen zu gewinnen, denn es sind teilweise Sprach- und Kulturbarrieren zu überwinden. Die Kenntnisse und Fähigkeiten von Menschen mit Migrationshintergrund umfassen aber aufgrund des Alltags in den Herkunftsländern vielfach noch Dinge, die hierzulande langsam verloren gehen. So verfügen beispielsweise Spät-

aussiedlerInnen oft noch über Kenntnisse zu Handwerkstechniken oder landwirtschaftlichen Nutzungsprozessen, die bei uns in Vergessenheit geraten sind. Auch sind deren Artenkenntnisse durch die Nutzung von Wildpflanzen oder Waldpilzen oft noch sehr groß und zudem verbunden mit dem Wissen über Haltbarkeitstechniken.

- Konsequente Umsetzung von regelmäßigen Dankeschön-Angeboten (gemeinsamer Ausflug, Essen o.Ä.), über die PartnerInnen und EhrenamtlerInnen Wertschätzung erfahren, festigt die Zusammenarbeit.

4.6 Finanzierung und Genehmigungen

Welche Möglichkeiten zur Finanzierung von Projektideen gibt es? Wie und wo finden wir Geldgeber? Projektideen im Museum scheitern nicht notwendigerweise am Geld. Schließlich gibt es eine ganze Reihe von Veränderungen, die auch ohne Geld durchführbar sind. Sie eignen sich deshalb auch besonders gut als Einstiegsprojekte. So sind neue Themen bei Führungen im Museum oder in der Umgebung abhängig von Einsatz, Ideenreichtum und Landschaftswissen einzelner Personen. Eine Reise in die Heimat mit Objekten zum Anfassen ist mit Kreativität und den vorhandenen Exponaten schnell zusammengestellt. Auch das Angebot von Mitmachaktionen im Museum oder in der Landschaft ist eher von Kooperationen mit anderen AkteurInnen als von den finanziellen Möglichkeiten abhängig.

Doch spätestens, wenn größere Projekte wie eine an Nachhaltigkeit, biologischer Vielfalt oder Kulturlandschaft orientierte Sonderausstellung geplant ist oder eine Demonstrationsfläche mit historischen Nahrungspflanzen vor der Museumstür angelegt werden soll, geht es nicht ohne Finanz- und Sachmittel. Pflege und Instandsetzungsarbeiten verursachen zudem laufende Unterhaltungskosten. Probleme haben vor allem Museen, die bislang wenig in der Öffentlichkeit präsent waren. Die Vielzahl der verschiedenen Finanzierungsmöglichkeiten zeigt aber, dass überall viele Wege offenstehen, die häufig allerdings Kreativität, Zeit und Ausdauer brauchen.

- Um Gelder über Mittelbewilligungen, Förderanträge oder Sponsoring einzuwerben, ist eine *ansprechende Darstellung der Vorhaben* in einer Präsentation oder einer Projektskizze hilfreich. Ein nachvollziehbarer *Kostenüberblick, aufgeschlüsselt in Bausteine* unterschiedlicher Größenordnung, gehört dazu und erleichtert potenziellen GeldgeberInnen die Auswahl der für sie passenden Maßnahme.
- Bei Neukonzeptionen für Ausstellungen, Rallyes, Medien ist zu bedenken, dass Kosten auch für *Planungshonorare, Grafik, Bildrechte* u.Ä. entstehen. Auch diese Kosten sind in dem Finanzierungsplan zu berücksichtigen.
- Mögliche *Geldgeber/Sponsoren:*
  - Private SpenderInnen nach Spendenaufruf
  - UnternehmerInnen der Region, insbesondere Firmen mit Firmenjubiläen
  - Vereine
  - Sparkassen
  - Stiftungen
  - Parteien
  - Gastronomie

  müssen von ihrer Unterstützung der Vorhaben profitieren. Das bedeutet, dass über sie berichtet wird und sie in die Öffentlichkeitsarbeit einbezogen werden. Das ist auch über eine Spendentafel im Eingangsbereich möglich.
- *Spezielle Förderprogramme und Stiftungen* stehen Projekten mit Themenbezug zu Nachhaltigkeit, biologischer Vielfalt und Kulturlandschaft offen, beispielsweise:

  - regionale oder länderbezogene Stiftungen wie beispielsweise in NRW Stiftung Natur, Heimat und Kulturpflege u.a.
  - Nationale Strategie zur biologischen Vielfalt – hierzu gibt es verschiedene Förderprogramme, über die unter anderem die Umweltministerien informieren
  - Bundesstiftungen wie Deutsche Bundesstiftung Umwelt, Allianz Umweltstiftung, Robert-Bosch-Stiftung
  - Bezüge auf aktuelle Themen und jeweilige Förderschwerpunkte sind bei Stiftungen oder Förderprogrammen wesentlich.

- *Gemeinsame Projektentwicklungen* mit Gebietskörperschaften (Kommunen, Kreise etc.), Verbänden (Wasserverbände, Tourismusverbände etc.) oder örtlichen Stiftungen und weiteren PartnerInnen bindet diese als PartnerInnen ein und erschließt deren Finanzierungswege.
- Für privat oder öffentlich getragene Institutionen ist die Einrichtung eines *Fördervereins* hilfreich, da somit Spendenquittungen ausgestellt werden können.
- Die laufende *Information über die geleistete Arbeit* zum Beispiel beim Neujahrsempfang für PartnerInnen und SponsorInnen im Museum ist gleichzeitig Dankeschön und Gesprächsanlass für weitere gemeinsame Aktivitäten.
- Eigene *Spendenaktionen* (Versteigerung, Handwerkermarkt, Kuchenverkauf, Kunstverkauf, Sponsorenlauf, Basar etc.) können nicht unerhebliche Mittel erzielen.
- Expertenbüros für die *gezielte Akquisition von Spenden* können auf Provisionsbasis eingebunden werden.
- Im Museum kann der Verzicht auf Eintrittgelder bei gleichzeitiger Aufforderung zu *Spenden als Eintrittsgeld* sinnvoll sein.

4.7 Realisation

Was kann in Eigenleistung erreicht werden? Wo wird Unterstützung benötigt? Ist professionelle Mitarbeit erforderlich oder sinnvoll?

Jetzt entscheidet sich, welche der Ideen und in welcher Reihenfolge sie tatsächlich umgesetzt werden. Oder es stellt sich heraus, was noch zu tun ist, damit sich möglichst viele Ideen verwirklichen lassen. Schätzt man die eigenen Kräfte und Möglichkeiten falsch ein, kann es nach einem erfolgversprechenden Start zum Stillstand kommen.

Hau-Ruck-Verfahren oder Schneckentempo – übertrieben gesagt – sind die Extreme, zwischen denen die Projektarbeit schwanken kann. Neue Führungen, Mitmachaktionen oder Angebote für Schulklassen sind öffentlichkeitswirksam und bringen rasch wahrnehmbare Erfolge. Ein Bauerngarten, thematische Sonderausstellungen (z.B. zur Geschichte der Kartoffel) oder gar eine Neukonzeption der kompletten Ausstellung lassen sich nicht so rasch umsetzen und erfordern eine längere Planungsphase und auch eine längere Vorbereitungszeit, schon allein aufgrund des höheren Finanzbedarfes.

In dieser Phase ist ein ganzes Bündel von Arbeiten zu erledigen. Die Arbeitsbereiche erfordern einiges an Know-how und eine gewisse Professionalität. Neben architektonischen Aufgaben fallen konzeptionelle, textliche, grafische, organisatorische und moderierende Aufgaben an. Spätestens hier ist die Arbeit im Team gefragt, um die verschiedenen Aspekte zu berücksichtigen und ein attraktives Gesamtergebnis zu erreichen. In dieser Phase bewähren sich Kooperationen bei der konkreten Umsetzung, die Zusammenarbeit mit externen Fachleuten für Grafik, Ausstellungsplanung oder Themenwegkonzeption werden aufgebaut, es ist zu entscheiden, was in Eigenleistung und was über Fachbetriebe realisiert wird, und entsprechende Angebote sind einzuholen.

- Zur Realisierung der Konzeption ist ein *Zeitplan* eine sinnvolle Grundlage, bei dem die beteiligten AkteurInnen eingebunden sein müssen. Wenn möglich, ist eine Planung in Etappen sinnvoll, um mit vorzeigbaren Zwischenergebnissen die Motivation zu stärken.
- Führungen, Rallyes, Mitmachaktionen und ähnliche Angebote erfordern keine hohen Investitionen. Genehmigungen sind meist nur dann erforderlich, wenn Waldgebiete oder andere Landschaftsräume genutzt werden. Sie sind damit als *erste Schritte* gut geeignet, erfordern bei den Aktiven allerdings eine intensive Beschäftigung mit den Themen Nachhaltigkeit, biologische Vielfalt oder Kulturlandschaft, um den neuen Themenzugang kompetent zu erschließen. Hierzu gibt es vielfältige Fortbildungsangebote der Natur- und Umweltbildungseinrichtungen in den verschiedenen Bundesländern.
- Die realistische Einschätzung eigener Möglichkeiten bei der *Realisation in Eigenleistung* ist eine wichtige Voraussetzung für die erfolgreiche Umsetzung einer Vielzahl von Maßnahmen. Zu beachten ist eine möglichst breite Einbeziehung von vielen Menschen mit ihren Fähigkeiten sowie die Beachtung der Unterschiede im Know-how und in der Einsatzbereitschaft der verschiedenen Beteiligten.
- *Aktionstage* eignen sich bei besonders attraktiven Arbeitsschritten, um viele Personen bzw. Gruppen gleichzeitig zu beteiligen, denn möglichst viele Parallelarbeiten bringen rasch Erfolge und sind öffentlichkeitswirksam bei nur relativ kurzer, intensiver Vorbereitungszeit.
- Die *Durchführung permanenter Arbeiten* ist institutionalisiert als Arbeitsgruppe zu bestimmten Bereichen (neue Beschriftung, GPS-Rallye, Mitmachangebot für Schulklassen, Flechtheckenbau u.a.) sinnvoll. Die Gruppe arbeitet dann mit verantwortlicher Leitung oder weitgehend selbstorganisiert mit klarer Aufgabenstellung. Vorteil sind gute Beteiligungsmöglichkeiten und gemeinsame Planung. Eine günstige Gruppengröße umfasst max. 15 Personen. Eine personelle Kontinuität sichert gute Ergebnisse bei zügigen Fortschritten.
- Die *Arbeitsweise* entscheidet mit über das Gesamterscheinungsbild, ob in der Ausstellung oder beim Flyer bis hin zu Hinweisschildern oder Angeboten im Außenbereich, wie einer Freiluftklasse. Das Ergebnis kann schwanken zwischen Heimwerker-Charme oder durchgestylter Konsequenz von Designerqualität. Gestaltung, Materialwahl und Ausführungsqualität sind nicht zuletzt wichtig für das Erreichen der selbstgesetzten Museums-Ziele und sind entsprechend immer wieder zu hinterfragen.
- Einige Veränderungen im und am Museum können mit *Baumaßnahmen* verbunden sein, wie bauliche Veränderungen im Innenbereich, Ausstellungsbau, Barrierefreiheit, Außenanlagengestaltung, Themenwege u.a. Hier ist eine Umsetzung in enger *Zusammenarbeit mit Fachleuten* aus der Kommune oder entsprechenden Fachbüros (Ausstellungsbau, Architektur, Landschaftsarchitektur, Grafik, Kommunikation, Umweltbildung u.a.) notwendig und sinnvoll. Aufgrund der erforderlichen gestalterischen und baulichen Qualität, der zu beachtenden technischen Vorgaben, einzuholenden Genehmigungen, durchzuführenden Ausschreibungsverfahren und erforderlichen Gewährleistung ist diese Zusammenarbeit unverzichtbar. Hierfür anfallende Honorare sind entsprechend in die Finanzierungspläne aufzunehmen.

4.8 Wartung und Betreuung

Wer betreut die neuen Angebote? Wer kann hierfür gewonnen werden und unter welchen Voraussetzungen? Sind Fortbildungen notwendig? Bereits zu Anfang der Planung ist auch die Wartung und Betreuung der neuen Museumsangebote zu bedenken. Sollen Spielecke, Demonstrationsflächen oder Rallye-Angebote dauerhaft erhalten bleiben, so sind bestimmte Wartungs-, Betreuungs- oder Pflegemaßnahmen unverzichtbar. Ob es der Nachdruck der Rallyebögen, das regelmäßige Durchsehen und Ergänzen der Ausgrabungsmaterialien in der Spielecke oder die gärtnerische Pflege der historischen Nahrungspflanzen ist – Betreuung und Wartung erfordern Zeit und Geld. Es ist deshalb wichtig, sich nicht erst nach getaner Tat Gedanken über die entstehenden Arbeiten zu machen. Ein kaum zu bewältigender Pflegeaufwand erzeugt Unwillen und kann auch dazu führen, dass die Lust an der Museumsarbeit verloren geht. Hilfreich ist die Aufstellung eines „Pflegeplans", in den Aufgaben und Zuständigkeiten eingetragen sind.

- *Aktionstage*, bei denen viele AkteurInnen beispielsweise beim Frühjahrsputz im Bauerngarten gemeinsam arbeiten, machen mehr Spaß als Einzelarbeit, die scheinbar kein Ende nimmt. Wenn dann noch für Essen und Trinken gesorgt wird, geht die Arbeit schnell von der Hand.
- *Patenschaften von Externen* für bestimmte Teilbereiche, beispielsweise für den Marktstand im Museum mit regionalen Produkten oder für bestimmte Angebote wie Landschaftsführungen, reduzieren die Verantwortung beim Museum.
- *Überschaubare Aufgaben* werden von Einzelnen lieber übernommen, wenn sie klar abgegrenzt und zeitlich befristet sind. Verbindliche Vereinbarungen zu Zuständigkeiten sorgen für Klarheit in der Zusammenarbeit.
- Thematisch, räumlich oder organisatorisch zuständige *Arbeitsgruppen* können Aufgaben übernehmen, sollten dann aber auch in gewissem Rahmen selbstbestimmt arbeiten dürfen.

4.9 Öffentlichkeitsarbeit

Wie werden die Vorhaben bekannt gemacht? Wie werden die Medien erreicht? Die Öffentlichkeitsarbeit begleitet den gesamten Prozess der Neuorientierung des Museums. Dabei müssen die Vorhaben nach innen und nach außen kommuniziert werden.

Innerhalb des Museums oder des Trägervereins bekommen die Themen Nachhaltigkeit, biologische Vielfalt und Kulturlandschaft nur eine breite Basis und entsprechende Unterstützung, wenn über eine Info-Wand, einen Newsletter oder andere laufende Informationen immer wieder über den Projektstand und die Mitwirkungsmöglichkeiten informiert wird. Mund-zu-Mund-Propaganda überzeugt am sichersten, aber nicht immer kann man warten, bis sich der Spaß an der Museumsgestaltung herumgesprochen hat.

Nach außen ist es wichtig, als Museum überhaupt wahrgenommen zu werden. Dazu sind pressewirksame Aktionen eine wichtige Voraussetzung, bei denen es „gute Bilder" oder spannende Informationen gibt, damit die MedienvertreterInnen überhaupt kommen. Ohne persönliche Kontakte ist eine Berichterstattung, egal zu welchem Thema, kaum zu erreichen. Zur Außenwirkung gehört auch die Einbindung in die Freizeit- und Bildungsangebote für die BewohnerInnen und BesucherInnen einer Region mit ihren Programmen. Öffentlichkeitsarbeit muss auch die touristische Kette von der Information zu Hause, der Anreise, dem Angebot vor Ort einschließlich Gastronomie bis hin zur Abreise bedienen. Entsprechend gehört zu jedem Museum ein adäquates Informations- und Servicepaket.

- Lenkende *Hinweisschilder* an Zufahrtsstraßen, im innerörtlichen Bereich und am Museum sowie klare Kennzeichnung der *Öffnungszeiten* sind die Grundvoraussetzung für einen regen Betrieb im Museum.
- Die *Einbindung des Museums in Publikationen* touristischer und weiterer PartnerInnen oder auch die Aufnahme in Veranstaltungsprogramme von PartnerInnen ist meist durch ein paar Gespräche zu erreichen.
- *Eigene Publikationen*, Flyer, Broschüren, Kalender u.a. sind im Zeitalter der elektronischen Medien für viele Personen noch immer unverzichtbar und im Druck inzwischen nicht mehr teuer, zumal eine Finanzierung über Anzeigen möglich ist. Erforderlich ist allerdings die inhaltliche und gestalterische Vorarbeit.
- Eine Darstellung der *Museumsaktivitäten im Internet* ist besonders hilfreich. Eine eigene Internetseite ist zeitgemäß, wenn auch mit Aufwand verbunden. Ein erster Schritt kann auch die Gestaltung eines eigenen Internetbereichs im Webauftritt der Kommune sein, z.B. unter der Rubrik „Sehenswürdigkeiten". Einen Newsletter kann man dort bei Verwendung geeigneter Programme (wie z.B. Typo3) selbst einstellen, laufend aktualisieren oder auch per E-Mail verschicken. Wichtig ist die Sicherstellung der Auffindbarkeit des Museums durch ausreichende Suchbegriffe sowie die Verlinkung mit PartnerInnen.
- *Presseartikel* in regionalen und überregionalen Zeitungen, Werkstattberichte über die laufenden Arbeiten oder eine ständige Zeitungsspalte beispielsweise als „Nachrichten aus der Heimat" oder „Aktuelles aus der Landschaft".
- Der Aufbau eines *Informationsverteilers* mit Adressen der Angehörigen der Trägerin/des Trägers, der Presse- und MedienvertreterInnen sowie der Fördernden erleichtert die Arbeit und sorgt dafür, dass niemand vergessen wird.
- Die *Vorstellung* der Vorhaben in Trägergremien, Vereinssitzungen, kommunalen Ausschüssen u.Ä. überzeugt durch die persönliche Art und das Engagement.
- Die *Durchführung von Events* wie Fotowettbewerb, Verkaufsstand auf dem Wochenmarkt, Gartenberatung, VHS-Kurs im Garten, Antiquitätenberatung, Sonntagcafe, Spurensuche o.Ä. steigern den Bekanntheitsgrad.

Abb. 54: Aktionstage mit ungewöhnlichen Ideen, wie hier das längste Strohsofa der Welt, machen Spaß und bleiben in Erinnerung. Foto: M. Hoff

4.10 Evaluation

Werden unsere Veränderungen von den BesucherInnen überhaupt wahrgenommen und positiv bewertet? Gibt es Kritik und Anregungen? Begleitend zur Neuausrichtung der Museumsarbeit bzw. spätestens zum Abschluss einzelner Teilschritte ist eine Evaluierung durchzuführen. Allerdings werden wiederkehrende Evaluationen besonders in ehrenamtlichen Museen als unnötige Arbeit empfunden. Dort sind Befragungen der BesucherInnen bisher leider sehr selten. Die Sorge vor negativen Ergebnissen und Kritik bremst, obwohl die Überprüfung der eigenen Tätigkeit als Chance begriffen werden kann, um das Museumsangebot gezielt weiterzuentwickeln und zu verbessern. Allein die Besucherzahlen oder noch besser gezielte Besucherbefragungen, erhoben über mehrere Jahre, könnten wichtige Hilfestellungen zum Management darstellen. Oft würde ein Tag im Jahr ausreichen, um bei Befragungen zumindest abzuklären, ob die BesucherInnen das Museum eher zufällig oder gezielt besuchen, woher sie von ihm erfahren haben und ob tatsächlich die geplante Zielgruppe erreicht wird. Eine Evaluation bedeutet einen Zusatzaufwand, eröffnet aber gleichzeitig Chancen.

- Die einfachste Form neben Beobachtung, direkter Ansprache, Gästebuch und Kummerkasten sind *Fragebögen für BesucherInnen*. Fragekriterien können sein:
  - Herkunft der BesucherInnen, Anreise, Aufenthaltsdauer
  - Besuchsgründe, Interessensspektrum (für Planung neuer Ausstellungen, Sonderschauen)
  - Zufriedenheit (Bewertung der Gestaltung der Räume/Freiflächen, Beleuchtung, Themenaufbereitung und Information, Angebot, Objektbewertung etc.)
  - Qualität, Service- und Dienstleistungseinrichtungen wie z.B. Gastronomie, Info, Parken etc.
  - Konkrete Verbesserungsvorschläge
  - Werbewirkungskontrolle, Bekanntheit des Museums
  - Erfüllung der Erwartungshaltung, erneuter Besuch/Weiterempfehlung
  - soziodemographische Kennzahlen wie Geschlecht, Alter etc.
- Eine Evaluation an mindestens einem Tag im Jahr stellt auch Kontakt zu BesucherInnen her und verschafft einen zwar nur punktuellen, aber unmittelbaren Eindruck. Repräsentative Ergebnisse sind eher mit Hilfe von *PartnerInnen aus Universitäten und anderen Hochschulen*, beispielsweise im Rahmen von Bachelor- oder Masterarbeiten, möglich.
- *Begehungen mit Vertretern von Zielgruppen* (Kinder und Jugendliche, LehrerInnen, Menschen mit Behinderungen o.Ä.) können Anhaltspunkte zu Erwartungshaltung und Bedürfnissen liefern.

5. Fazit

Dieser Leitfaden zeigt die Vielfalt und die Möglichkeiten einer schrittweisen Überarbeitung und Modernisierung eines Heimatmuseums auf. Die Diskussionen des Autorenteams sowie der WorkshopteilnehmerInnen haben gezeigt, dass es kein allgemeingültiges Patentrezept gibt, die Themen biologische Vielfalt, Nachhaltigkeit und Kulturlandschaft in Heimatmuseen erfolgreich umzusetzen. Wesentlich bei der Umsetzung eines guten Konzeptes ist jedoch der regionale Bezug des Heimatmuseums zum Standort und der umgebenden Landschaft. Gleichzeitig bietet die Interdisziplinarität eines Heimatmuseums dazu viele und gute Ansatzpunkte. Darüber hinaus sollen die Inhalte dieses Leitfadens bei Heimatmuseen Anreize schaffen, die vorhandenen Angebote zu verbessern und bekannter zu machen. Hierbei sind eine verstärkte Wahrnehmung und Umsetzung moderner museumspädagogischer Konzepte und eine Offenheit für neue Medien wünschenswert. MitarbeiterInnen in den Heimatmuseen oder auch thematisch assoziierte Personen können hier eine stärkere Vermittlerrolle einnehmen, wenn ihnen entsprechende Ideen und Materialien an die Hand gegeben werden. Hierdurch kann ein wesentlicher

Beitrag zur Bildung für nachhaltige Entwicklung umgesetzt werden. Zu der Vielzahl der Möglichkeiten soll der Leitfaden mit seinen Begleittexten eine Diskussionsgrundlage liefern und Anregungen geben.

6. Weiterführende Informationen

Die folgende Übersicht gibt empfehlende Hinweise zu Literatur und Internetseiten, geordnet nach dem Schwerpunkt der jeweiligen Inhalte. Im Text verwendete Quellen sind mit * gekennzeichnet.

Landschaft

Bauerochse, A., Hassmann, H., Ickerodt, U. (Hrsg.) (2007): Kulturlandschaft – administrativ – digital – touristisch. – Berlin.

Blackbourn, D. (2008): Die Eroberung der Natur. – München.

Bund Heimat und Umwelt (Hrsg.) (2003): Kulturlandschaft sehen und verstehen. – Bonn.

Bund Heimat und Umwelt (Hrsg.) (2007): Lebensraum Denkmal. – Bonn.

Bund Heimat und Umwelt (Hrsg.) (2008a): Kulturlandschaftliche Informationssysteme in Deutschland: erfassen – erhalten – vermitteln. – Bonn.

Bund Heimat und Umwelt (Hrsg.) (2010a): Kulturlandschaft in der Anwendung. – Bonn.

Bund Heimat und Umwelt (Hrsg.) (2010b): Kultur – Landschaft – Kulturlandschaft. – Bonn.

Bund Heimat und Umwelt (Hrsg.) (2010c): Landwirtschaft und Kulturlandschaft. – Bonn.

Bund Heimat und Umwelt (Hrsg.) (2010d): Landwirtschaft – Kulturlandschaft – Regionale Esskultur. – Bonn.

Kapff, D., Wolf, R. (2008): Kulturgeschichte am Wegesrand. – Stuttgart.

Konold, W. (1996): Naturlandschaft – Kulturlandschaft. – Landsberg.

Kremer, B.P. (1997): Lebensraum aus Menschenhand. Schützenswerte Biotope der rheinischen Kulturlandschaft. – Köln.

Kremer, B.P. (2010): Wasser! Naturstoff, Lösemittel, Lebensraum. Ein Lern- und Lesebuch. – Baltmannsweiler.

Krzywinski, K., O'Connell, M., Küster, H. (2009): Europäische Kulturlandschaften. – Bremen.

Küster, H. (2009): Schöne Aussichten. Eine kurze Geschichte der Landschaft. – München.

Küster, H. (2010): Geschichte der Landschaft in Mitteleuropa. – München.

Landschaftsverband Westfalen-Lippe, Landschaftsverband Rheinland (Hrsg.) (2007): Kulturlandschaftlicher Fachbeitrag zur Landesplanung in Nordrhein-Westfalen. – Düsseldorf.

Landschaftsverband Westfalen-Lippe, Landschaftsverband Rheinland (Hrsg.) (2009): Lebendiges Erbe. Kulturlandschaften in Nordrhein-Westfalen. – Regensburg.

Makowski, H., Buderath, B. (1983): Die Natur dem Menschen untertan – Ökologie im Spiegel der Landschaftsmalerei. – München.

Müller, J. (2005): Landschaftselemente aus Menschenhand – Biotope und Strukturen als Ergebnis extensiver Nutzung. – München.

Schenk, W. (1997): Kulturlandschaftspflege. – Berlin.

Tischler, W. (1980): Biologie der Kulturlandschaft. – Stuttgart.

Trossbach, W., Zimmermann, C. (2006): Die Geschichte des Dorfes. – Stuttgart.

* Valentien, D. (Hrsg.) (2010): Wiederkehr der Landschaft/Return of Landscape. – Berlin.

Wiegand, C. (2005): Spurensuche in Niedersachsen – historische Kulturlandschaften entdecken. – Hannover.

Nachhaltigkeit

Bundesamt für Naturschutz (Hrsg.) (2009a): Naturschutz und Bildung für nachhaltige Entwicklung – Fokus: Außerschulische Lernorte. Reihe: Naturschutz und Biologische Vielfalt, Heft 74. – Bonn/Bad Godesberg.

Bundesamt für Naturschutz (Hrsg.) (2009b): Natur und Nachhaltigkeit – Innovative Bildungsangebote in Botanischen Gärten, Zoos und Freilichtmuseen. Reihe: Naturschutz und Biologische Vielfalt, Heft 78. – Bonn/Bad Godesberg.

Grober, U. (2010): Die Entdeckung der Nachhaltigkeit. – München.

Kurt, H., Wagner, B. (Hrsg.) (2002): Kultur, Kunst, Nachhaltigkeit – Die Bedeutung von Kultur für das Leitbild Nachhaltige Entwicklung. – Bonn.

Umweltbundesamt (Hrsg.) (2011): Einblick in die Jugendkultur – Das Thema Nachhaltigkeit bei der jungen Generation anschlussfähig machen. Im Internet abrufbar unter: http://www.uba.de/uba-info-medien/4078.html

Wegener, U. (Hrsg.) (1998): Naturschutz in der Kulturlandschaft. Schutz und Pflege von Lebensräumen. – Stuttgart.

Biologische Vielfalt (Gärten, Demonstrationsflächen, Tierhaltung)

ANU Landesverband NRW (Hrsg.) (2007): Wert der Vielfalt. – Dorsten.

ANU Landesverband NRW (Hrsg.) (2009): Wert der Vielfalt II. – Dorsten.

Baur, B. (2010): Biodiversität. – Stuttgart.

Bundesamt für Naturschutz (Hrsg.) (2008): Informieren und faszinieren – Kommunikation in Natur-Infozentren. Reihe: Naturschutz und Biologische Vielfalt, Heft 54. – Bonn/Bad Godesberg.

* Bundesamt für Naturschutz (Hrsg.) (2009c): Leitmotive für eine moderne Kommunikation zur Biologischen Vielfalt. Reihe: Naturschutz und Biologische Vielfalt, Heft 80. – Bonn/Bad Godesberg.

Bund Heimat und Umwelt (Hrsg.) (2008b): Biodiversität im Dorf. – Bonn.

Bund Heimat und Umwelt (Hrsg.) (2009a): Naturschutz vermitteln in Friedhofs- und Parkanlagen. – Bonn.

Bund Heimat und Umwelt (Hrsg.) (2009b): Historische Nutzgärten. Bohnapfel, Hauswurz, Ewiger Kohl – Neue Rezepte für alte Gärten. – Bonn.

Dittrich, W. (1984): Bäuerliche Gärten. – Stuttgart.

Flindt, R. (1995): Biologie in Zahlen – Eine Datensammlung in Tabellen mit über 10.000 Einzelwerten. – Stuttgart, Jena, New York.

Kreuter, M.-L. (2007): Der Bio-Garten – Gemüse, Obst und Blumen naturgemäß angebaut. – München, Wien, Zürich.

Landesamt für Natur, Umwelt und Verbraucherschutz Nordrhein-Westfalen (Hrsg.) (2011): Freilichtmuseen in NRW: Refugien der biologischen Vielfalt. – In: Natur in NRW Heft 3/2011

Lange, U., Stadelmann, T. (1996): Spiel-Platz ist überall – Lebendige Erfahrungswelten mit Kindern planen und gestalten. – Freiburg im Breisgau.

Lieberei, R., Reisdorff, C. (2007): Nutzpflanzenkunde. Nutzbare Gewächse der gemäßigten Breiten, Subtropen und Tropen. Stuttgart.

Niemeyer-Lüllwitz, A., Hoff, M. (1994): Das Gartenbuch für Städter – Balkon- und Kleinstgärten, Hausbegrünung. – Augsburg.

Pro Futura Vertriebs GmbH, Umweltstiftung WWF Deutschland (Hrsg.) (1993): Bionik – Natur als Vorbild. – München.

Sambraus, H.H. (1999): Gefährdete Nutztierrassen – ihre Zuchtgeschichte, Nutzung und Bewahrung. – Stuttgart.

Stein, S. (1989): Gemüse aus Großmutters Garten. – München, Wien, Zürich.

Streit, B. (2007): Was ist Biodiversität? Erforschung, Schutz und Wert biologischer Vielfalt. – München.

Würtenberger, F. (1989): Die Architektur der Lebewesen. – Karlsruhe.

Vermittlung und Erlebnisangebote

Arendt, H. (2009): Werkstatt Pflanzenfarben – Natürliche Malfarben selbst herstellen und anwenden. – Baden, München.

Benker, U. (2005): GPS. Auf Outdoor-Touren – Praxisbuch und Ratgeber für die GPS-Navigation. – München.

Bund Heimat und Umwelt (Hrsg.) (2009c): Vermittlung von Kulturlandschaft. – Bonn.

Bund Heimat und Umwelt (Hrsg.) (2010e): Wege zu Natur und Kultur. – Bonn.

Bund Heimat und Umwelt (Hrsg.) (2011): Vermittlung von Kulturlandschaft an Kinder und Jugendliche. – Bonn.

Bundesamt für Naturschutz (Hrsg.) (1999): Musterlösungen im Naturschutz – Politische Bausteine für erfolgreiches Handeln. – Bonn/Bad Godesberg.

Bundesamt für Naturschutz (Hrsg.) (2009d): Regionalökonomische Effekte des Tourismus in deutschen Nationalparken. Reihe: Naturschutz und Biologische Vielfalt, Heft 76. – Bonn/Bad Godesberg.

Carter, J. (2001): A Sense of Place – An Interpretive Planning Handbook. – Inverness.

Cornell, J.B. (1991): Mit Freude die Natur erleben. – Mülheim/Ruhr.

Cornell, J. B. (1999): Mit Kindern die Natur erleben. – Mülheim/Ruhr.

Deutscher Museumsbund (Hrsg.) (2011): schule@museum – Eine Handreichung für die Zusammenarbeit. – Berlin.

Deutscher Museumsbund, Bundesverband Museumspädagogik (Hrsg.) (2008): Qualitätskriterien für Museen: Bildungs- und Vermittlungsarbeit. – Berlin.

Diem, W. (1995): Spielausflüge. Rallyes und Spiele im Grünen. – Hamburg.

Ebers, S., Laux, L., Kochanek, H. (1998): Vom Lehrpfad zum Erlebnispfad. – Wetzlar.

Eder, R., Arnberger, A. (2007): Lehrpfade – Natur und Kultur auf dem Weg, Lehrpfade, Erlebnis- und Themenwege in Österreich. – Wien.

Forum Umweltbildung (Hrsg.) (2002): Grenzgänge – Umweltbildung und Ökotourismus. – Wien.

Giesel, K., de Haan, G., Rode, H. (2001) : Umweltbildung in Deutschland. Stand und Trends im außerschulischen Bereich. – Berlin.

Gründel, M. (2010): Geocaching. Reihe: „Basiswissen für draußen", Band 203. – Welver.

HELM, E.M. (2005): Feld- Wald- und Wiesenkochbuch – Erkennen, Sammeln, Zubereiten und Einkochen von Wildgemüsen und Wildfrüchten.

HOFF, M. (1997): Naturerlebnis auf einer ehemaligen Zechenbrache. – In: LÖBF-Mitteilungen 3/1997

HOFF, M. (2005): Planungsgrundsätze für barrierefreie Wege in die Natur. – In: Beiträge zur Landesentwicklung 59, S. 96–102. – Köln.

HUTTER, C.-P., BLESSING, K. (2006): Mit Kindern der Natur auf der Spur: Faszination Tier- und Pflanzenwelt entdecken. – Stuttgart.

HUTTER, C.-P., BLESSING, K. (2010): Artenwissen als Basis für Handlungskompetenzen zur Erhaltung der Biodiversität. – Stuttgart.

KLEIN, M. (2010): Exkursionsdidaktik. Eine Arbeitshilfe für Lehrer, Studenten und Dozenten. – Baltmannsweiler.

KUHN, K., PROBST, W., SCHILKE, K. (1985): Biologie im Freien. – Stuttgart.

LANG, C., STARK, W. (2000): Schritt für Schritt NaturErleben – Ein Wegweiser zur Einrichtung moderner Lehrpfade und Erlebniswege. – Wien.

LEITZGEN, A. M., RIENERMANN, L. (2010): Entdecke deine Stadt – Stadtsafari für Kinder. – Basel.

LUDWIG, T. (2008): Kurshandbuch Natur- und Kulturinterpretation. – Borgentreich.

NATURFREUNDE INTERNATIONALE (Hrsg.) (2009): Natur, Erlebnis, Region – ein Leitfaden zur Etablierung von nachhaltigen Naturerlebnisangeboten für Gemeinden und Regionen. – Wien.

NATURPARK SÜDSCHWARZWALD (Hrsg.) (2006): Lehr-, Erlebnis- und Themenpfade-Handbuch – ein Leitfaden für Kommunen, Natur-, Kultur- und Heimatvereine, Verbände und touristische Entscheidungsträger. – Feldberg.

REICHHOLF, J. (2010): Stadtnatur. Eine neue Heimat für Pflanzen und Tiere. – München.

RITTMEYER, C. (2010): Umweltbildung – theoretische Grundlagen und praktische Hinweise. – München.

SADEWASSER, T. (2008): Geocaching Abenteuer – Verstecken und Finden mit GPS. – Norderstedt.

UNTERBRUNNER, U., FORUM UMWELTBILDUNG (Hrsg.) (2005): Natur erleben – Neues aus Forschung und Praxis zur Naturerfahrung. – Innsbruck.

Ehrenamt

AWO-BUNDESVERBAND E.V. (Hrsg.) (2000): Praxishandbuch Initiative Ehrenamt – Freiwillige ansprechen, gewinnen, beteiligen. 2. erw. Auflage. – Bonn.

DEUTSCHER MUSEUMSBUND (Hrsg.) (2008): Bürgerschaftliches Engagement im Museum. – Kassel, Berlin.

EUROPARC DEUTSCHLAND E.V. (Hrsg.) (2006): Teamarbeit in Großschutzgebieten – Freiwilligenmanagement in Planung und Praxis. – Berlin. (Im Internet abrufbar unter: www.europarc-deutschland.de)

MITLACHER, G. (2007): Handbuch Freiwilligenkoordination im Natur- und Umweltschutz. – Bonn.

MITLACHER, G. & SCHULTE, R. (2005): Steigerung des ehrenamtlichen Engagements in Naturschutzverbänden. BfN-Skripte Nr. 129. – Bonn. (Im Internet abrufbar unter: www.bfn.de)

WAGNER, B. U. WITT, K. (Hrsg.) (2003): Engagiert für Kultur. – Essen, Bonn.

Zielgruppenansprache

* BUNDESAMT FÜR NATURSCHUTZ, BUNDESMINISTERIUM FÜR UMWELT, NATURSCHUTZ UND REAKTORSICHERHEIT (Hrsg.) (2010): Naturbewusstsein 2009. Bevölkerungsumfrage zu Natur und biologischer Vielfalt. – Berlin. Im Internet abrufbar unter: http://www.bfn.de/fileadmin/MDB/documents/themen/gesellschaft/Naturbewusstsein%202009.pdf

DEUTSCHER WANDERVERBAND (Hrsg.) (2010): Zukunftsmarkt Wandern. Erste Ergebnisse der Grundlagenuntersuchung Freizeit- und Urlaubsmarkt Wandern. – Kassel.

GRÜNEWALD STEIGER, A., KLAGES, R. (Hrsg.) (2007): Die Praxis der Interkultur. Wolfenbütteler Akademie-Texte (WAT), Band 30 – Wolfenbüttel.

KIZILOCAK, G., SAUER, M.: Umweltbewusstsein und Umweltverhalten der türkischen Migranten in Deutschland. Kurzfassung im Internet abrufbar unter: http://www.umweltbundesamt.de/uba-info-medien/dateien/2337.htm

* UMWELTBUNDESAMT (Hrsg.) (2009): Umweltbewusstsein und Umweltverhalten der sozialen Milieus in Deutschland. – Dessau.

Museen/Ausstellungen

BERTON, A., SCHWARZ, U., FREY, C. (2006): Ausstellungen entwerfen. – Basel.

DAWID, E., SCHLESINGER, R. (Hrsg.) (2002): Texte in Museen und Ausstellungen – ein Praxisleitfaden. – Bielefeld.

* DEUTSCHER MUSEUMSBUND (Hrsg.) (2006): Standards für Museen. – Kassel, Berlin.

DEUTSCHER MUSEUMSBUND (Hrsg.) (2010): Leitfaden für das wisschenschaftliche Volontariat am Museum. – Berlin.

DEUTSCHER MUSEUMSBUND (Hrsg.) (2011): Leitfaden zur Erstellung eines Museumskonzepts. – Berlin.

* INSTITUT FÜR MUSEUMSFORSCHUNG (2009): Statistische Gesamterhebung an den Museen der Bundesrepublik Deutschland für das Jahr 2008. Materialien aus dem Institut für Museumsforschung, Heft 63. – Berlin.

JANSEN, A., SCHARFE, W. (1999): Handbuch der Infografik. – Berlin.

KANIA-SCHÜTZ, M. (Hrsg.) (2009): In die Jahre gekommen? Chancen und Potenziale kulturhistorischer Museen. – Münster, New York, München, Berlin.

KRÖN, M. et al. (Hrsg.) (2004): Entdeckungsreisen – Kulturvermittlung in Salzburger Museen. Schriftenreihe des Landespressebüros, Serie „Sonderpublikationen" Nr. 187. – Salzburg.

MILES, R.S. mit: Alt, M.B., Gosling, D.C., Lewis, B.N., Tout, A.F. (1982): The Design of Educational Exhibits. – London.

MUNRO, P., SIEKIERSKI, E., WEYER, M. (2009): Wegweiser Evaluation – München.

PÖHLMANN, W. (1988): Ausstellungen von A bis Z. Gestaltung Technik Organisation. Reihe: Berliner Schriften zur Museumskunde, Band 5. – Berlin.

SCHWARZ, U., BERTRON, A., FREY, C. (2006): Ausstellungen entwerfen – Kompendium für Architekten, Gestalter und Museologen. – Basel.

SCHWARZ, U., TEUFEL, P. (2001): Museografie und Ausstellungsgestaltung. – Ludwigsburg.

VIEREGG, H., SCHMEER-STURM, M.-L., THINESSE-DEMEL, J., ULLBRICHT, K. (Hrsg.) (1994): Museumspädagogik in neuer Sicht – Erwachsenenbildung im Museum, Band I und II. – Hohengehren.

WESCHENFELDER, K., ZACHARIAS, W. (1981): Handbuch Museumspädagogik – Orientierungen und Methoden für die Praxis. – Düsseldorf.

Sponsoring

BORTOLUZZI DUBACH, E., FREY, H. (2000): Sponsoring – Der Leitfaden für die Praxis. – Bern, Stuttgart, Wien.

BUNDESMINISTERIUM FÜR UMWELT, NATURSCHUTZ UND REAKTORSICHERHEIT (Hrsg.) (2004): Finanzierungshandbuch für Naturschutzmaßnahmen. – Berlin.

HAIBACH, M. (2002): Handbuch Fundraising. – Frankfurt am Main.

Barrierefreiheit

BUND HEIMAT UND UMWELT (Hrsg.) (2008c): Denkmalschutz barrierefrei. – Bonn.

FÖHL, P.S., ERDRICH, S., JOHN, H., MAASS, K. (Hrsg.) (2007): Das barrierefreie Museum – Theorie und Praxis einer besseren Zugänglichkeit – Ein Handbuch. – Bielefeld.

LANDSCHAFTSVERBAND RHEINLAND (Hrsg.) (2005): Barrierefreies Natur- und Kulturerlebnis. 16. Fachtagung des Umweltamtes (Landschaftsverband Rheinland). Tagungsdokumentation. – Köln.

LEBENSHILFE WITTMUND, REGIONALES UMWELTZENTRUM SCHORTENS (Hrsg.) (2003): Natur für alle – Planungshilfen zur Barrierefreiheit. – Schortens.

Geschichte

ALBERS, H. (1999): Die stille Revolution auf dem Lande – Landwirtschaft und Landwirtschaftskammer in Westfalen-Lippe 1899–1999. – Münster.

BRAUN, A. (2001): Tempo, Tempo! – Eine Kunst- und Kulturgeschichte der Geschwindigkeit im 19. Jahrhundert. – Frankfurt am Main.

BRÜGGEMEIER, F.-J., ROMMELSPACHER, T. (1987): Besiegte Natur – Geschichte der Umwelt im 19. und 20. Jahrhundert. – München.

BURG, C., GRIESSHAMMER, R. (1993): Wer macht die Banane krumm – Kolonialwarengeschichten. – Hamburg.

CORBIN, A. (1988): Pesthauch und Blütenduft – Eine Geschichte des Geruchs. – Frankfurt am Main.

DELILLE, A., GROHN, A. (Hrsg.) (1986): Illustrierte Geschichte der Reinlichkeit – vom römischen Bad zum Waschsalon. – Frankfurt am Main.

ECKERMANN, E. (1984): Vom Dampfwagen zum Auto – Motorisierung des Verkehrs. – Hamburg.

ELLERBERG, H. (1990): Bauernhaus und Landschaft in ökologischer und historischer Sicht. – Stuttgart.

GARBRECHT, G. (1985): Wasser – Vorrat, Bedarf und Nutzung in Geschichte und Gegenwart. – Hamburg.

GERCKE, H. (Hrsg.) (1991): Der Baum in Mythologie, Kunstgeschichte und Gegenwartskunst. – Heidelberg.

GIEDION, S. (1982): Die Herrschaft der Mechanisierung. – Frankfurt am Main.

HOBHOUSE, H. (1988): Fünf Pflanzen verändern die Welt – Chinarindenbaum, Zuckerrohr, Tee, Baumwolle, Kartoffel. – Stuttgart.

KAMINSKI, S. (Hrsg.) (1986): Colonialwaren-Lesebuch. – St. Gallen, Köln.

KLUGE, T., SCHRAMM, E. (1986): Wassernöte – Umwelt und Sozialgeschichte des Trinkwassers. – Aachen.

KÖBER-STIFTUNG (Hrsg.) (1986): Von „Abwasser" bis „Wandern" – Ein Wegweiser zur Umweltgeschichte. – Hamburg.

KÖNIG, W. (Hrsg.) (1997): Propyläen, Technik, Geschichte – Band 1 bis 5. – Berlin.

KÖRBER-GROHNE, U. (1987): Nutzpflanzen in Deutschland – Kulturgeschichte und Biologie. – Stuttgart.

KOS, W. (1992): Die Eroberung der Landschaft – Niederösterreichische Landesausstellung Schloss Gloggnitz. – Wien.

KUCZYNSKI, J. (1982): Geschichte des Alltags des deutschen Volkes – Band I bis V. – Wiesbaden.

KÜSTER, H. (1999): Korn – Kulturgeschichte des Getreides. – Salzburg.

KÜSTER, H. (2003): Kleine Kulturgeschichte der Gewürze. – München.

KÜSTER, H. (2008): Geschichte des Waldes. – München.

OSTEROTH, D. (1985): Soda, Teer und Schwefelsäure – Der Weg zur Großchemie. – Hamburg.

PALLA, R. (2010): Verschwundene Arbeit. – Wien.

PIEPER, W. (Hrsg.) (1987): Das Scheiss Buch – Entstehung, Nutzung, Entsorgung menschlicher Fäkalien. – Berlin.

RADKAU, J. (2000): Natur und Macht – Eine Weltgeschichte der Umwelt. – München.

REICHHOLF, J.H. (2008): Eine kurze Naturgeschichte des letzten Jahrtausends. – Frankfurt am Main.

SCHIVELBUSCH, W. (1986): Lichtblicke – zur Geschichte der künstlichen Helligkeit im 19. Jahrhundert. – Frankfurt am Main.

SCHUA, L. u. R. (1981): Wasser – Lebenselement und Umwelt – Die Geschichte des Gewässerschutzes in ihrem Entwicklungsgang dargestellt und dokumentiert. – Freiburg, München.

SIEFERLE, R.P. (1982): Der unterirdische Wald – Energiekrise und Industrielle Revolution. – München.

SIEMANN, W. (Hrsg.) (2003): Umweltgeschichte – Themen und Perspektiven. – München.

SPELSBERG, G. (1984): Rauchplage – hundert Jahre Saurer Regen. – Aachen.

STROTDREES, G. (2003): Hof-Geschichten – Westfälische Bauernhöfe in historischen Portraits. – Münster-Hiltrup.

SUHLING, L. (1983): Aufschließen, Gewinnen und Fördern – Geschichte des Bergbaus. – Hamburg.

SULZENBACHER, G. (Hrsg.) (ohne Jahr): Bauer, Schmied und Lodenweber – vom Leben und Arbeiten in alter Zeit. Didaktische Materialien des Südtiroler Volksmuseums. – Wien.

SULZENBACHER, G. (2003): Altes Handwerk und ländliches Leben. – Wien.

TREPL, L. (1987): Geschichte der Ökologie – Vom 17. Jahrhundert bis zur Gegenwart. – Frankfurt am Main.

WEY, K.-G. (1982): Umweltpolitik in Deutschland – Kurze Geschichte des Umweltschutzes in Deutschland seit 1900. – Opladen.

Quellen für die Texte zur Karde

BOHNSACK, A. (1981): Spinnen und Weben. Entwicklung von Technik und Arbeit im Textilgewerbe. – München.

HAID, H. (2010): Das Schaf. Eine Kulturgeschichte – Wien.

HOLENSTEIN, A. (Hrsg.) (2010): Zweite Haut: Zur Kulturgeschichte der Kleidung – Bern.

MÖNNINGHOFF, W. (2006): King Cotton. Kulturgeschichte der Baumwolle. – Düsseldorf.

PRO FUTURA VERTRIEBS GMBH, UMWELTSTIFTUNG WWF DEUTSCHLAND (Hrsg.) (1993): Bionik – Natur als Vorbild. – München.

WIKIPEDIA: http://de.wikipedia.org

Internet-Links

Arbeitsgemeinschaft Natur- und Umweltbildung: www.umweltbildung.de

Bundesarbeitsgemeinschaft der Freiwilligenagenturen (bagfa): www.bagfa.de

Bundesverband Museumspädagogik: www.museumspaedagogik.org

Bundesweiter Arbeitskreises der staatlich getragenen Bildungsstätten im Natur- und Umweltschutz: www.banu-akademien.de

* Deutsche UNESCO-Kommission: Grundlagen: Bildung für nachhaltige Entwicklung: http://www.bne-portal.de/coremedia/generator/unesco/de/02__UN-Dekade_ 20BNE/01__Was_20ist_20BNE/Einf_C3_BChrung__neu.html

Deutscher Museumsbund: www.museumsbund.de und www.museumbildet.de

Deutsche Institut für Internationale Pädagogische Forschung (DIPF): www.bildungsserver.de

Dreschflegel: www.dreschflegel-verein.de

Gesellschaft zur Erhaltung alter und gefährdeter Haustierrassen (GEH): www.g-e-h.de

Institut für Kulturpolitik: www.kupoge.de

Museumsbund Österreich: www.museenoesterreich.at

* Tourismus NRW: Masterplan – Tourismus Nordrhein-Westfalen. www.touristiker-nrw.de/masterplan

Umweltbundesamt: Umweltbewusstsein und Umweltverhalten der sozialen Milieus in Deutschland: www.umweltdaten.de/publikationen/fpdf-l/3871.pdf

Verband der Museen der Schweiz (VMS): www.museums.ch

Verbund Oberösterreichischer Museen: www.ooegeschichte.at

Verein zur Erhaltung der Nutzpflanzenvielfalt: www.nutzpflanzenvielfalt.de

Verein zur Erhaltung und Rekultivierung von Nutzpflanzen in Brandenburg: www.vern.de

Wissenschaftsladen Bonn: Der Internationale Garten Bonn: www.wilabonn.de/Internationaler-Garten-Bonn.pdf

Biologische Vielfalt, Nachhaltigkeit und Kulturlandschaft – eine Ideenbörse zum Thema Feuer

Marion Rike Metzger

Das Heimatmuseum Bergneustadt (vgl. Beitrag Walter Jordan) verfügt mit seiner vielschichtigen Dauerausstellung, immer wieder wechselnden Sonderausstellungen, einem abwechslungsreichen Veranstaltungskalender, zielgruppengerechten Führungen in dem sanierten Fachwerkgebäude und durch die historische Altstadt, sowie der Möglichkeit zur Raumanmietung für Hochzeitsgesellschaften oder Vereine im Anbau über eine lebendige Angebotsvielfalt (vgl. auch: www.heimatmuseum-bergneustadt.de). Inhaltlich greift das Museum vor allem das frühere Alltagsleben seiner Stadtbewohner sowohl im trauten zu Hause als auch im Arbeitsleben der Handwerker und Geschäftsleute auf. Aber auch besonders identitätsstiftenden stadtgeschichtlichen Ereignissen, wie beispielsweise den Großbränden in den Jahren 1717 und 1742 sowie weiteren verheerenden Bränden wird durch verschiedene museumseigene Angebote Rechnung getragen. Wie können diese Schwerpunkte nun mit den Aufgabenfeldern biologische Vielfalt, Nachhaltigkeit und Kulturlandschaft verbunden und für die Museumsbesucher greifbar gemacht werden?

Die Darstellung dieser Themen soll und darf in der Ausstellung eines Heimatmuseums nicht isoliert stehen. Nur durch Integration der Themen in die bestehende Raum- und Ausstellungsstruktur bzw. durch die Herstellung stadtgeschichtlicher und regionaler Bezüge entsteht ein spannender Kontext, der die Identität eines Museums aufgreift und der/dem BesucherIn einen leichteren Zugang zu den neuen Themen verschafft. Demzufolge beginnt die Ideensammlung zunächst im eigenen Haus bzw. in der eigenen Stadt. Während die stadtgeschichtlichen Schwerpunkte meist auf der Hand liegen, gestaltet sich die Identifizierung der richtigen Querverbindungen zu den oft völlig neuen Themen biologische Vielfalt, Nachhaltigkeit und Kulturlandschaft sicherlich nicht immer leicht. Daher wurden beim Workshop „Chancen und Möglichkeiten der Heimatmuseen zur Vermittlung der Themen biologische Vielfalt und Nachhaltigkeit" vom 07. bis 08. April 2011 im Heimatmuseum Bergneustadt beispielhaft Bezüge erarbeitet. Anhand des Themas „Feuer" führten die TeilnehmerInnen ein Gedankenspiel anhand des Heimatmuseums Bergneustadt durch. Im Folgenden werden die Ergebnisse dieser Ideensammlung dargestellt.

Ausgangssituation: Großbrände in Bergneustadt

Bergneustadt wurde im Laufe seiner Geschichte von mehreren verheerenden Bränden in den Jahren 1548, 1591, 1717, 1742, 1746 und 1828 heimgesucht und zu großen Teilen zerstört. Diese prägenden Ereignisse sowie die unterschiedlichen Aspekte von „Feuer" sollen nun durch einen geplanten Themenweg „Abgebrannt und aufgebaut" aufgearbeitet werden. Ziel ist

Abb. 1: Am 17. August 2009 brannte in der historischen Altstadt Bergneustadts ein Fachwerkhaus bis auf die Grundmauern nieder. Ein verheerender Stadtbrand wurde durch den Einsatz der Freiwilligen Feuerwehr Bergneustadt verhindert. Foto: M. Kleinjung

es, den BewohnerInnen und Gästen ein ebenso spannendes wie attraktives Angebot für Spaziergänge und Wanderungen durch die Stadt und die Umgebung zu schaffen und dadurch den Tourismus in der Stadt zu beleben. Auch das Heimatmuseum Bergneustadt greift auf unterschiedliche Weise das Thema Feuer beispielsweise mit seiner Feuerwehrhelmausstellung sowie in einer inszenierten Löschaktion mit BesucherInnen und der Feuerwehr auf.

Feuer ist gefährlich, unkontrollierbar und schreckenerregend. Es kann natürliche Lebensräume vernichten, Landschaften entstellen, Gebäude und Leben zerstören. Feuer ist aber auch Teil der natürlichen Ökosysteme und fördert spezielle Pflanzengesellschaften: Spontan entfachte Feuer (beispielsweise nach Blitzschlag) schufen in größeren Waldgebieten neue Sukzessionsflächen und belebten dadurch die Mosaikzyklus-Regeneration, die eine wiederkehrende Abfolge von verschiedenen Reifestadien (Sukzessionsstadien) beschreibt. Auf den so entstandenen Offenbiotopen siedelten sich gänzlich andere und vor allem weitaus zahlreichere Arten an als im zuvor geschlossenen Waldverband. Feuer spendet dem Menschen aber auch Licht und Wärme, indem es Energie freisetzt. Das facettenreiche und faszinierende

Abb. 2: Feuerwehrhelmausstellung im Heimatmuseum Bergneustadt Foto: G. Hein

Thema Feuer bietet somit auch für ein Museum vielfältige Aufarbeitungs- und Darstellungsmöglichkeiten. Zudem lassen sich interessante und vielschichtige Querverbindungen zu den Themen biologische Vielfalt, Nachhaltigkeit und Kulturlandschaft herstellen. Ausgehend von stadtgeschichtlich relevanten Ereignissen und Aspekten bietet sich das Thema Feuer daher auch als Anknüpfungspunkt für die in dieser Publikation betrachteten Schwerpunktthemen, bei gleichzeitiger Beachtung der regionalen Besonderheiten an.

Abb. 3: Für besonders brandgefährdete Gebäude, wie etwa Schmieden, galten besondere Brandvorschriften. *Foto: I. Gotzmann*

Stadtgeschichte und Feuer

- Geschichten und Mythen aus der Stadt rund um die Brände und deren Hintergründe:
  - Brandereignis: Was geschah mit dem Museumsgebäude oder einem anderen Beispielgebäude und seinen BewohnerInnen aufgrund der Brände? Umnutzung, Wiederaufbau etc.
  - Beispiel Brandvorschriften: Der Besitz eines Löscheimers war Voraussetzung für eine Heirat in Bergneustadt
  - Verhalten nach dem Brand: Notlager im Steinkeller, Inhalte einer Katastrophenkiste, deutschlandweite Sammelaktionen nach Katastrophen, Entwicklung von Feuerversicherungen etc.
  - Geschichte der Feuerwehr in der Stadt: Besatzung, Ausrüstungsgegenstände und gesellschaftliches Ansehen
- Aspekte des Brandschutzes und Konsequenzen der Brände auf die Stadtbebauung:
  - Stadtbebauung und besondere Brandschutzmaßnahmen: Abstände zwischen den Häusern, Brandschutzmauern, Entfernung zur nächsten Zisterne oder zum nächsten Löschteich, Lage besonders brandgefährdeter Gebäude (Schmiede, Backhaus)
  - Brandschutz und feuerbeständiges Bauen: Brandverhalten der verwendeten Materialien und Feuerwiderstandsfähigkeit unterschiedlicher Bauteile und Konstruktionsweisen
  - Gefahrenquellen und Brandursachen: offenes Feuer im Haus, Gas zum Kochen, Elektrizität ohne Sicherungssysteme
  - Brandschutz und Denkmalschutz als Konfliktfeld bei historischen Fachwerkhäusern anhand von Beispielen im Ort

Biologische Vielfalt und Feuer

- Brennstoffe aus Biomasse und Holz
  - Energieträger Holz, Brennholzgewinnung und nachhaltige Forstwirtschaft

Abb. 4: Historische Öfen im Museum als Anlass, moderne Holzfeuerungsanlagen, Klimaschutz und Energieeinsparung zu thematisieren. Foto: G. Hein

- Holzfeuerungsanlagen und Klimaschutz
- Kohlenstoffkreislauf im Wald, Waldfunktionen und Klimaschutz

- Feuerökologie
  - Auswirkungen von Bränden auf die Zusammensetzung von Waldgesellschaften
  - gefährdete und durch Feuereffekte geförderte Arten (Pyrophyten)
  - Anpassungsmechanismen von Pflanzen an Feuer und Übertragungsmöglichkeiten auf den Brandschutz (Bionik)
- Feuereinsatz im Naturschutz
  - Verlust von Habitaten und Artenvielfalt durch Verbuschung und drohende Überwaldung auf zuwachsenden Böschungen
  - Landnutzungswandel am Beispiel Weinbauterrassen/Weinbergsbrachen im UNESCO-Weltkulturerbe Mittelrhein
  - Möglichkeiten zur Erhaltung der traditionellen Landschaftselemente durch kontrollierte Brände (vgl. Goldammer et al. 1997)
- Heilpflanzen: tradierte regionale Rezepturen gegen Verbrennungen

Nachhaltigkeit und Feuer

- Nachhaltigkeit und nachhaltige Forstwirtschaft
  - Holznutzung als Bau- und Brennmaterial
  - Ursprünge des forstlichen Nachhaltigkeitsdenkens wurden im Forstbereich entwickelt
  - aktuelles Nachhaltigkeitsverständnis mit den Dimensionen Ökologie, Ökonomie, Soziales sowie – globale und generationenübergreifende Gerechtigkeit erläutern
- Feuer als Energiequelle
  - Historische Aspekte: Wie heizte und kochte man früher? Wie erzeugte man Licht? Wie wurden Maschinen betrieben? Wie energieeffizient und klimafreundlich waren diese Verfahren? Wie warm und sicher waren Wohnungen? Welche Auswirkungen hatte offenes Feuer im Haus auf die Gesundheit?
  - Aktuelle Aspekte: Vor- und Nachteile herkömmlicher Befeuerungsarten und Stromerzeugung mit Erdöl, Erdgas, Steinkohle und Atomkraft
  - Maßnahmen der Energieeinsparung
  - Möglichkeiten der erneuerbaren Energien: Solarenergie, Bioenergie, Windenergie
- Nachhaltiges Bauen in Verbindung mit Erläuterungen zum Brandschutz und zu unterschiedlichen Bauweisen in der Stadt:

Abb. 5: Bäuerlich genutzter Niederwaldbestand mit Rot-Buchen und Hainbuchen als regionale kulturlandschaftliche Aspekte. Foto: B. Kremer

- Verwendung nachwachsender (= brennbarer) Baustoffe und Maßnahmen des Brandschutzes: Brandschutzklassen und Feuerwiderstandsdauer je nach Konstruktion, besondere Brandschutzkonzepte für diese Baustoffe
- Aspekte nachhaltigen Bauens: Bedarfshinterfragung, Schonung von Naturräumen durch flächensparendes Bauen, Verbrauchsminimierung bezüglich Energie und Betriebsmittel, langfristige Nutzung von Gebäuden, Verwendung recycelbarer oder nachwachsender Baustoffe, kurze Transportwege bei Bau und Betrieb, gute Rückbaufähigkeit (vgl. IBU 2011)

• Globale und generationenübergreifende Gerechtigkeit: Brandrodung in Tropenwäldern, Tropenwaldschutz, Klimaschutz und Armutsminderung

• Bildung für nachhaltige Entwicklung (BNE): Vermittlung eines verantwortungsvollen und nachhaltigen Umgangs mit dem Element Feuer im Sinne von Brandvermeidung, eines sparsamen Energieverhaltens und eines nachhaltigen Rohstoffverbrauchs

Kulturlandschaft und Feuer

• Regionale Gebäudemerkmale: über Erläuterungen zu Bauweise und Brandverhalten unterschiedlicher Materialien kann Bogen über die Herkunft der verwendeten Materialien (Wälder, Steinbrüche), die umliegende Landschaft und verschiedene Wirtschaftsweisen gespannt werden

• Entstehung der regionalen Kulturlandschaft: Feuer als Werkzeug der Landbewirtschaftung seit der Gewinnung von Kulturland und Entwaldungsproblematik in der Jungsteinzeit und seit dem Mittelalter

• Regionale Wirtschaftsweisen und Brandwirtschaft in Deutschland und deren Einfluss auf das Landschaftsbild: Köhlerei zur Holzkohlengewinnung z.B. für die Eisenverhüttung, Haubergwirtschaft im Siegerland, Moorbrennen in Nordwestdeutschland, Heidebrennen, Röder-Waldwirtschaft in Westfalen und Pommern, Birkenberge in Bayern

• Feuerspuren durch Brände, Blitzeinschlag, Brandwirtschaft in der Landschaft

• Räucherprodukte: Räuchermethode darstellen und Bezüge zu Weiden, Stallungen und typischen Haustierarten herstellen

Abb. 6: Räucherprodukte im Kamin als Anknüpfungspunkt für Themen wie regionale Esskultur und Landwirtschaft. Foto: G. Hein

Vermittlungs-Bausteine

- Integration von Ausstellungsobjekten: Beispielhaft ist hier der Löscheimer zu nennen, der durch unterschiedliche Betrachtungswinkel sicherlich ein komplettes Programm füllen kann. Er hat in der Geschichte der Stadt Bergneustadt eine besondere Funktion: Heiraten war zwingend an den Besitz eines Löscheimers gebunden. Über die Herstellungsweise (mit Eichenlohe gegerbtes Leder) lassen sich leicht die kulturlandschaftlichen Aspekte von Lohwäldern und der Haubergwirtschaft erläutern. In seiner Funktion als Löschgerät regt der Eimer zum Anfassen und zum praktischen Ausprobieren an und lädt zu einer inszenierten Löschübung als Besucherattraktion ein (s.u.).
- Integration von Gemälden, Fotos und Geschichten: Visualisierte und mit Erlebnissen von Zeitzeugen untermauerte Stadt- und Landschaftsbilder und deren Wandel im Laufe der Zeit, Bildvergleiche vor und nach den Großbränden u.a.
- Integration des Museumsgebäudes: Sichtbarmachen alter Konstruktionen, z.B. Schnitte durch ein Fachwerk, Materialkunde, Brandschutzklassen, Landschaftsbezüge von Baustoffen, nachhaltige und umweltfreundliche Bauweisen
- Integration von Stadt und Umland: geführte Wanderungen, Themenwege, Rallyes, GPS-Tracks, die über die Ausstellung im Heimatmuseum hinaus alle interessanten Stationen zum Thema Feuer im näheren Umfeld ansteuern
- Konkrete Beispiele: Gebäude mit unterschiedlichen Brandschutzvorkehrungen, Orte der Rohstoffgewinnung u.a. für Brennstoffe (umliegende Wälder, Kohlenmeiler), ehemalige Löschteiche, das Feuerwehrhaus, aber auch spezielle Pflanzen und Pflanzengesellschaften
- Integration des Waldes und seiner Funktionen: Neben Schaubildern und meist langatmigen Texttafeln Ideen aus der Natur- und Waldpädagogik aufgreifen
- Integration praktischer Demonstrationen und Mitmachaktionen: Aufschichten eines Kohlenmeilers, Geschichten erzählen am Lagerfeuer, Feuermachen ohne Feuerzeug, Löschübung und kontrollierte Brandversuche mit Feuerwehr (s.u.)
- Integration anderer Institutionen: In Zusammenarbeit mit der Feuerwehr können inszenierte Löschaktionen und Brandversuche zu besonderen Ereignissen werden. Beispielhafte Löschübung, wahlweise mit Schulklassen oder Erwachsenen: Ein Behälter wird mit 150 l Wasser gefüllt und stellt den Löschteich dar. In einer Entfernung von einigen hundert Metern befindet sich die Brandstelle (Feuer nur unter Aufsicht der Feuerwehr!), alle Teilnehmenden haben einen Löscheimer. Die Zeit läuft – der Brand muss gelöscht werden! Wie organisieren sich die TeilnehmerInnen am besten? Jeder für sich oder als Menschenkette? Wie viele Eimer Wasser werden benötigt um den Brand zu löschen? Wie lange dauert die Löschaktion?
- Integration besonderer Anziehungspunkte: Über das Symbol „Roter Hahn" als Sinnbild für Feuer kann bei entsprechenden räumlichen wie personellen Möglichkeiten der Bezug zur eigenen (artgerechten) Hühnerhaltung hergestellt werden und dadurch eine besondere Attraktion für BesucherInnen geschaffen werden.

Literatur

GOLDAMMER, J.G., MONTAG, S., PAGE, H. (1997): Nutzung des Feuers in mittel- und nordeuropäischen Landschaften. Geschichte, Methoden, Probleme, Perspektiven. Alfred Toepfer Akademie für Naturschutz, Schneverdingen, NNA-Berichte 10, Heft 5, 18–38.

Internetlinks

IBU (INSTITUT FÜR BAUEN UND UMWELT E.V.) (Hrsg.) (2011): Nachhaltiges Bauen: http://nachhaltiges-bauen.net/hp357/Nachhaltigkeit.htm?ITServ=C258dcc54X130f1da897eX1a71

Heimatmuseum Bergneustadt:
www.heimatmuseum-bergneustadt.de

Das Heimatmuseum Bergneustadt – eine Einrichtung in der Trägerschaft des Heimatvereins „Feste Neustadt" e. V.

Walter Jordan

Kulturarbeit und hier vor allem die Museumsarbeit ist in einer sich in rasantem Tempo verändernden Welt immer größeren Herausforderungen ausgesetzt. Die Städte und Kommunen, aber auch freie TrägerInnen, sind größtenteils nicht mehr in der Lage, selbst ein Basisangebot kultureller Einrichtungen zu finanzieren und zu erhalten. Leider fehlt in den meisten Fällen auch ein klares Bekenntnis der Politik zur Kultur. Allzu oft werden die verschiedenen Politikfelder, z.B. Sport, Soziales oder Kultur, gegeneinander „ausgespielt" nach dem Motto: Wer die stärkste Lobby hat, setzt sich auch durch.

Die Museen, auch die Heimatmuseen, können sich dem Wandel und der Veränderung in der Gesellschaft nicht entziehen und müssen in vielen Bereichen Veränderungen hinnehmen. Mit Ideen und Gestaltungsvorschlägen kann aber jedeR persönlich Einfluss auf die Veränderungen nehmen. In diesem Prozess liegen reelle Chancen, gerade auch die Heimatmuseen zukunftsfähig zu gestalten. Dieser besonderen Problematik sieht sich auch das Heimatmuseum Bergneustadt verstärkt ausgesetzt.

Nachfolgend werden einige Möglichkeiten eines Auf- und Umbruchs beschrieben, der das Heimatmuseum Bergneustadt auch zukünftig in seinem Bestand und in seiner nunmehr seit drei Jahrzehnten erfolgreichen Museumsarbeit sichern kann. Neben der klassischen Museumsarbeit in den Bereichen Sammeln, Bewahren, Forschen, Ausstellen und Vermitteln werden sich die Museen zukünftig stärker auch weiteren gesellschaftlichen Themen widmen und stellen müssen, so auch den Themenbereichen biologische Vielfalt und Nachhaltigkeit.

Abb. 1: Heimatmuseum Bergneustadt *Foto: M. Hoenow*

Die nachfolgenden Betrachtungen und Mitteilungen geben eine kurze Beschreibung der Historie des Heimatmuseums Bergneustadt, das ursprüngliche Konzept, die Aufgaben des Museums neben den bereits eingeleiteten und notwendigen Veränderungen, Wege zum Erhalt und zur Finanzierung des Museums sowie Möglichkeiten, die Themenbereiche Biodiversität und Nachhaltigkeit in die wissensvermittelnde Museumsarbeit zu integrieren.

Abb. 2: Einladung zum Besuch des Heimatmuseums
Foto: M. Hoenow

Historie des Hauses

Das Museum befindet sich im Haus Wallstraße 1 (denkmalgeschützt) in der historischen Altstadt Bergneustadts

- seit 1951 im Besitz des Heimatvereins „Feste Neustadt"
- bis 1978 vermietet (Stadtbücherei und privat)
- 1978 Beschluss des Heimatvereins zur Einrichtung eines Heimatmuseums
- 1978 bis 1980 Umbauplanung und Suche nach Finanzierungsmöglichkeiten
- 1981 bis 1984 Durchbau des Hauses und Sammlung von Exponaten (größtenteils bei der heimischen Bevölkerung)
- 13. Mai 1984 Eröffnung des Museums
- 1985 Bau einer Schmiede und eines Backhauses auf dem Museumsgelände
- 1991 Anbau einer Galerie mit Turm an den Altbau

Im Nebengebäude befindet sich eine Museums-Druckerei:

- Haus Kirchstraße 1 (denkmalgeschützt) in der historischen Altstadt Bergneustadts
- 1994 Erwerb der alten Schmiede Mertens in der Kirchstraße 1 (Nutzung als Archiv und Lager)
- 2010 Einrichtung einer Museums-Druckerei

Konzept für die Einrichtung und den Betrieb des Heimatmuseums

Die Sichtung, Gliederung und Darstellung der Exponate nach Wohnkultur und Handwerk sollten die Epochen ab 1900 folgende widerspiegeln. Die Planung und Durchführung der Umbaumaßnahmen sah einen Rückbau der in den Vorjahren vorgenommenen Einbauten vor, um möglichst den ursprünglichen Gebäudezustand wiederherzustellen. Die so entstandenen Einzelräume im Erd- und Obergeschoss ermöglichten eine überwiegend authentische Darstellung der Wohn- und Arbeitskultur der Stadtbevölkerung mit Küchen um 1900 und 1930, Wohnstube um 1930,

Abb. 3: Historische Apotheke im Heimatmuseum *Foto: M. Hoenow*

Abb. 4: Historische Schusterwerkstatt im Heimatmuseum *Foto: M. Hoenow*

Schlafzimmer, Kontor, Webstube, Schulklasse, Schuster- und Schreinerwerkstatt, (alle um ca. 1900). Ergänzende Exponate (überwiegend Kleinteile) wurden und werden von Bürgerinnen und Bürgern zur Verfügung gestellt bzw. auf Auktionen und Messen erworben. Das Ziel, die Räume als Ganzes ohne langatmige Erläuterungen auf die BesucherInnen wirken zu lassen, hat sich bis zum heutigen Tage bewährt.

Besondere Aufmerksamkeit wurde anfänglich der heimischen Textilindustrie und einem bekannten Sohn der Stadt gewidmet,

Abb. 5: Schlafzimmer um 1900 *Foto: M. Hoenow*

Abb. 6: Küche um 1900 *Foto: M. Hoenow*

nämlich dem Maler Alexander Koester (1864–1932). Er trug den Künstlernamen Entenkoester, da er mit der detailgetreuen Abbildung von Entenbildern international Anerkennung erhielt. Die zugehörigen Exponate wurden überwiegend mit Unterstützung der Sparkasse Gummersbach-Bergneustadt und der Stadt Bergneustadt erworben. Auch die Nachfahren Alexander Koesters stellten Exponate zur Verfügung, so dass auf den Künstler gebührend aufmerksam gemacht werden kann.

Aufgaben des Museums

Die Aufgaben eines Museums, zu sammeln, die Sammlung zu bewahren und diese nach entsprechender Erforschung auszustellen sowie der Öffentlichkeit entsprechend zu präsentieren, sind in den vergangenen Jahren realisiert worden – unter großem Aufwand ehrenamtlicher Arbeit und finanzieller Unterstützung durch die Stadt Bergneustadt, die Sparkasse Gummersbach-Bergneustadt, die Mitglieder und Fördernden des Heimatvereins Feste Neustadt und diverse Verbände und Stiftungen. Unter anderem half auch in erheblichem Maße die NRW-Stiftung Naturschutz, Heimat- und Kulturpflege.

So ist in den vergangenen Jahren auf ehrenamtlicher Basis eine professionelle Inventarisierung sämtlicher Museums-Expo-

Abb. 7: Küche um 1930 Foto: M. Hoenow

nate durchgeführt worden. Parallel dazu wird seit Jahren in verschiedenen Arbeitsgruppen zu diversen, schwerpunktmäßig die Stadtgeschichte betreffenden Themenbereichen geforscht.

Im Jahr 2008 traf der Heimatverein „Feste Neustadt" eine zukunftsweisende Entscheidung, die den Museumsbetrieb für die nächsten Jahre gewährleisten und sichern sollte. Es wurde, für die meisten Heimatmuseen wahrscheinlich eher untypisch, ein hauptamtlicher Museumsleiter eingestellt. Das ermöglichte u.a. erweiterte Öffnungszeiten, Entwicklung museumspädagogischer Konzepte, Wechselausstellungen, Einbindung in das touristische Konzept der Stadt Bergneustadt. Auch die Öffentlichkeitsarbeit und das Marketing wurden entsprechend ausgebaut. Nicht zuletzt ließ sich eine intensivere Zusammenarbeit und Erstellung eines Netzwerks mit überregionalen Museumsverbänden und -organisationen sowie den in der Bergischen/Oberbergischen Region befindlichen Museen realisieren.

Im Museum wurde eine Dauerausstellung (nicht nur) historischer Feuerwehrhelme eingerichtet, die im turnusmäßigen Wechsel jeweils über 130 Helme präsentiert. Hintergrund der Einrichtung dieser Dauerausstellung ist das Phönix-Haus (Feuerwehrhotel) der Feuerwehren NRW und Sitz des Landesfeuerwehrverbandes NRW e. V. sowie der Jugendfeuerwehr NRW. Das Haus beherbergt ca. 15.000 Feuerwehr-Gäste jährlich und bietet dem Museum daher die Möglichkeit, eine zielgruppenorientierte Dauerausstellung anzubieten. Da (das) Haus Phönix unmittelbar oberhalb der historischen Altstadt von Bergneustadt gelegen ist und damit auch das Museum fußläufig gut erreichbar ist, erhofft sich der Heimatverein „Feste Neustadt" ein hohes Besucheraufkommen durch die Gäste der Feuerwehren NRW, wenn für diese ein direkter Anreiz durch das spezifische Ausstellungsangebot von Feuerwehrhelmen geboten wird. In Haus Phönix sind in einer Vitrine einige Helme der museumseigenen Sammlung ausgestellt, um die Gäste auf die Sammlung im Museum hinzuweisen. Durch den Sitz der Jugendfeuerwehr NRW in Haus Phönix werden im Museum auch mehr jugendliche BesucherInnen erwartet.

Im Jahr 2009 wurde mit der Stadt Bergneustadt ein Kooperationsvertrag bzgl. der Bearbeitung des Tourismus geschlossen und die Tourist-Information der Stadt im Museum eingerichtet. Auch dadurch wurde erreicht, dass mehr BesucherInnen die historische Altstadt und das Museum besuchen.

Die Stadt Bergneustadt ist eine der zahlreichen Kommunen in NRW, die sich im Nothaushalt befinden. Aus diesem Grund darf die Verwaltung keine Stelle im Rathaus für die Bearbeitung des Themas Tourismus schaffen. Die Kommunalaufsicht erlaubt der Kommune aber, Leistungen im Bereich des Tourismus als so genannte Fremdleistung vom Heimatverein „Feste Neustadt" „einzukaufen". Dadurch schuf sich das Museum eine weitere Einnahmequelle. Als besonders positiv für die Stadt wie auch das Museum haben sich in diesem Zusammenhang die regelmäßigen und verlängerten Öffnungszeiten (Di bis So von 11.00 h bis 17.00 h) erwiesen.

Im Frühjahr 2010 richtete der Heimatverein „Feste Neustadt" in der ehemaligen Schmiede Mertens in der Kirchstraße 1 eine Museums-Druckerei (Gutenbergs Welt) sowie ein Antiquariat (Bücherstiege) ein. Hier wird den BesucherInnen, darunter zahlreichen SchülerInnen, das alte Druckerhandwerk von einem pensionierten Drucker fachmännisch demonstriert.

Im Herbst 2010 wurde im Rahmen der Erforschung der Wirtschaftsgeschichte Bergneustadts eine neue Dauerausstellung eingerichtet. So ist zukünftig ein Großteil der Produktpalette der ehemals in Bergneustadt ansässigen Firma Eugen Ising Foto- und Filmzubehör (Produzent der seinerzeit bekannten Pucky-Kameras) im Museum ausgestellt.

Darüber hinaus hat sich das Museum in den vergangenen Jahren zu einer Anlaufstelle für bürger-

Abb. 8: Ein Drucker demonstriert das alte Druckerhandwerk *Foto: M. Hoenow*

Abb. 9: Fotoapparateausstellung *Foto: M. Hoenow*

schaftliches Engagement entwickelt – und das nicht nur für den Altstadtbereich.

Nach dem Leitungswechsel

Nach einem Generationswechsel 2008 in den Gremien des Trägervereins, des Heimatvereins „Feste Neustadt" und in der Museumsleitung entstanden/entstehen neue Arbeitsgruppen, die sich mit diversen Themenschwerpunkten wie dem Erhalt des Museums, der Finanzierung oder der thematischen Ausrichtung und Vermittlung historischer und naturkundlicher Lebenszusammenhänge beschäftigen.

Um für das Museum eine zukunftsfähige Perspektive zu entwickeln und neue Zielgruppen zu erschließen, sind wesentliche Veränderungen in der Konzeption und Präsentation nötig. Dabei ist äußerst sozialverträglich vorzugehen, da die MuseumsgründerInnen bzw. -macherInnen der Aufbauphase trotz eines zumeist hohen Alters noch einen engen Bezug zum Museum haben und oft auch noch im Rahmen ihrer Möglichkeiten aktiv sind.

Erhalt und Finanzierung

Das Heimatmuseum Bergneustadt befindet sich in einem Fachwerkbau. Hier sind ständig Investitionen in Substanzerhalt, Aus- und Umbau, Modernisierung bzw. Anpassung an gesellschaftliche Veränderungen (Stichworte: demographischer Wandel, Bar-

Abb. 10: Das Trauzimmer im Heimatmuseum *Foto: M. Hoenow*

Abb. 11: Historische Schmiede im Heimatmuseum *Foto: M. Hoenow*

rierefreiheit, energetische Versorgung etc.) gefordert. Erhebliche Finanzmittel sind auch für die ansprechende und zeitgemäße Präsentation der Räume und Exponate erforderlich. Eine permanente und etatmäßig planbare Finanzierung durch öffentliche Gelder findet nicht statt, so dass Ideen und Lösungen zur Eigenfinanzierung des Hauses sowie der anstehenden Projekte entwickelt wurden bzw. werden. Die Räumlichkeiten wurden so umgestaltet, dass neben dem musealen Aspekt auch eine Nutzung für private Veranstaltungen unterschiedlicher Art möglich ist.

So werden die Museumsräume mittlerweile nicht nur an Firmen und Organisationen für Repräsentationsveranstaltungen, Empfänge, Tagungen etc., sondern auch an Privatpersonen für „angemessene" Feierlichkeiten (keine „Germanischen Höhlenfeste" oder „Mallorcapartys") gegen eine entsprechende finanzielle Unterstützung des Museums vermietet. Weitere mögliche Einnahmequellen bieten die Nutzung des Museums für standesamtliche Trauungen (ca. 100 pro Jahr), die Durchführung von Veranstaltungen und Aktionen zu diversen Themenbereichen (z.B. Museumsfest, „Eerpelsfest" (Kartoffelfest)), die Vermietung der Räume für Film- und Fernsehproduktionen, die Durchführung von Workshops (z.B.

Schmieden, Weben, Fachwerkbau sowie Kochen nach alten Traditionsrezepten oder Bildhauerei).

Voraussetzung für die Umsetzung solcher Ideen sind entsprechend gestaltete Räumlichkeiten neben einer angemessenen Ausstattung für Veranstaltungen sowie eine entsprechende personelle Besetzung.

Abb. 12: Die Damen vom „Spinngewebe“ *Foto: M. Hoenow*

Vermittlung von biologischer Vielfalt und Nachhaltigkeit

Die Thematik des BHU-Workshops im Jahre 2011 ist wohl in zahlreichen Heimatmuseen, so auch in Bergneustadt, bisher nicht in einem entsprechenden Rahmen dargestellt und hervorgehoben worden. „Dafür gibt es doch die Freilichtmuseen und biologischen Stationen“ ist diesbezüglich ein oft gehörtes Argument. Ohne speziell das Thema Biodiversität auf der Agenda des jeweiligen Museums zu haben, werden aber oft in erheblichem Maße Zusammenhänge der Vielfalt des Lebens in den Museen dargestellt und vermittelt.

Aus der dargestellten (lokalen) Historie lassen sich in hervorragender Weise die früheren Lebenszusammenhänge ableiten, erklären und meist in Geschichten erzählt – mit den heutigen Lebensverhältnissen vergleichen, um dann daraus Schlüsse für die Zukunft zu ziehen. Dabei kommt den jeweiligen MuseumsführerInnen eine nicht zu unterschätzende Aufgabe, aber auch große Verantwortung zu.

Die Zeiten, in denen die einzelnen ausgestellten Exponate in „epischer Breite“ erklärt und erläutert wurden, gehören sicherlich der Vergangenheit an. Nach der neueren Vermittlungsdevise „Learning by Doing“ sollten MuseumsbesucherInnen und hier ganz besonders Kinder und Jugendliche gezielt durch spannende Aktionsangebote zur Thematik Biodiversität angesprochen werden.

Das ist für zumeist ehrenamtlich geführte Heimatmuseen nicht einfach umsetzbar. Dennoch bietet auch ein kleines, zeitlich begrenztes Angebot mit einigen wenigen Aktionen sowie Angeboten im Jahresverlauf eine Möglichkeit, die Museumsarbeit attraktiv und gewinnbringend (im mehrfachen Sinne) zu gestalten. Mit entsprechender Öffentlichkeitsarbeit erhält das Museum durch solche Aktionen einen höheren Grad der öffentlichen Wahrnehmung. Während der Aktionen können eventuell auch gezielt zukünftige MitstreiterInnen für das eigene Museum angesprochen bzw. angeworben werden. So werden z.B. im Heimatmuseum Bergneustadt seit einiger Zeit auch Führungen für Kinder von Kindern und Jugendlichen durchgeführt. Die bisher vorliegenden Erfahrungen sind dabei durchweg positiv.

Abb. 13: Der Triller in Funktion *Foto: M. Hoenow*

Zur Umsetzung der Thematik Biodiversität sind im/am Heimatmuseum Bergneustadt folgende Projekte in Planung:

- Anlage einer Schafswiese im Außengelände des Museums
- Zusammenarbeit mit örtlichen BienenzüchterInnen und ImkerInnen
- Anlage von „Schulgärten" in Museumsnähe (Gelände der Stadtbücherei; das Außengelände des Museums ist durch die Hanglage als Gartengelände nicht geeignet)
- weitere Anpflanzung von Bäumen, Sträuchern und Spalierobst
- Anlage eines (kleinen) Hühnerhofs
- Einrichtung von Arbeitsräumen/Küchen für gemeinsame Aktionen

Schon heute wird während der Museumsführungen vermehrt die Darstellung von Lebenszusammenhängen in zahlreichen Bereichen thematisiert.

„Über den Kirchturm geschaut!" – unter diesem Motto wird in einem wöchentlich erscheinenden „Nysletter" (abgeleitet von Feste Nyestadt, einem der 14 (!) Namen, den die Stadt Bergneustadt in ihrer über 700-jährigen Geschichte geführt hat) verstärkt auf die Aktivitäten und Programmangebote der in der Region tätigen Museen hingewiesen.

Die Kolleginnen und Kollegen können das besser!

Gerade das vielfältige Angebot des in der Region gelegenen LVR-Freilichtmuseums in Lindlar sowie der Biologischen Station Oberberg mit Sitz in Nümbrecht

Abb. 14: Schulklasse um 1900 mit „Zeichen der Zeit" *Foto: M. Hoenow*

Abb. 15: „Altstadtführung" Foto: M. Hoenow

widmet sich schwerpunktmäßig den angesprochenen Themenbereichen in Bezug auf Biodiversität. Mehrere hundert BezieherInnen des „Nysletters" werden so verstärkt auf ein umfangreiches Angebot hingewiesen, das im Heimatmuseum Bergneustadt personell, finanziell und organisatorisch nicht umsetzbar wäre.

Durch die Bildung eines Netzwerkes der regionalen Museen entwickelt sich stetig, auch unter dem touristischen Aspekt, die Stärkung der regionalen Identität. Die dabei entstehende Wirtschaftsförderung für die Region ist nicht zu unterschätzen.

Zum Schluss

Das Museumskonzept wird fortlaufend in den Gremien des Heimatvereins „Feste Neustadt" in enger Zusammenarbeit mit regionalen wie auch überregionalen Museen, Organisationen, z.B. dem Deutschen Museumsbund, dem Verband Rheinischer Museen, dem Landschaftsverband Rheinland, der NRW-Stiftung Naturschutz, Heimat- und Kulturpflege weiterentwickelt.

„Lebendiges Museum" am Beispiel der Nieheimer Flechthecke

Ulrich Pieper

Als einmaliges Charakteristikum der regionalen Kulturlandschaft präsentiert sich die „Nieheimer Flechthecke". In früheren Zeiten diente sie als lebender Zaun zwischen den Weideflächen. Darüber hinaus fungierte sie als wichtiger Lieferant für Brennholz, Haselnüsse und Futter für das Vieh. Als ästhetisches Element stellt die Nieheimer Flechthecke auch heute noch eine Bereicherung der ostwestfälischen Landschaft dar. Historische Quellen belegen die Nieheimer Flechthecken schon für das Jahr 1650. Ihre größte Verbreitung hatten sie um 1900.

Wertvolles Landschaftselement

Auf Grund des Wandels in der Landwirtschaft wurden die Flechthecken im Laufe der letzten 50 Jahre immer mehr durch Drahtzäune ersetzt, wuchsen zur Feldhecke aus und wurden nach und nach immer weniger. Für die Stabilisierung des Naturhaushalts sind Hecken jedoch erwiesenermaßen von erheblicher Bedeutung. Die Nieheimer Flechthecken stellen insofern äußerst wichtige Lebensräume für die heimische Flora und Fauna dar. Unter anderem rasten und brüten hier viele unterdessen seltene Vogelarten.

Mit dem Rückgang der Hecken ist auch die Technik des Flechtens und Pflegens zunehmend in Vergessenheit geraten. Der Heimatverein Nieheim mit seinen wenigen HeckenflechterInnen vermittelt dieses Handwerk auch an seine Jugendabteilung JUPRONA (Jugend pro Natur).

HeckenflechterInnen und Flechthecken

Die Flechtarbeiten werden ausschließlich in den Wintermonaten ausgeführt. Nach der Auslichtung des Altholzes werden mindestens daumenstarke Haselnussäste heruntergebogen und mit Weidenruten der Kopfweide zusammengebunden. Auf diese Weise werden drei Stockwerke geflochten, so dass ein schmales, aber dennoch dichtes Flechtwerk von etwa 1,5 m Höhe entsteht. Neben einer jährlichen Kontrolle werden die Flechthecken alle sechs bis zehn Jahre wieder ausgelichtet und neu eingebunden. Kopfweiden liefern dafür immer wieder neues Bindematerial.

Fotostrecke „Natürlich verflochten“ *(Fotos: Bredenhöller)*

1. *Mit einer Schlaufe aus Weidenzweigen fängt das Binden der Flechthecke an.*

2. *Das stabile Ende des Weidenzweiges wird wie eine Kordel gedreht und geschmeidig gemacht.*

3. *Der gedrehte Weidenzweig wird mehrmals um die zuerst geformte Schlaufe gelegt und festgesteckt.*

4. *Fertig ist der Knoten. Mit der richtigen Spannung hält er die Haselzweige zusammen.*

Fotostrecke Heimatverein Nieheim

1. Nieheimer Flechtheckenlandschaft im Jahr 2010

2. Heckenflechter 1931

3. Biologische Vielfalt – die Grüne Nieswurz (Helleborus viridis)

4. *Flechthecke als Holzlieferant*

5. *JUPRONA – Jugend pro Natur*

6. *Winterarbeit*

7. *Frühjahrsarbeit*

8. Nieheimer Flechthecke

9. Flechtheckenmodell im Westfalen Culinarium, Nieheim

Hecken, Klöster und Pingos Wie man junge Menschen für biologische Vielfalt begeistert

Axel Heinze

Das Museum „Leben am Meer" in Esens ist aus einem Heimatmuseum hervorgegangen. Die Konzeption des Museums hat sich seit 1989 mit der Landschaft um Esens befasst und dabei vor allem mit der geologischen Entwicklung sowie der Besiedlung der recht unterschiedlichen Naturräume Marsch und Geest. Die Stadt Esens bildet das Bindeglied zwischen diesen Landschaften. Die Umbenennung in „Leben am Meer" wurde erforderlich, weil die Museumsbesucher mehrfach zum Ausdruck brachten, dass sie von einem Heimatmuseum andere Vorstellungen hätten. Zielgruppen des Museums sind zum einen der Fremdenverkehr, der in dieser Ferienregion (mehr als 2 Mio. Übernachtungen im Gemeindeverband) viel Interesse an Landschaft und Naturraum hat. Daneben ist Esens mit seiner Jugendherberge auch das Ziel zahlreicher Klassenfahrten. Für Schulklassen ist die Entwicklung der Küstenlandschaft ein Unterrichtsthema, das hier im Museum optimal vertieft werden kann. Dieses Thema nehmen auch die Schulen der Region auf. Die Besucherzahlen verteilen sich nach unseren Erhebungen zu etwa 80 % auf Feriengäste, 15 % Schulklassen und 5 % regionale Bevölkerung.

Die inhaltliche Arbeit im Museum leisten ehrenamtliche MitarbeiterInnen; nur die Museumsleitung ist eine feste Halbtagsstelle. Zahlreiche Arbeiten für das Museum und im Museum werden durch SchülerInnen des Niedersächsischen Internatsgymnasiums und anderer Schulen der Region geleistet. In Arbeitsgemeinschaften oder Projekten wurden von Anfang an Themen der Archäologie, Geologie und Geographie der Region aufgearbeitet und im Museum ausgestellt. So konnte die Warftsiedlung Nordwerdum in mehreren Projekten detailliert dokumentiert werden und lieferte damit die Basis für die Besiedlungsgeschichte der Marsch. Archäologische Funde und geologische Befunde aus dem Watt vor dem Deich runden das Bild ab und erlauben im Museum die Rekonstruktion der Entwicklung dieser Landschaft über mehr als 2000 Jahre in enger Zusammenarbeit mit dem archäologischen Dienst der Ostfriesischen Landschaft.

Seit einem Jahr hat das Museum eine FÖJ-Stelle (Freiwilliges ökologisches Jahr), da die Themen des Museums neben der Kulturlandschaft auch den Naturraum beinhalten. Eine Kulturlandschaft ist ohne ihren naturräumlichen Hintergrund nicht zu verstehen. Die Aufgabe der FÖJ-lerin bzw. des FÖJ-lers im Museum besteht unter anderem darin, Schulgruppen diesen Hintergrund im Museum zu erschließen oder auch auf Wunsch bei Erkundungen in der Landschaft zu verdeutlichen. Die reliefarme ostfriesische Landschaft bietet dem Gast aus anderen Regionen ohne entsprechende Erläuterungen nur wenige Hinweise auf ihre Genese und Ausformung.

In Zusammenarbeit mit dem Institut für historische Küstenforschung in Wilhelmshaven wurden die

Ergebnisse der Ausgrabung des frühmittelalterlichen Gräberfeldes von Dunum dargestellt.

Schulprojekte mit dem Museum

In den letzten Jahren wurden regelmäßig Projekte mit SchülerInnen für das Museum durchgeführt, teilweise mit bedeutender Förderung durch Stiftungen. Hier sind vor allem die Aktion „Denkmal-aktiv" der Deutschen Stiftung Denkmalschutz zu nennen, die Irma-Waalkes-Stiftung in Emden und die Robert-Bosch-Stiftung. Ziel dieser Projekte war die Erschließung von Spuren der traditionellen Kulturlandschaft, die in der Region noch in großer Zahl zu finden sind.

Die Ergebnisse werden im Museum entweder in Sonderausstellungen dargestellt oder in die Kernkonzeption des Museums integriert. Zudem ist ein Ziel unserer Museumsarbeit, diese Spuren durch Fahrradtouren oder Wanderrouten in der Landschaft den MuseumsbesucherInnen zu verdeutlichen. Dies ist ohne personelle Führung nur dann sinnvoll, wenn die Kulturlandschaftsspuren in geeigneter Weise auch in der Landschaft erläutert werden. Für Ortsfremde erhält das Landschaftsbild damit einen wesentlich höheren Informationsgehalt. Aber auch in der regionalen Bevölkerung geht das Wissen über die erdgeschichtlichen Zusammenhänge und die Kulturhistorie einzelner Strukturen langsam verloren; auf diese Art kann es doch noch an die jüngere Generation weitergegeben werden.

Kulturlandschaft ist die durch den Menschen gestaltete Naturlandschaft, sie ist einem Prozess der ständigen Entwicklung und Veränderung unterworfen, aber auch immer ein Dokument unserer Geschichte, das man lesen kann und mit dem man jungen Menschen ein Reich der Entdeckungen eröffnen kann. Gleichzeitig ist die traditionelle Kulturlandschaft auch immer ein Lebensraum für eine vielfältige Flora und Fauna, die aber dann erst richtig eingeordnet werden kann, wenn der Gesamtkontext verstanden wird.

Drei Beispiele aus den letzten Jahren seien hierzu angeführt:

Klöster in der Samtgemeinde Esens

In der Umgebung von Esens gab es im Mittelalter fünf Klosteranlagen, über deren Historie nur wenig bekannt war. Die Geländeuntersuchungen mit den SchülerInnen brachten überraschende Ergebnisse. Zahlreiche Spuren, die eindeutig der mittelalterlichen Klosterlandschaft zugehörten, waren in der Landschaft noch zu finden. Herausragende Beispiele waren die Fischteiche von zwei Klöstern, die neben ihrer Bedeutung als Kultur- und Bodendenkmal auch besondere Lebensräume für Pflanzen und Tiere dar-

Abb. 1: SchülerInnen untersuchen Fundmaterial der Klosterstätten

Abb. 2: Die Karte aus dem Jahr 1589 mit fünf Klostersignaturen war der Auslöser der Erforschung dieser Bodendenkmäler.

stellen. Die Ergebnisse wurden für zwei Jahre im Museum in einer Sonderausstellung gezeigt. Es wurde eine Publikation dazu angefertigt und eine Radtour vorgeschlagen, auf der die Spuren in der Landschaft zu entdecken sind. Bei der Arbeit stellte sich klar heraus, dass die Klöster eine wesentliche Rolle bei der Erschließung der Kulturlandschaft in dieser Region spielten, vor allem im Bereich der Wasserwirtschaft, die in dieser reliefarmen Landschaft eine viel größere Bedeutung besitzt als in anderen Landschaften Deutschlands.

Wallhecken in Ostfriesland

Gerade die Wallhecken sind in Ostfriesland das kennzeichnende Merkmal der küstennahen Geestlandschaft. Allerdings haben sie sich in den letzten Jahren nur einen Namen als Streitobjekt zwischen Naturschutz und Landwirtschaft gemacht. Ihre historische und wirtschaftliche Bedeutung wurde dabei leider kaum berücksichtigt. In einem einjährigen Schulprojekt mit Unterstützung der Aktion „Denkmal-aktiv" wurde die Geschichte der Wallhecken und damit auch ihr wirtschaftlicher Hintergrund als Wind- und Erosionsschutz durchleuchtet. Außerdem wurden die verschiedenen Formen sowie die jeweils zugehörige Flora und Fauna kartiert und die Ergebnisse in die Dauerausstellung des Museums integriert. Durch das Verständnis des historischen Hintergrundes erfahren die Wallhecken nunmehr auch in ihrer Bedeutung für die Artenvielfalt eine ganz andere Bewertung. Die vorgeschlagenen Rad- und Fußtouren durch die Wallheckenlandschaft

Abb. 3: Schülergruppe in der Wallheckenlandschaft

Abb. 4: Drahtschmiele als kennzeichnendes Gras alter Wallhecken

von Dunum erschließen auch dem Besucher der Region diese wertvollen landschafts- und regionaltypischen Dokumente der Landwirtschaftsgeschichte.

Pingos

Unter einem Pingo versteht man in der Quartärgeologie einen gewaltigen Hügel mit einem Eiskern, der sich bei Permafrost im Bereich des Periglazials entwickeln und nach dem Abtauen des Eiskernes zumeist eine kreisrunde Hohlform – die Pingo-Ruine – in der Landschaft zurücklässt. Dieses Phänomen und das Vorkommen von Pingos wurde bisher von der Wissenschaft in Norddeutschland nur wenig beachtet. Durch die Arbeit eines Schulprojektes in Zusammenarbeit mit den Geographen der Universität Utrecht wurden innerhalb eines Jahres zahlreiche Pingo-Ruinen in der Umgebung von Esens nachgewiesen und in Ansätzen erforscht. Dabei ergaben sich bemerkenswert viele Fragestellungen zur Genese dieser Hohlformen, aber auch in Bezug auf ihre Bedeutung in der Kulturlandschaft. So gibt es deutliche Hinweise darauf, dass die Randwälle der Pingo-Ruinen bereits in der Jungsteinzeit bevorzugte Lagerplätze waren. In der Bronzezeit wurden Hügelgräber auf diesen Randwällen errichtet. In der Zeit um Christi Geburt wurden Opfergaben in ihnen deponiert, im Mittelalter diente die Struktur als Leitlinie für Dorfanlagen oder als geeigneter Platz für die Gründung von Klöstern. In der Neuzeit wurden Höfe auf den Randwällen errichtet oder man hat die Mulden zum Rösten von Flachs genutzt. Das Wasser dieser vermoorten Mulden schien dafür besonders geeignet. Schließlich dienten die Pingo-Ruinen mit ihrer Torffüllung noch im letzten Jahrhundert oft als lokale Brennstoffquellen und wurden ausgetorft. Wenn die Füllung erhalten blieb, stellen sie heute ein einzigartiges Archiv unserer nacheiszeitlichen Klima- und Vegetationsentwicklung dar und verdienen

Abb. 5: Alter Wallheckenweg

schon allein deswegen eine besondere Beachtung. Aber auch ihre Bezüge zur Kulturlandschaft sind offenbar groß und warten noch auf ihre genauere Erforschung. Diese soll in den nächsten Jahren in Zusammenarbeit mit verschiedenen wissenschaftlichen Institutionen fortgesetzt werden.

Die Aktion „Schule trifft Wissenschaft" der Robert-Bosch-Stiftung hat dieses Projekt in die engere Auswahl für eine Förderung genommen und zu einem der acht besten Projekte in Deutschland gewählt. Die Irma-Waalkes-Stiftung aus Emden unterstützte das Projekt mit einem Preis von 1000 Euro, weil die Erforschung dieser Biotope einen bedeutenden Beitrag für den Erhalt der Biodiversität leistet.

Eine vorläufige Ausstellung im Museum präsentierte die Ergebnisse der Untersuchungen. Sie wird in den nächsten Jahren um weitere Ergebnisse ergänzt und schließlich in die Kernausstellung übernommen. Hier soll eine Publikation erarbeitet werden. Auch diese besonderen Formen in der Landschaft macht eine Fahrradroute buchstäblich erfahrbar. Dazu soll beispielsweise in Zusammenarbeit mit Forstamt und Unterer Naturschutzbehörde ein geeigneter Pingo renaturiert, erschlossen und durch Hinweisschilder erlebbar gemacht werden.

Abb. 6 + 7: Schüler bei der Bohruntersuchung einer vermoorten Pingo-Ruine

Diese Form der Museumsarbeit hat sich für unser Haus durch das glückliche Zusammentreffen mehrerer Faktoren ergeben. Ausgangspunkt für das Museum waren die tatsächlich sensationellen archäologischen Funde im Watt nördlich von Esens. Spuren einer untergegangenen Siedlung haben immer ihren besonderen Reiz – die Sage von Atlantis und die verzweifelte Suche danach belegen diese These sicherlich. Neben umfangreichen Funden von Keramik und Tierknochen wurden auch Gräber, Brunnen, Hauspfosten und die Spuren von Torfstichen sichtbar. Neben der Gewinnung von Brenntorf wurde hier auch Torf zur Salzgewinnung gestochen (Friesensalz). Spuren von alten Deichen wurden sichtbar, und selbst ein mittelalterliches Siel konnte nachgewiesen werden. Da ein Lehrer zusammen mit seinen SchülerInnen diese Arbeiten leistete, ergab sich ein unmittelbarer Zusammenhang mit der Schule, der dann auch bei der Konzeption des Museums sichtbar wurde. Die Museumskonzeption wurde von Anfang an auf die Lernziele der Schulen ausgerichtet, um sich diese Zielgruppe zu erschließen und hier einen besonderen außerschulischen Lernort entstehen zu lassen.

Global change im Blick

Besondere Aktualität erhielt die Konzeption durch die seit etwa zehn Jahren aufkommende Diskussion über den beschleunigten Anstieg des Meeresspiegels. Der ist natürlich für das menschliche Auge so nicht unmittelbar wahrnehmbar, aber die Spuren von 2000 Jahre alten Siedlungen auf dem Boden des Wattenmeeres bei Niedrigwasser, wo heute bei Hochwasser das salzige Meerwasser 3 m hoch steht, sind doch ein überzeugendes Argument für den Prozess des Meeresspiegelanstiegs. Vier untergegangene Kirchen und zahlreiche andere Siedlungsplätze aus der Zeit von 300 v. Chr. bis 1500 n. Chr. belegen in genügendem Maße, dass dieser Prozess Realität und die Natur schließlich stärker als der Mensch ist.

Ausblick

Insgesamt gesehen erachte ich es für notwendig, dass kleine Museen sich die Schule mit ins Museum holen. Sie müssen ihre Konzeption an den Bedürfnissen der Schule ausrichten, um diese Zielgruppen auch zu erreichen. Sie sollten auch vor aktuellen Entwicklungen nicht haltmachen, sondern diese in ihre Konzeption einbauen. Erforderlich ist dazu der unmittelbare Kontakt zu den Schulen der Region. In der Region Ostfriesland gibt es dazu die sinnvolle Einrichtung MuseumslehrerInnen, die stundenweise an Museen abgeordnet werden können, um diese für Schulen attraktiv zu machen. Die MuseumslehrerInnen bringen ihre SchülerInnen mit ins Museum, und damit ist der Kontakt zur jungen Generation hergestellt. Festzuhalten ist also nicht nur im Hinblick auf die Kooperation mit den Schulen:

- Kulturlandschaft ist ein historisches Dokument, das man lesen und verstehen kann, wenn man es gelernt hat.
- Man gewinnt interessante Einsichten in die Hintergründe der biologischen Vielfalt unserer Landschaft und ist damit eher in der Lage, diese wirksam zu schützen.
- Museen können als Vermittler dienen, die Kulturlandschaft für die Menschen verständlich zu machen.
- Bei dieser Aufgabe können Schüler im besonderen Maße mitwirken, da hier Aspekte der Geographie, Geschichte und Wirtschaft zusammenwirken und die Ergebnisse ihrer Arbeit sinnvoll genutzt werden. Zugleich werden die Ergebnisse der Museumsarbeit auch in die regionale Bevölkerung getragen.
- Museen sollten Kooperationen mit Schulen eingehen, die sich nicht nur auf die Nutzung beziehen, sondern auch auf die inhaltliche Gestaltung und Weiterentwicklung des Museums.

Literatur

BEHRE, K-E. (2002): Landschaftsgeschichte Norddeutschlands. – Neumünster.

HEINZE, A. (2008): Klöster in der Samtgemeinde Esens. – Esens.

KÜSTER, H. (2010): Geschichte der Landschaft in Mitteleuropa. – München.

WIEGAND, C. (2002): Spurensuche in Niedersachsen. – Hannover.

Alle Abbildungen vom Autor.

Unter den folgenden Internet-Adressen sind vertiefende Informationen zu unserer Projektarbeit zu finden:

www.leben-am-meer.de

www.pingos.kge-mediaworld.de

www.wallhecken.kge-mediaworld.de

www.kloester-in-der-samtgemeinde-esens.kge-mediaworld.de

www.burg-esens.kge-mediaworld.de/html/archaologie.html

Partnerschaftliche Kooperationen – neue Impulse zum Erhalt der biologischen Vielfalt in der Senne

Beate Balsliemke

Der folgende Beitrag zeigt auf, wie die partnerschaftliche Kooperation zweier benachbarter Vereine Impulse zum Erhalt der biologischen Vielfalt in der Senne setzt. Dazu wird die Zusammenarbeit des Heimatvereins Verl[1] mit der Biologischen Station Kreis Paderborn/Senne[2] in zwei Projekten beschrieben. Die Biostation führt einen Bauerngarten, der einerseits der Erhaltung traditioneller Nutz- und Zierpflanzen dient. Andererseits wird hier das Wissen um Arbeitsweisen, Kulturtechniken und die häusliche Weiterverarbeitung der Ernte tradiert. Veranstaltungen rund um die Eigenversorgung führt auch der Heimatverein Verl durch – die Zielgruppe sind Familien mit Kindern. Das pädagogische Kinder-Programm läuft seit gut zehn Jahren und hat seitdem immer wieder junge Menschen bewegt, am Vereinsprogramm teilzunehmen.

Beide Vereine führen auch eine gemeinsame Strukturdatenkartierung an den Senne-Bächen im Stadtgebiet der ostwestfälischen Kleinstadt Verl durch. Die Verantwortung für dieses einzigartige Naturerbe soll in der Bevölkerung geweckt und verbreitet werden. Für das Projekt wurden interessierte Ehrenamtliche geschult, die seit dem Frühjahr 2010 Strukturkartierungen durchführen, damit belastbare Datengrundlagen für planerische Vorhaben entstehen. Die Kartierung geschieht in enger Absprache mit der Kommune sowie den zu beteiligenden Behörden auf Kreis-Ebene. Das Ziel dieser Erhebung ist es, zum Schutz und zur Entwicklung aller Sennebäche auf Verler Stadtgebiet über fundiertes Datenmaterial zu verfügen. Auf naturverträgliche Weise will man gemeinsam mit den Eigentümern von Flächen im Auenbereich der Bäche, beteiligten Planungsinstanzen und weiteren Akteuren der Zivilgesellschaft dem Menschen das „Erlebnis Senne-Bäche" erschließen. Dazu gehört auch die Möglichkeit des Wandererlebnisses und des punktuellen Zugangs zum Gewässer – vor allem für Kinder. Publikationen sollen die Arbeiten begleiten.

Die Biostation Senne/Kreis Paderborn

Die Biostation residiert in der alten Dorfschule im Hövelhofer Ortsteil Riege. Gemeinsam mit der Dorfgemeinschaft, der Vertretung aller Vereine des Ortsteils[3], wird das Haus genutzt, so dass größtmögliche Öffnungszeiten und Präsenzen von MitarbeiterInnen gegeben sind. Den Garten bewirtschaftet die örtliche Kolpingfamilie. Er ist zugleich Schulgarten, Schaugarten und Lehrgarten. Sowohl im Verler Heimatverein als auch in Riege werden alte Kulturtechniken gepflegt, beispielsweise die Herstellung von Sauerkraut. Die alte Dorfschule wird regelmäßig zum Erlebnisort, an dem Gruppen eine historische Schulstunde erleben, die der „Schulmeister" sehr sozialkritisch, nie aber heimattümelnd aufzieht.

Der Heimatverein Verl

Der Heimatverein hat rund 640 Mitglieder bei einer Einwohnerzahl von 25.000 Menschen in Verl. Viele der über einhundert Veranstaltungen des Vereins pro Jahr finden im Heimathaus statt, einem 1986 restaurierten Ackerbürgerhaus im Ortszentrum. Auch Unternehmungen außer Haus starten dort. Das Haus versteht sich als ein „lebendiges" Museum, das nicht von Exponaten, sondern von Aktivitäten lebt.

Abb. 1: Heimat erfahren heißt auch selber machen mit allen Sinnen. Hier wird gerade gehobeltes Kraut für die Sauerkrautherstellung verarbeitet.
Foto: B. Balsliemke

Kinderprogramm im Heimatverein

Vereine als Organisationen des Dritten Sektors, d.h. des Dienstleistungssektors und des Nonprofitsektors sind gleichzeitig Sozialintegratoren, Lobbyisten und Dienstleister, wenn auch jeweils in unterschiedlicher funktionaler Pointierung und Positionierung.[4] Ihr Selbstverständnis geht oft über das einer reinen Mitgliederorganisation hinaus. Die Dienstleistungskomponente wie auch das Verständnis als Interessenvertretung sind den zumeist ehrenamtlich Tätigen wichtig.

Mit diesem Selbstverständnis führt eine Gruppe von etwa zehn Ehrenamtlichen in wechselnden Konstellationen Veranstaltungen für Kinder im Vorschul- und Grundschulalter durch. Geschwisterkinder sind bisweilen auch etwas älter oder deutlich jünger.[5]

Abb. 2: „Sag mir, was du riechst?" *Foto: B. Balsliemke*

Ziel der Veranstaltungen ist es, den heute üblichen Mangel an originalem Naturerlebnis auszugleichen und dabei einen emotionalen Zugang zu Natur und Heimat zu schaffen. Dies kann gut von interessierten Ehrenamtlichen angeleitet werden, denn der kognitive Zugang und das Expertenwissen stehen nicht im Vordergrund. Dass mit den Veranstaltungen eher die Familien mit ausgeprägtem Naturbewusstsein und höherer Orientierung zum Naturschutz erreicht werden, ist den Handelnden bewusst. Eine Ausnahme bilden Termine, die klassenweise gebucht werden.

Überwiegend finden die Aktivitäten für Kinder in Begleitung eines Erwachsenen statt.[6] Über die Kinder sollen auch die begleitenden Eltern oder Großeltern erreicht werden. Gerade das Gespräch zwischen den Generationen bereichert die Veranstaltungen und ist für einen Wissenstransfer wünschenswert. Der Heimatverein versteht sich zwar als Dienstleister im Sinne der Vermittlung von Naturerlebnissen, nicht aber als Dienstleister in Sachen Kinderbetreuung. Die Frage der Aufsicht und die Notwendigkeit, eventuell erzieherisch eingreifen zu müssen, entfallen somit für die Ehrenamtlichen, die die Tour leiten. Gerade für Besuche am Fließgewässer und auf Pättkestouren[7] ist dies nicht ohne Belang. Ein weiterer Gesichtspunkt dabei ist: Mit wem kann das Kind die Veranstaltung Revue passieren lassen, wem kann es Fragen stellen, mit wem kann es seine Freude über neue Eindrücke teilen, wenn von den „Großen" niemand dabei war?

Die folgenden Abschnitte bieten eine Auswahl an Veranstaltungen:

Zu Besuch bei Libelle, Frosch & Co.

Die Tümpel-Tour im April hat besondere Anziehungskraft. Nach einem kurzen Marsch zum Gewässer bekommen die Kinder ein paar Informationen zum Lebensraum Tümpel einschließlich des Hinweises, dass hier der Mensch der Gast ist und dass man sich bitte dementsprechend benehmen möge. Dann werden Kescher, Becherlupen und Schalen mit hellem Untergrund ausgeteilt – das „Tümpeln" kann starten.[8] Alle Kinder werden gebeten, sich zu merken, „in welchem Zimmer", also welcher Kleinstruktur, in welchem Habitat ein Lebewesen gefunden wurde. Die Tiere werden am Ende der Veranstaltung genau dorthin wieder zurückgesetzt. Nach kurzer Zeit sind die Schalen gefüllt mit Tümpelbewohnern, die regelmäßig viel Staunen hervorrufen und deren Fang die Gruppe um ein paar vollgelaufene Stiefel und nasse Hosenböden reicher macht. Anschließend wird eine grobe Bestimmung, ein bisschen Vermittlung von For-

Abb. 3: Jede Tümpeltour bringt Spaß, neue Erkenntnisse, krabbelige, glitschige und nasse Sinneserfahrungen. Foto: B. Balsliemke

menkenntnis vorgenommen. Kinder finden es höchst interessant zu erfahren, wie das Tier im Wasser lebt, welche besonderen Anpassungen es aufweist. Wenn eine räuberisch lebende Art gefangen wird, was häufig vorkommt, ergibt sich die Gelegenheit, das Thema „Nahrungsbeziehungen“ anzusprechen. Wenn die Kleineren inhaltlich überfordert sind, wenden sie sich gerne der sinnlichen Erfahrung am Wasser zu. Sicherlich ist es für die Tourenleiter befriedigend, wenn ein Grundschüler am Ende des Tümpelnachmittags resümiert: „Oma, da lebt ja richtig viel!“ Die Erfahrung wird zeigen, ob mit diesem Veranstaltungskonzept genügend Handlungswissen vermittelt wird, ob das vermittelte Wissen und der emotionale Zugang reichen, um zu Partizipation zu ermutigen. Man hofft hier auf den emotionalen Zusammenhang: Man kann nur schützen, was man kennt und liebt.

Abb. 4: Das Mühlenwesen kennen lernen, selbst ein Wasserrad bauen und am Bach ausprobieren ist ein großes Vergnügen für junge Familien.
Foto: B. Balsliemke

Keine Angst vor wilden Kräutern

Dieses Angebot besteht in einer Frühlingswanderung,[9] bei der die Kinder heimische Wildkräuter kennenlernen und diese zu einem schmackhaften Quark verarbeiten, der dann mit Brot genossen wird.

Es klappert die Mühle

Nach einer kurzen theoretischen Einführung zur Mühle bauen die Kinder aus einfachen Materialien selbst ein Wasserrad. Dann radelt die Gruppe zu einer Wassermühle, die man von innen und außen besichtigen kann. Anschließend probieren die Kinder am Mühlkolk im seichten Wasser ihre selbstgebauten Wasserräder aus.

Kuh – Milch – Butter

An einem Nachmittag wird ein Bioland-Milchhof besichtigt. Die Kinder folgen den Kühen von der Weide bis in den Stall und in den Melkstand. Das Probieren der Milch ist eine Besonderheit. Am nächsten Nachmittag machen die Kinder mit Hilfe von schmalen Schraubdeckelgläsern selbst aus Sahne Butter. Dies geschieht durch Schütteln der Sahne. Die Butter wird verfeinert mit Salz und Pimpinellenkraut und sofort verspeist. Für viele ist die Erfahrung neu, das Einfache, das Selbstgemachte zu genießen. Am Rande dieser Veranstaltung wird auch Wissen über die Milchbestandteile und die Transportwege und Verpackungen von Milch früher und heute vermittelt.

Sag mir, was deine Nase sieht

Dies ist ein Nasen-Gang, bei dem Gerüche erkannt und wiedererkannt werden müssen. Nach einer

Abb. 5: Milchverpackungen früher und heute werden am Rande der Veranstaltung „selber Butter machen" besprochen. Foto: B. Balsliemke

knappen Theorieeinheit zur Nase bekommen die Kinder mit verbundenen Augen Vanille zu riechen. Diese wird ihnen später in einer Restaurantküche wieder begegnen. In einem Wildgarten und einem Nutzgarten werden verschiedene Kräuter gerochen. Sie finden sich im weiteren Verlauf in einer der Küchen örtlich ansässiger Gastronomie sowie im Medizinalschrank einer Apothekerin oder eines Apothekers vor Ort wieder. Kurze Ausführungen zur Verwendung der Kräuter in der Küche und am Krankenbett runden den Gang ab.

Kartierung der Senne-Bäche

Im Zusammenhang mit der Natura-2000-Diskussion[10] kam es zu heftigen Kontroversen über die Schutzwürdigkeit der Sennebäche im Stadtgebiet Verls und der Nachbarkommune Schloß Holte-Stukenbrock. Diese Diskussionen erfüllten den politischen Raum und führten auch zu Auseinandersetzungen zwischen Landwirtschaft und Naturschutz. Als bedauerlich empfand der Heimatverein Verl dabei die mangelnde Wertschätzung einer einzigartigen Landschaft vor der eigenen Haustür – die Senne mit ihren Fließgewässern. Man beschloss, in Kooperation mit der Biologischen Station vorhandene Expertise in die Waagschale zu werfen und durch intensive Öffentlichkeitsarbeit das Naturerbe Sennebäche bekannter zu machen.

Heimatverein und Biostation nehmen zum Thema Sennebäche eine besondere Rolle ein: Als Non-Profit-Organisationen genießen beide Vereine mehr Vertrauen als manche Institution des Sektors Markt oder Staat.[11] Ehrenamtliches Engagement und die ständige Präsenz vor Ort machen es möglich, dass faunistische oder floristische Daten zum jeweils optimalen Zeitpunkt erhoben werden können. Durch sein über Generationen währendes Wirken in der Gesellschaft hat zumindest der Heimatverein eine besondere vertikale Verankerung über das kulturelle, kollektive und kommunikative Gedächtnis. Historisches Wissen, verknüpft mit persönlichen Beziehungen, die über Generationen gepflegt wurden, sind ein nicht zu unterschätzendes Sozialkapital eines Heimatvereins. Die Erfahrung zeigt immer wieder, dass engagierte Heimatfreunde in der Vernetzung mit Akteuren auf Lokal- und Regionalebene wichtige Impulse geben können.

Es sind keine ausgewiesenen Naturschutzgebiete, in denen die Bachkartierung stattfindet.[12] Die Abgrenzung orientiert sich an den Grenzen des Stadtgebietes Verl. Das Projekt bewegt sich folglich in einem Raum, in dem keine Gelder für die Kartierung zur Verfügung stehen. Daher darf man die Kartierung als einen ehrenamtlichen Beitrag zweier Vereine zur Landschaftsplanung bzw. Grünplanung in der Stadt sehen. Außerdem können die Ergebnisse die Umsetzung der Wasserrahmenrichtlinie vor Ort unterstützen. Sehr wichtig sind dabei die Unterstützung durch die Kommune, welche die Kartengrundlage zur Verfügung stellte, sowie der Kontakt zur Unteren Wasser- und Landschaftsbehörde. Erst in persönlichen Gesprächen stellte sich heraus, dass man mit der Kartierungsidee genau zum richtigen Zeitpunkt kommt, weil die Umsetzung der Wasserrahmenrichtlinie gerade anläuft und die Wasserbehörde Partner vor Ort sucht, die über fundierte örtliche Kenntnisse sowie Kontakte zu den Flächenbesitzern vor Ort verfügen. Heimatverein und Biologische Station ergänzen sich hier in ihrem Wissensbeitrag, und erst die Kooperation macht die Qualität des Impulses in Richtung „Erhaltung der biologischen Vielfalt" möglich.

Abb. 6: Sennebach in bester Ausprägung. Andere Gewässerabschnitte sind stark anthropogen überformt und weit weniger schön. Foto: C. Schroeder

MitarbeiterInnen der Biologischen Station schulten an mehreren Abenden und in Außenterminen die Ehrenamtlichen des Heimatvereins an naturnahen wie auch an stark anthropogen überformten Gewässern. Dabei orientierte man sich an der Handreichung des Landesamtes für Wasser und Abfall (LAWA). Folgende Gewässerstrukturmerkmale wurden festgehalten: Linienführung, Ufervegetation, Querbauwerke, Strömungsdiversität, Uferbewuchs, Wasserpflanzen, Totholz, Auennutzung und Uferstreifen. Leitarten der Fließgewässer, die einfach und sicher bestimmt werden können, wurden bei der Strukturkartierung ebenfalls notiert. Das sind Vögel mit hohem Indikatorwert wie Eisvogel, Gebirgsstelze und Wasseramsel. Auch fließgewässertypische Libellen, wie die Prachtlibellen (*Calopteryx splendens* und *Calopteryx virgo*) werden festgehalten. Dabei bleibt es der kartierenden Person überlassen, die Art oder nur die Gattung zu verzeichnen. Da die Strukturkartierung noch im Gange ist, kann auf Ergebnisse an dieser Stelle nicht eingegangen werden. Geplant sind Veröffentlichungen, die zum Verständnis der Landschaft beitragen. Das Spazierengehen, Wandern und die Feierabenderholung sind wichtige Zugänge zum Naturerleben, die genutzt werden sollen. Die Teilnahme an Planungsprozessen – insbesondere der Umsetzung der Wasserrahmenrichtlinie – soll fortgeführt werden.

Ausblick

Die vorgestellten Erfahrungen sollen Heimatvereine ermutigen, sich stärker zu vernetzen und Kooperationen einzugehen, die leistungsfähiger machen. Mangelnde Professionalität der Heimatvereine kann durch Kooperation mit Vereinen, die hauptamtlich besetzte Positionen, bestimmte Kompetenzen und/oder technische Ausstattungen haben, ausgeglichen werden.[13] So lässt sich die Leistungstiefe der Vereine vergrößern. Dazu gehört auch, Personalressourcen sinnvoll einzusetzen und eine zeitgemäße zielgruppenspezifische Öffentlichkeitsarbeit zu betreiben. Insbesondere die demografische Entwicklung wird zur Herausforderung für Heimatvereine. In Hinblick auf die Vereinszukunft bleibt die „junge Familie" eine wichtige Adressatin.

Bildung für nachhaltige Entwicklung wird nicht nur während der UNESCO-Dekade bis 2014 ein Ziel der durch Heimatvereine geleisteten Jugendarbeit sein. Es geht darum, Naturerbe als wertvollen Bestandteil der eigenen Heimat zu erleben, zu schätzen und zu schützen. Heimatverein und Biostation nehmen diesen Bildungsauftrag für sich an. Nicht nur deshalb wirbt der Heimatverein Verl so gern und erfolgreich mit dem Slogan: Heimat braucht Freunde.

Literatur

Bundesministerium für Umwelt, Naturschutz und Reaktorsicherheit (Hrsg.) (2007): Die Europäische Wasserrahmenrichtline und ihre Umsetzung in Deutschland. – Berlin.

Naturschutzzentrum Senne (Hrsg.) (2008): Senne und Teutoburger Wald. – Bielefeld.

Zimmer, A. (2007): Vereine – Zivilgesellschaft konkret. – Wiesbaden.

1 Heimatverein Verl: www.verlerland.de

2 Biostation Senne: www.biostation-senne.de

3 Dorfgemeinschaft und Schulmuseum: www.dghr-online.de/dorfschulmuseum.html

4 Zimmer, A.: Vereine-Zivilgesellschaft konkret, S. 181

5 Manche Touren des Vereins sind bewusst Buggy- und Rollitauglich gewählt.

6 Ausnahmen nur, wenn die Räumlichkeiten es nicht zulassen.

7 Fahrradtouren

8 Die Verantwortlichen haben dabei die Belastbarkeit des Biotops im Auge. Eine Genehmigung der unteren Landschaftsbehörde wird eingeholt.

9 Streckenlänge nur 1,5 bis 2 Kilometer, denn kurze Beine brauchen kurze Wege. Kinder wollen Zickzack laufen, oft stehen bleiben und viel erleben.

10 FFH (Flora, Fauna, Habitat)

11 Schon fast klassisch: das Misstrauen der Landwirte gegenüber den Daten der unteren Landschaftsbehörde oder des Landesamts für Natur, Umwelt und Verbraucherschutz.

12 Der Furlbach ist im Oberlauf ausgewiesen als Referenzgewässer für Sand-Tieflandsbäche in NRW.

13 Präsenzzeiten aufgrund von Professionalität, Umgang mit GIS, Kenntnisse im Datenmanagement oder Vorhandensein bestimmter Soft- und Hardware.

Hauberge – ein Beispiel zur Vermittlung von Natur und Kultur in der Landschaft

Alfred Becker

Im Gebiet an der oberen Sieg, um die Kreisstadt Siegen, wie auch in Teilen der Kreise Olpe, Dillenburg und Altenkirchen wurde Jahrhunderte lang die Haubergswirtschaft betrieben.

Darunter versteht man eine Sonderform des Niederwaldbetriebes, bei der neben den Hauptprodukten Stangen- bzw. Kohlholz auch Eichenrinde (Lohe) und Schanzen (Reisigbündel) sowie die landwirtschaftliche Zwischennutzung mit dem Anbau von Roggen bzw. Buchweizen eine bedeutsame Rolle spielten. Auch fand zeitweilig eine Beweidung bestimmter Haubergsbezirke statt.

Durch die Anbindung des Siegerlandes an das Eisenbahnnetz und damit an das Ruhrkohlenrevier in den 1860er Jahren, durch die Beschaffung wirksamer neuerer Gerbmittel auf dem internationalen Markt, durch Einführung von Schnellgerbverfahren, erfolgreiche Züchtung ertragreicherer landwirtschaftlich nutzbarer Vieh- und Pflanzenrassen sowie nicht zuletzt durch massiven Anbau der Kartoffel wurden die typischen Haubergsprodukte Holzkohle, Lohe, Getreide (einschließlich Buchweizen) und die Waldweide zunehmend entbehrlich bzw. uninteressant. Seit den Jah-

Abb. 1: Die typische Struktur eines nahezu hiebsreifen Niederwaldes.

Abb. 2: Stangenholz und „Schanzen" (Reisigbündel) als wichtige Haubergsprodukte.

ren um 1860 reduzierte sich die Haubergswirtschaft daher schrittweise zur reinen Brennholzgewinnung. Der ehemals vielseitige Haubergsbetrieb war sozusagen zur Brennholzwirtschaft verkommen. Parallel dazu wurden zunehmend Haubergsflächen in Laub- oder Nadel-Hochwald umgewandelt.

Nach früheren gescheiterten Versuchen, die alte Haubergswirtschaft mit ihren wesentlichen Bestandteilen örtlich wieder aufleben zu lassen, gelang es am 20.12.1991, einen Vertrag zwischen der Landesforstverwaltung NRW (Land) und der Waldgenossenschaft Fellinghausen (WG) zu schließen, welcher die wichtigsten früheren Haubergselemente erneut beleben sollte. Das Land erkannte die Bedeutung der Haubergswirtschaft für das Landschaftsbild und die Landschaftsökologie sowie zum Verständnis der Kultur- und Wirtschaftsgeschichte des Landes und sah somit eine gute Chance, die Haubergswirtschaft, zumal der jungen Generation, darzustellen und zu dokumentieren.

Abb. 3: Jugendliche bei der Ernte des Winterroggens im Hauberg; im Vordergrund links ein „Kornritter".

Der als „Schutzwaldvertrag" zunächst für die Dauer von 10 Jahren geschlossene und um weitere 10 Jahre verlängerte Vertrag sieht vor, dass das Land der WG Fellinghausen als Grundeigentümerin eine geteilte Geld-Entschädigung gewährt, einerseits für den Verzicht auf die ertragreichere Hochwaldwirtschaft, andererseits für den Mehraufwand gegenüber der reinen Brennholzwirtschaft. Die WG verpflichtet sich im Gegenzug zur Einrichtung einer Schlagreihe mit je ca. 0,5 ha Jahresschlagflächen und zur Durchführung nahezu aller früheren Nutzungen auf den Schlagflächen. Lediglich die Waldweide wurde nicht wieder eingeführt.

Mit Inkrafttreten des Vertrages wurde auf Anregung des Umweltministeriums ein Arbeitskreis „Historischer Hauberg Fellinghausen" eingerichtet, dem die Vertretungen von Wissenschaft und Verwaltung, den WaldbesitzerInnen, der Tourismusbranche und den Medien angehören.

Dieser Arbeitskreis „Historischer Hauberg Fellinghausen" sieht seine dringlichste Aufgabe in der wissenschaftlichen Begleitung des historischen Haubergs, der Information über das Wesen der Haubergswirtschaft, über aktuelle Haubergsarbeiten, in deren Dokumentation sowie in der Untersuchung der speziellen Haubergsökologie.

Auf den historischen Hauberg, von manchen auch „Museumshauberg" genannt, weisen Verkehrsschilder an den Zufahrtsstraßen, Schautafeln an den Waldeingängen und auch mitten im Wald hin. Presse, Rundfunk und Fernsehen werden über wichtige Ereignisse im Haubergsjahr informiert, wie z.B. Haubergsteilung, Räumen des Weichholzes, Loheschälen, Vorbereitung der landwirtschaftlichen Zwischennutzung (Hacken und Brennen), Aussaat und gegebenenfalls Ernte von Roggen bzw. Buchweizen sowie den Betrieb des Kohlenmeilers.

Abb. 4: Am Eichenstamm geschälte Lohrinde pendelt zum Trocknen neben dem Holzkern.

Sofern die Medien nicht eigene Berichte fertigen, verfassen Mitglieder des Arbeitskreises geeignete Texte und steuern auch Bildmaterial bei. Außerdem bietet der Arbeitskreis Führungen im Hauberg an, vor allem für Schulklassen aller Schulformen, für Studierende (insbesondere der Pädagogik), aber auch für Vereine und sonstige Interessengemeinschaften. Eine Zeit lang wurden auch Fortbildungskurse für LehrerInnen durchgeführt.

Die Führungen stehen je nach Auditorium, Jahreszeit und Witterung entweder unter dem Motto „ressourcenschonende Kreislaufwirtschaft" als Modellfall nachhaltiger Waldnutzung, oder man diskutiert zwanglos über Merkwürdigkeiten und Besonderheiten des Haubergs im Vergleich zum Hochwald. Beim Thema Kreislaufwirtschaft sind immer zwei Kreisläufe gemeint: Zum einen die Rotation der jährlichen Schlagflächen auf der Betriebsfläche als wichtigste Vorkehrung der Nachhaltigkeit der Holznutzungen, damit auf unbestimmte Zeit jährlich eine in etwa gleiche Flächengröße mit annähernd gleichem Aufwuchsalter und gleicher Holzmenge zur Verfügung steht. Der zweite Kreislauf beschreibt den Wechsel der Haubergsarbeiten im Jahreslauf, wie er die Arbeitswelt der Siegerländer tief geprägt hat und z.B. mit der „Haubergsuhr" dargestellt wird. Bei Betrachtung des Jahreskreislaufes gilt der zeitlichen Verflechtung der Haubergsarbeiten ein besonderes Augenmerk.

Abb. 5: Jugendliche leiten das Schälen eines Eichenstammes ein.

Abb. 6: Das Loshacken, Trocknen und Verbrennen des Bodenüberzuges dient der Vorbereitung der landwirtschaftlichen Zwischennutzung.

Im Themenkreis „Merkwürdigkeiten des Haubergs" haben Erläuterungen zu den Begriffen Hoch-, Mittel- und Niederwaldbetrieb, zur Artenausstattung dieser Nutzungsarten und zur Biotopschutzfunktion ihren Platz. Schließlich werden auch Möglichkeiten der Weiterentwicklung der Haubergsflächen aufgezeigt, wie die D-Bestands-Wirtschaft, der Voranbau mit Buche oder anderen Baumarten oder die Umwandlung in andere Waldformen.

Abb. 7: Zum Anzünden des Meilers trägt der Köhler mehrere Schaufeln mit glühendem Holzfeuer auf die Schachtöffnung an der Kuppe des fertiggestellten Meilers.

Ein wichtiges und fast immer angesprochenes Thema ist die Entstehung des Haubergs als Folge der

Abb. 8: Nachbau eines La-Tène-zeitlichen Schmelzofens im historischen Hauberg Fellinghausen.

Übernutzung des ursprünglichen Buchenwaldes mit mehrmaliger Waldverwüstung bis zur „Erfindung" der Nachhaltigkeitsregeln. Die Haubergsentwicklung veranschaulicht der regelmäßige Aufbau und Betrieb eines Kohlenmeilers sowie die Vorstellung des Nachbaues eines frühgeschichtlichen Schmelzofens.

Viele Jahre lang hat der Arbeitskreis Jugendgruppen sowie Kindern und Jugendlichen im Rahmen der Kreuztaler Ferienspiele Gelegenheit geboten, einfache Haubergsarbeiten wie das Kornschneiden, das Schanzenbinden oder auch das Lohschälen selbst durchzuführen und dabei sowohl die Schwere der Arbeit als auch ihre essenzielle Bedeutung für die Lebensführung der HaubergbesitzerInnen kennen zu lernen.

Der Arbeitskreis hat inzwischen zahlreiche Veröffentlichungen zum Hauberg verfasst oder an ihnen mitgewirkt, darunter die Broschüre „Bilder aus dem Hauberg", das Hauberg-Quartettspiel für Familien und Schulen, das Buch „Niederwälder in NRW", mehrere Faltblätter zu Spezialthemen das Haubergs sowie die Buchveröfentlichungen „Der Siegerländer Hauberg" und „Haubergs-Lexikon". Außerdem wurde der „Haubergskoffer" mit Materialien für den Schulunterricht zum Thema Hauberg entwickelt und in 30 Exemplaren an die Schulen des Kreisgebietes verteilt.

Insgesamt öffnen die genannten Aktionen den Hauberg für ein breites Publikum interessierter WaldbesucherInnen und regionalgeschichtlich oder biologisch Interessierter. Sie kommen aus der näheren oder weiteren Umgebung, aus NRW, aus Deutschland sowie fallweise auch aus fernen Erdteilen wie Afrika oder Asien. Zuletzt hat sich ein japanischer Student im Rahmen seiner Bachelor-Arbeit an der Universität Freiburg mit dem Thema Hauberg beschäftigt.

Die Zahl der registrierten Gäste des Haubergs wurde in den ersten zehn Vertragsjahren mit 8697 ermittelt, die Zahl nicht geführter Gäste auf ca. 1000 jährlich geschätzt. Dabei handelt es sich ganz überwiegend um junge Menschen, vor allem um SchülerInnen und Studierende. Die Zahlen hatten bis zum

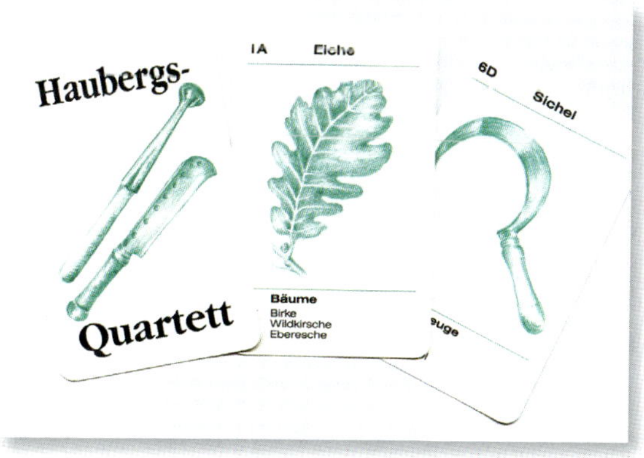

Abb. 9: Haubergs-Quartettspiel

Abb. 10: „Schanzen" (Reisigbündel) werden mit dem „Schuffbock" zum nächsten Weg gefahren.

Jahr 2003 steigende Tendenz, sind aber seit 2004 rückläufig. Über die Medien werden gleichwohl immer noch viele Menschen erreicht und interessiert.

Inzwischen ist die Gründung eines Fördervereins „Historischer Hauberg Fellinghausen" erfolgt, welcher die Waldgenossenschaft bei Planung und Durchführung der historischen Haubergsarbeiten mit einer breiteren Personalbasis unterstützen und die Aufgaben des bisherigen Arbeitskreises „Historischer Hauberg" übernehmen soll.

Eine besondere Genugtuung im Zusammenhang mit der hier beschriebenen wiederbelebten Haubergswirtschaft vermittelt das Waldmuseum Waldau bei Bonn. Dort wird im Rahmen eines interaktiven Landschaftsmodells das Thema „Nachhaltigkeit" präsentiert. Auf Knopfdruck wird eine Karte projiziert, anhand derer die regelmäßige Abfolge gleichgroßer Jahresschläge als bewährte Methode zur Sicherung der Nachhaltigkeit der Holznutzung beschrieben wird. Es handelt sich um die Karte des historischen Haubergs Fellinghausen.

Alle Abbildungen vom Autor.

Abb. 11: Reisig-Wälle kennzeichnen die hangwärts verlaufenden Anteilsstreifen („Jähne") des Haubergs-Miteigentümer.

Literatur

Becker, Alfred (1991): Der Siegerländer Hauberg, Vergangenheit, Gegenwart und Zukunft einer Waldwirtschaftsform. – Keuztal.

Becker, Alfred (2002): Haubergs-Lexikon. – Bd. 14 der Schriftenreihe „Beiträge zur Geschichte der Stadt Siegen und des Siegerlandes". – Kreuztal.

Landesamt für Natur, Umwelt und Verbraucherschutz (Hrsg.) (2007): Niederwälder in Nordrhein-Westfalen. – Nümbrecht.

Landesforstverwaltung NRW (1995): Bilder aus dem Hauberg, Heft 1 der Schriftenreihe der Landesforstverwaltung Nordrhein-Westfalen. – Düsseldorf.

Das „grüne" Heimatmuseum – neue Perspektiven für Biodiversität und Nachhaltigkeit im Ehrenamt?

Michael Kamp

Nach allgemeinem Verständnis handelt es sich bei den Heimatmuseen heute in aller Regel um ehrenamtlich betreute Kultureinrichtungen, in denen Menschen zumeist wertvolle Wissensspeicher und Endlagerstätten materieller Kultur idealistisch betreuen. Rund 90 % aller Museen in Deutschland sind Heimatmuseen.

Trotz des hohen bürgerschaftlichen Engagements leiden diese Institutionen unter chronischer Geldnot, werden von ihren meist kommunalen Trägern als lästige Kostenfaktoren angesehen und von hauptamtlichen Museumsfachleuten nur selten als Partner auf Augenhöhe wahrgenommen. Heimatmuseen führen deshalb oft ein Schattendasein im politischen, nach immer neuen Events hungrigen Kulturbetrieb.

Innovative Ansätze

Auch wenn es auf den ersten Blick nicht so scheinen mag, hat das Heimatmuseum zu allen Zeiten Trendsetterfunktionen erfüllt. Vor rund 150 Jahren emanzipierte es sich als Ausdruck bürgerlichen Selbstverständnisses aus den herrschaftlichen Wunderkammern der Fürstenhöfe. Wegweisende Einrichtungen wie das 1852 gegründete Germanische Nationalmuseum in Nürnberg[1] führten schon bald zu einer ersten Gründungswelle heimatkundlicher Sammlungen. Nicht selten waren es verschrobene oder als solche wahrgenommene EinzelgängerInnen, deren Leidenschaften nun einem breiten Publikum zur Schau gestellt wurden. Ein Potpourri von dem, was man als sammelwürdig erachtete, angefangen beim exotischen Schmetterling hin zum altehrwürdigen Hausrat und herausgelöst aus der individuellen Privatsphäre, fand sich bald als voyeuristischer Gegenstand des öffentlichen Interesses wieder. Der Nationalismus des deutschen Kaiserreichs unterstützte lokale Museumsgründungen nach 1871 ebenso wie später die vom Kampf gegen die Moderne geprägte Heimatschutzbewegung von Ernst Rudorff (1840–1916),[2] dem Ahnvater des heutigen Bund Heimat und Umwelt.

Die Sorge vor dem Untergang der Kultur der Altvorderen und vor der Zerstörung der Natur schwang in den unterschiedlichen Gründungsmotiven ebenso mit wie handfeste wirtschaftliche Erwägungen. Bereits am Vorabend des Ersten Weltkriegs konnte nahezu jeder bedeutende Ort in Deutschland ein (Heimat-)Museum sein eigen nennen. Gleichwertig neben überlieferten Bau- und Naturdenkmälern zählte es zum Kanon der herausragenden Sehenswürdigkeiten einer Kommune.

Heute mag es verwundern, aber es gab diese Epoche tatsächlich, in der sich politische MandatsträgerInnen mit dem Typus Heimatmuseum besonders identifizierten. Abgesehen von der ideologischen Vereinnahmung in der Kaiserzeit und im Nationalsozialismus waren es vor allem die Jahre der Weltwirtschaftskrise zwischen 1929 und 1932. Obwohl die Zeitumstände damals sehr schwierig waren, konnten in Deutschland zahlreiche Museen gegründet werden (u.a. Erweiterung des Suermondt-Ludwig-Museums 1928–1930 in Aachen, Bergisches Museum für Handwerk, Bergbau und Gewerbe 1928/29 in Bensberg, Heimathaus Sonthofen 1930 oder Heimatmuseum Oberstdorf 1932). Nicht selten korrespondierte das bewährte Konzept der auratischen Objektschau mit dem demokratischen Grundbedürfnis auf Bildung oder trug dazu bei, die Infrastruktur eines touristisch bemerkenswerten Ortes im Sinne einer „Schlechtwetteralternative" zu verbessern. Vor diesem Hintergrund mutet es geradezu lächerlich an, wenn Kommunen heutzutage Museumsschließungen mit ihrer defizitären Haushaltslage begründen und ehrenamtlich engagierten Menschen die Unterstützung versagen.[3] Zwangsläufig stellt sich bei der Vielzahl der Widrigkeiten die zentrale Frage, ob die neue Idee eines „grünen" Heimatmuseums eine Perspektive hat.

Perspektiven trotz Widrigkeiten?

Kann eine kulturelle Institution, die unter fortlaufender Auszehrung leidet, überhaupt einen Beitrag zu einer dauerhaft lebensfähigen und gerechten Weltgesellschaft leisten? Lassen sich Ziele der Agenda 21 mit tragenden Parametern wie Biodiversität und Nachhaltigkeit verwirklichen, wenn nur minimale finanzielle Spielräume gegeben sind? Auf den ersten Blick gesehen müssten diese Fragen rundweg mit „nein" beantwortet werden, wenn nicht weitere Faktoren betrachtet würden, die insbesondere diesen Museumstyp auszeichnen. Dazu zählen vor allem bürgerschaftliches Engagement, Kreativität und die besondere Gabe, mit geringen Mitteln und eingeschränkten Möglichkeiten viel zu bewirken. Von daher sind die Voraussetzungen der Heimatmuseen durchaus gegeben, neue Wege in der Vermittlungsarbeit zu beschreiten. Doch zunächst einmal gilt es, diese in die Zukunft weisenden Themen so zu vermitteln, dass sie auch im Museumsalltag zu praktizieren sind – eine zugegebenermaßen komplexe Aufgabe, die sich nur konzertiert und kooperativ zwischen dem Bund Heimat und Umwelt und den regionalen Museumsverbänden bewältigen lässt. Nur gemeinsam können sie dazu beitragen, dass das Heimatmuseum künftig wieder an Einfluss gewinnt und stärker in den Fokus bildungspolitischer Ziele rückt.

Das Fallbeispiel Lindlar

Als Leiter des LVR-Freilichtmuseums Lindlar mit umweltpädagogischem Schwerpunkt erfahre ich nahezu täglich, dass die überwiegende Mehrzahl der über 100000 Menschen im Jahr, welche die östlich des Ballungsraumes Köln gelegene Einrichtung besuchen, eher verunsichert sind, wenn sie mit abstrakten Begriffen wie Biodiversität oder Nachhaltigkeit konfrontiert werden – und dies, obwohl Themen zu Fragen um Natur und Umwelt in den Jahresprogrammen regelmäßig und differenziert sowohl im Museum wie auch in den Medien vermittelt werden.[4]

Es scheint fast, als ob mediale Präsenz und bewusste Reflexion in einem erheblichen Gegensatz zueinander stehen. Denn oft fehlen alltags- und lebensnahe Bezüge, die über die allgemeine Verunsicherung der breiten Öffentlichkeit hinweg helfen können. Diese Diskrepanz dokumentieren auch die regelmäßig erscheinenden Jugendreports Natur des Marburger Natursoziologen Rainer Brämer. Der Report 2010 trägt bezeichnenderweise den Titel: „Natur: Vergessen?" und bescheinigt den meisten befragten Jugendlichen eine höhere Kompetenz des Wissens über Dinosaurier als über heimische Waldtiere wie das Reh.[5] „Grabe dort, wo du stehst" lautet deshalb das Motto des LVR-Freilichtmuseums Lindlar für Ökologie und bäuerlich-handwerkliche Kultur in seiner Vermittlungsarbeit. Es versteht sich nicht ausschließlich als Kultureinrichtung im klassischen Sinn, die sich mit dem historischen Alltag auf dem Land befasst, sondern erweitert seinen Bildungsauftrag in der Weise, dass es Themen der Agenda 21, die sich mit der Schonung von Ressourcen befassen, allgemeinverständlich in Ausstellungen und in seiner Bildungsarbeit präsentiert.[6] Welche Einrichtung könnte dies anschaulicher, „ganzheitlicher" leisten als ein Freilichtmuseum mit einem Fokus, der auf vergangene agrarische Kulturen gerichtet ist, in denen ressourcenschonendes Wirtschaften das tägliche Überleben sicherte? Letzten Endes geht es aber auch darum, dieses vergessene Know-how (wo es Sinn macht) wieder zu aktivieren und damit die Alltagskompetenzen einer Wohlstandsgesellschaft zu stärken, sie zu sensibilisieren für einen nachhaltigeren Umgang mit ihrer Umwelt. Der Wille dazu kann nicht „von oben" verordnet werden. Vielmehr geht es um bewusstseinsbildende Maßnahmen und darum, anschauliche Beispiele zu liefern, die das unmittelbare Lebensumfeld Einzelner betreffen und zur Orientierung anregen. Doch das Verständnis von Museumsarbeit ist in Lindlar weiter gefasst, sieht es doch ausdrücklich die konkrete Beteiligung der Bevölkerung und ihre direkte Einflussnahme auf die weitere Gestaltung des Hauses vor. Das Freilichtmuseum bietet deshalb ehrenamtlichen Aktivitäten einen breiten Raum. Mittlerweile engagieren sich rund 200 Personen in unterschiedlichen Projekten.

Das Spektrum reicht von der Realisierung eigener Ausstellungsideen über die Betreuung von Veranstaltungen bis hin zum Wiederaufbau von Gebäuden. Dabei halten sich von außen an das Haus heran getragene Ideen und vom Museum selbst initiierte Maßnahmen die Waage.

Aktives Mittun in einem aktiven Museum

Großen Zuspruch erfahren vor allem Aktivitäten, die ein konkretes Ergebnis zeitigen und den Erfolg der eigenen Arbeit in einem überschaubaren Zeitraum sichtbar machen. Dies trifft insbesondere auf den Gartenbau und die Verwertung seiner Erträge zu: Nahezu jedeR Interessierte kann mitmachen, der Erfolg der eigenen Arbeit bereitet kulinarisch wie mental Genuss, und der materielle Aufwand ist überschaubar. Von Beginn an förderte das Museum die Zusammenarbeit mit der Bevölkerung in der Region, indem es auf dem Gelände Flächen für Nutzgärten auswies.

Diese „Patengärten" sind nach wie vor ein Alleinstellungsmerkmal in der deutschen Freilichtmuseumslandschaft. Sie orientieren sich in ihrer durch die Realteilung geprägten Kleinteiligkeit an historischen Vorbildern, die einst im Umfeld bergischer Städte wie Remscheid, Solingen oder Wuppertal existiert haben. Rund 20 Hobbygärtnerinnen und -gärtner, manche schon seit den Anfangstagen des Museums, bewirtschaften pachtfrei einen kleinen Garten im Museumsgelände und pflanzen dort vom Blattsalat bis hin zum Wirsing alle traditionellen Gemüsesorten des Bergischen Landes an. Dabei tragen die Gespräche „über den Zaun" mit dem Museumspublikum genauso anschaulich zu der Wertschätzung gesunder heimischer Nahrungsmittel bei, wie dies die zahlreichen Verkostungen im Rahmen museumspädagogischer Aktionen tun. Seit einigen Jahren ist auch die ehrenamtlich tätige Initiative „Bergische Gartenarche" mit einem Schaugarten im Museum vertreten. Sie kümmert sich speziell um den Erhalt vom Aussterben bedrohter Nutz- und Zierpflanzen und macht auf diese Weise deutlich, dass Biodiversität bereits im eigenen Garten anfängt. Naheliegend ist, dass sich in den vielfältigen Gartenbau- und Pflanzprojekten des Museums auch das große öffentliche Interesse an gesunder Ernährung

Abb. 1: Patengärtner und Politiker bei der Gartenarbeit
Foto: M. Kamp/LVR-Freilichtmuseum Lindlar

Abb. 2: Die Patengärten im Museumsgelände, dahinter das Bandweberhaus aus Wuppertal
Foto: M. Kamp/LVR-Freilichtmuseum Lindlar

widerspiegelt. Insofern treten Kindergärten und Schulen als wichtige Kooperationspartner des Freilichtmuseums Lindlar auf.[7]

Wichtiger Adressat – die junge Generation

Den Kindern und Jugendlichen vermittelt sich der Wert der Nahrungsmittel, indem sie diese selbst erzeugen. So ist die Kenntnis, dass Pommes frites aus Kartoffeln hergestellt werden oder Mehl aus Getreide gewonnen wird, heute durchaus nicht mehr geläufig. Zu den praxisorientierten „Feldversuchen" zählen die Pflege eines Getreidefeldes von der Bestellung bis zur Ernte oder die Bewirtschaftung eines Kartoffelackers. Im Herbst endet das Projektjahr in aller Regel mit dem Verzehren der selbst angebauten Produkte. Die gute personelle Ausstattung des Museums mit einer Ökologin, zwei Gärtnern und drei Landwirten gewährleistet eine fachkundige Betreuung aller Aktiven, vom dreijährigen Kind bis zur siebzigjährigen Rentnerin. Der Erfolg der vielfältigen Aktivitäten auf diesem Gebiet lässt sich daran messen, dass die Nachfrage nach Nutzgartenparzellen seit einigen Jahren das Angebot übersteigt.

Dieses Modell lässt sich in kleinerem Maßstab auch auf Heimatmuseen übertragen, deren Gründungsinitiativen nicht ausschließlich auf den Sammelleidenschaften für interessante Kulturgüter des menschlichen Alltags beruhten. Die heimatkundliche Sammlung deckte schon in ihrer Gründungsphase viele unterschiedliche Interessen und Sparten ab. Neben dem bemalten Bauernmöbel oder dem ledernen Blasebalg der alten Dorfschmiede zählten auch Präparate heimischer Pflanzen und Tiere zum Kanon der gezeigten Objekte. Bürgerliche Vorstellungen des Landschafts- und Naturschutzes manifestierten sich aber nicht nur in diesen konservierten Beständen, sondern auch in der Anlage kleiner Schau- und Kräutergärten, die den ubiquitären Anspruch heimatkundlicher Initiativen deutlich vor Augen führen.

Abb. 3: Kinder bei der Gartenarbeit Foto: M. Kamp/LVR-Freilichtmuseum Lindlar

Neue Chancen für tradierte Institutionen

Diese Tradition gilt es heute wieder mit zeitgemäßen Vermittlungsstrategien zu beleben. Auf diese Weise könnte es gelingen, das Heimatmuseum zu einem Ort aktiver Begegnung zu gestalten, in dem sich viele Gruppen der Bevölkerung treffen, die Jungen wie die Alten, die Einheimischen wie die Zugezogenen, die Aktiven wie die Verzagten. Denn nur in einem solchen offenen und kreativen Miteinander wird es gelingen, hier einen Kompetenzort für komplexe Themen der Agenda 21 wie Biodiversität oder Nachhaltigkeit zu etablieren.

Abb. 4: Grundschülerinnen bei der Kartoffelernte im Museum
Foto: Schäfer/LVR-Freilichtmuseum Lindlar

Das alle und alles verbindende Element könnte dabei ein gemeinsam bewirtschafteter Garten sein. Nicht selten verfügen Heimatmuseen über ein Gebäudeumfeld, das sich für eine solche Nutzung eignet oder geradezu anbietet. Hinzu kommt, dass die materiellen Aufwendungen, um ein solches Projekt zu realisieren, überschaubar sind. Gefragt sind lediglich Initiative und Ausdauer der Aktiven, die sich gegebenenfalls von den kommunalen Grünflächenabteilungen oder lokalen Gartenbauvereinen beraten und unterstützen lassen. In einem solchen Museumsgarten könnten beispielsweise alte oder seltene Nutz- und Zierpflanzen angebaut sowie Schulklassen an der Pflege beteiligt werden. Neben der Gartenarbeit, die als Gruppenarbeit an sich schon kommunikativ ist, ließen sich in diversen Workshops die Erträge der Ernte verarbeiten. Krönender Höhepunkt eines Jahres könnte dann ein gemeinsames Museumsessen aller GartenfreundInnen sein. Für die Einrichtungen, die keine Außenflächen nutzen können, bietet sich das „window farming" an. Dabei handelt es sich um vertikale Hydrokulturen, welche die Fensterflächen von Gebäuden als Gewächshäuser nutzen.[8] Ein Quadratmeter Glasfläche bietet ein bis zwei Pflanzen Entfaltungsmöglichkeiten. Diese „Fenstergärten" machen es möglich, das ganze Jahr über ohne großen Aufwand an Energie und Ressourcen nicht nur viele Gemüse- und Salatsorten anzubauen und zu ernten, sondern auch seltenere Arten bzw. Sorten zu erhalten. „Window farming" hat vor allem in den Ballungszentren der USA zahlreiche gesundheitsbewusste AnhängerInnen, während es

Abb. 5: Die Hauswirtschafterin des Freilichtmuseums backt mit Kindern Waffeln *Foto: Bildarchiv LVR Freilichtmuseum Lindlar*

Abb. 6: Der Museumsbäcker schiebt Backäpfel in den Ofen
Foto: Schwarz/LVR-Freilichtmuseum Lindlar

in Deutschland noch weitgehend unbekannt ist. Es ist deutlich geworden, dass die breiten Themenbereiche „Garten" und „Nahrung" vielfältige Möglichkeiten bieten, auf erlebnisreiche Weise das „grüne" Heimatmuseum zu etablieren. Die in der Bevölkerung zunehmende Sensibilität für Natur- und Umweltfragen, beschleunigt noch durch die atomare Katastrophe in Japan, könnte durch entsprechende Aktivitäten in den Heimatmuseen fokussiert werden. Diese wären damit nicht nur am Puls der Zeit, sondern hätten so auch wieder eine größere Chance, interessierte Menschen für die ehrenamtliche Museumsarbeit zu begeistern.

Literatur

Bergisches Freilichtmuseum (Hrsg.) (1991): Das Lingenbachtal. Ökologische Grundlagen des Bergischen Freilichtmuseums Lindlar. – Köln.

Bergisches Freilichtmuseum (Hrsg.) (1993): Mensch und Umwelt. Ein Thema volkskundlicher Forschung und Präsentation?. – Köln.

Salomon-Liebeck, B. (1993): Haus, Hof und Flur. Untersuchungen zum oberbergischen Weiler als Grundlage für das Bergische Freilichtmuseum. – Köln.

Wosnitza, C. (1994): Die Ackerwildkräuter des Bergischen Landes. Untersuchungen zum Bestand der Ackerwildkräuter des Bergischen Landes. – Köln.

---

1 Bernward Deneke und Rainer Kahsnitz (Hrsg.): Das Germanische Nationalmuseum. Nürnberg 1852–1977. Beiträge zu seiner Geschichte, München/Berlin 1978.

2 Ernst Rudorff. Heimatschutz, 1897.

3 Erst kürzlich thematisiert auf dem VIII. Rheinischen Museumstag mit der Vortragsreihe „Abbruch. Aufbruch, Umbruch? – Die Zukunft der Museen in Zeiten der Finanzkrise" im Rautenstrauch-Joest-Museum in Köln.

4 Siehe dazu http://www.bergisches-freilichtmuseum.lvr.de, dort das im Jahr 2008 nach EMAS zertifizierte Umweltprogramm des Hauses oder den Museumsführer des LVR-Freilichtmuseums Lindlar, Lindlar 2011.

5 Der aktuelle Report „Natur: Vergessen? Erste Befunde des Jugendreports Natur 2010" kann unter http://www.lern-ort-natur.de/jugendreportnatur/ gelesen werden.

6 Dazu aktuell die Sonderausstellung „Ab in die Tonne? – Die Kulturgeschichte des Abfalls im Bergischen Land" (Laufzeit: 17. Mai bis 18. Dezember 2011) oder die neue Dauerausstellung „Textile Wege" in der ehemaligen Lumpenreißerei Müllershammer, die am 11. September 2011 eröffnet wird. Weitere Infos auf der Museumshomepage unter http://www.bergisches-freilichtmuseum.lvr.de.

7 Schriftliche Kooperationsvereinbarungen zwischen den Bildungspartnern regeln die Aufgaben und sichern die Kontinuität der Projekte ab.

8 Siehe dazu http://www.windowfarms.org

Industrienatur: Natur im Industriemuseum Methoden und Beispiele der interdisziplinären Vermittlung

Birgit Ehses

Industriemuseen sind nicht vergleichbar mit Heimatmuseen, zählen aber zu den Museen mit einem starken regionalen Bezug. Sie dokumentieren an Originalschauplätzen den Wandel einer Kulturlandschaft zur Industrielandschaft und machen gegenwärtig die erneute Nutzungsänderung der Flächen sowie die Rückeroberung der Industriebrachen durch die Natur erlebbar.

Im Gegensatz dazu sind die meisten Heimatmuseen von einer traditionell geprägten Kulturlandschaft umgeben, deren Werte es zu erhalten gilt. Die biologische Vielfalt der Flächen ist jedoch zunehmend durch intensive Landwirtschaft und Eingriffe in den Naturhaushalt gefährdet.

Während im ländlichen Raum ein Rückgang von Tier- und Pflanzenarten zu verzeichnen ist – ein Thema, das in den Heimatmuseen in Bezug auf die Veränderung der ursprünglichen Kulturlandschaft thematisiert werden kann –, siedeln sich auf Industriebrachen infolge veränderter Standortverhältnisse wieder neue Tier- und Pflanzenarten an. Die Industrienatur hat sich daher zu einem zentralen Thema der Industriemuseen entwickelt und bildet die Grundlage für verschiedene museumspädagogische Angebote.

Von der Kulturlandschaft zur Industrielandschaft

Mit dem Bau und Betrieb von Zechenanlagen, Kokereien, Hüttenwerken, Deponien und Verkehrswegen kam es während der Industrialisierung im Ruhrgebiet zu einer weitgehenden Überformung der ehemaligen Kulturlandschaft. Es entstand eine Industrielandschaft, die zu einer nachhaltigen Störung des Naturhaushaltes und zum Verlust vieler natürlicher Lebensräume für Tiere und Pflanzen führte. Neben der teilweise völligen Naturentfremdung vieler Flächen wurden aber auch neue Lebensräume mit veränderten Standortbedingungen geschaffen.

Mit dem Rückzug des Bergbaus sowie der Eisen- und Stahlindustrie im Ruhrgebiet wurden zahlreiche Industriebetriebe stillgelegt, und große Areale fielen brach. Die durch Altlasten, Produktionsabfälle und Bebauung geprägten Flächen wurden zunächst kaum genutzt und nur wenig beachtet. Über die staubigen Hinterlassenschaften der Industrie wuchs langsam buchstäblich Gras, und die Natur kehrte zurück, jedoch in anderer, neuer und vielfältigerer Zusammensetzung.

Nachdem die meisten Industrieflächen zum Teil über Jahrzehnte „verbotenes Land" waren, wurden die interessantesten dieser Standorte nach ihrer Stilllegung und Sanierung über die „Route Industriekultur" für die Öffentlichkeit wieder zugänglich. Als Industriemuseen, Parklandschaften, Freizeit- und Erholungsflächen sowie als Kunst- und Kulturstätten zählen sie heute zu den attraktivsten Flächen der Städte an Ruhr und Emscher.

Abb. 1: *Pflanzen, wie das Johanniskraut, haben die Industriebrache besiedelt. Foto: B. Diermann*

Route Industrienatur

Die Museumsstandorte Zeche Nachtigall in Witten und die Henrichshütte Hattingen des Landschaftsverbands Westfalen Lippe (LWL) bilden zwei von insgesamt 25 Ankerpunkten der „Route Industriekultur", die herausragende Zeugnisse der industriekulturellen Vergangenheit und Gegenwart des Ruhrgebietes auf einem etwa 400 km langen Rundkurs präsentiert. Dazu gehören z.B. überregional bedeutende und denkmalgeschützte Industrieanlagen (z.B. Zeche Zollverein in Essen), Arbeitersiedlungen, Industriemuseen, aber auch Panoramen (z.B. Halden), durch die man sich einen guten Überblick über die Geschichte der Region verschaffen kann.

Eine eigene Themenroute bildet die „Route Industrienatur", die 19 besonders schöne und interessante Industriebrachen mit ihrer einzigartigen Naturvielfalt zusammenfasst.

Auch auf dieser Route bilden die Zeche Nachtigall und die Henrichshütte Hattingen Anker- und Ausgangspunkte für Erkundungen der Industrienatur. Direkt vor Ort geben Informationstafeln einen Überblick über die jeweiligen Standorte sowie ihre besonderen Tier- und Pflanzenvorkommen.

Industrienatur

Industriebrachen erregen heute besondere Aufmerksamkeit, da sie im Vergleich zu anderen städtischen Biotopen oder land- und forstwirtschaftlich genutzten Flächen einen großen Artenreichtum an Pflanzen und Tieren aufweisen. Sie zählen sogar zu den artenreichsten Lebensgemeinschaften in Deutschland. Zu diesem gewiss überraschenden Ergebnis kamen die beteiligten FloristInnen und FaunistInnen unter anderem beim GEO-Tag der Artenvielfalt für den Landschaftspark Duisburg-Nord. Mit Artenzahlen von 500 und mehr Pflanzenarten auf wenigen Hektar Fläche besitzen solche Gebiete eine große Bedeutung für die Biodiversität des Landes und bilden aufgrund ihrer Größe und Lage im Ballungsraum ein wichtiges Bindeglied im innerstädtischen Biotopverbund. Darüber hinaus trägt die Industrienatur zum klimatischen Ausgleich und zu den natürlichen Wasser- und Stoffkreisläufen im Siedlungsbereich bei.

Aber auch der Mensch profitiert unmittelbar von der Vielfalt der Industriebrachen als stadtnahen Freizeit-, Erholungs- und Erlebnisräumen. Die besondere Schönheit und Faszination der Brachen liegt in der eigenwilligen und ungewohnten Verbindung von wilder Natur und Industrierelikten, die Zeugnis von der Vergangenheit der Flächen ablegen.

Abb. 2: Museumsbesucher entdecken die Industrienatur am LWL-Industriemuseum Zeche Nachtigall in Witten. Foto: B. Brosch

Wertvolle Ersatzlebensräume

Mit der Industrialisierung und Besiedlung im Ruhrgebiet verschwanden viele der ehemals hier vorhandenen natürlichen Lebensräume. Durch die Bebauung von Flächen oder den fast vollständigen Umbau des gesamten Gewässernetzes wurden zum Beispiel ausgedehnte Uferzonen und Überschwemmungsbereiche vernichtet. Bei genauer Betrachtung findet man heute auf den Industriebrachen jedoch wieder ähnliche Strukturen und Lebensräume. Die ausgedehnten, steinigen und unbewachsenen Flächen auf Berghalden mit Pfützen und kleinen Tümpeln sind beispielsweise ein Ersatzlebensraum der Kreuzkröte.

Die moderne Agrarlandschaft bietet Tieren und Pflanzen dagegen nur noch wenig natürliche Lebensräume. Auf den überwiegend ungestörten Industriebrachen finden diese Arten auf unterschiedlichen Standorten dagegen ein neues Zuhause. So bewohnt der Feldhase die steppenähnlichen Ruderalflächen auf ehemaligen Gleisanlagen, über denen auch der Mäusebussard kreisend nach Beute sucht. Anstatt auf Felsvorsprüngen brütet der Turmfalke an Industrieschornsteinen, und Fledermäuse jagen über Bergsenkungsgewässern nach Insekten. Selbst landes- oder sogar bundesweit selten gewordene Arten haben sich demnach auf die ehemaligen Industriestandorte zurückgezogen, weil ihre Lebensbedürfnisse in den übrigen Teilen der intensiv genutzten Kulturlandschaft kaum noch erfüllt werden.

Die Zahl der auf Industriebrachen lebenden Pflanzen- und Tierarten beträgt heute ein Vielfaches dessen, was auf benachbarten Äckern, Wiesen und Weiden zu beobachten ist.

Sukzession

Wenn auch die Artenvielfalt einer Industriebrache zunächst beeindruckend wirkt, so sind die meisten der dort anzutreffenden Pflanzen- und Tierarten dennoch nur vorübergehend an bestimmten Standorten zu finden. Sobald sich die Lebensbedingungen ändern, zum Beispiel durch Nährstoffeintrag und Humusbildung oder die Beschattung von heranwachsenden Gehölzen, verschwinden viele Arten wieder.

Ohne ständige Eingriffe könnten sich die auf offene Standorte angewiesenen, wärmeliebenden und blütenreichen Staudenfluren auf den Brachflächen nicht halten. Mit der Zeit würde sich zweifellos eine Waldgesellschaft mit deutlich geringerer Artenvielfalt entwickeln.

Neben den unterschiedlichen Sukzessionsstadien, die heute noch auf vielen Industriebrachen anzutreffen sind, werden einige ungestörte Bereichen bereits von wilden, spontan entstandenen „Industrie-Wäldern" bedeckt.

Natur- und museumspädagogische Angebote

Grundsätzlich sollte die Umsetzung von naturpädagogischen Angeboten in Museen einen Bezug zum jeweiligen Standort schaffen. Zunehmend spielen hier auch die biologische Vielfalt und die nachhaltige Entwicklung eine wichtige Rolle.

Der Acker-Schachtelhalm beispielsweise, der auf der Industriebrache des LWL-Industriemuseums Zeche Nachtigall wächst, ist ein uralter Verwandter der Riesenschachtelhalme, die schon während der Karbonzeit vor 300 Millionen Jahren damals noch in Äquatornähe wuchsen und an der Entstehung der Steinkohle beteiligt waren.

Der Hausrotschwanz, der als Zugvogel im zeitigen Frühjahr aus dem Süden sowohl zur Zeche Nachtigall als auch zur Henrichshütte zurückkehrt, ist ursprünglich ein Felsenbrüter. Die Gebäudestrukturen der Industrieanlagen mit hohen Mauern und Schornsteinen dienen ihm als Alternative für den Nestbau.

LWL-Industriemuseum Zeche Nachtigall in Witten

Die Zeche Nachtigall am südlichen Ruhrufer von Witten ist die älteste erhaltene Tiefbauzeche im Revier. Das Bergwerk war von 1714 bis 1892 in Betrieb; anschließend siedelte sich auf dem Betriebsgelände eine imposante Dampfziegelei an. Deren Betrieb endete erst im Jahre 1963.

Der heutige Standort des LWL-Industriemuseums wurde nach Restaurierung der denkmalgeschützten Zechen- und Ziegeleigebäude im Mai 2003 offiziell eröffnet. Themen sind hier u.a. die Entstehung der Kohle, die Entwicklung des Bergbaus im Ruhrtal, Kleinzechen und Kohlenschifffahrt. Das Besucherbergwerk Nachtigallstollen stellt heute einen wichtigen touristischen Anziehungspunkt der Region dar.

Abb. 3: LWL-Industriemuseum Zeche Nachtigall in Witten *Foto: B. Ehses*

Zechen-Safari

Seit 2006 bietet das Industriemuseum neben museumspädagogischen Angeboten zu den Schwerpunktthemen Kohle und Bergbau ein Naturprogramm für Kinder ab 6 Jahren an, die Zechen-Safari. An jedem vierten Dienstag im Monat gehen die jungen TeilnehmerInnen von 15 bis 17 Uhr in Begleitung einer Naturpädagogin auf dem Gelände der Zeche Nachtigall auf Entdeckungstour. Da die Teilnehmerzahl auf 15 begrenzt ist, ist eine Voranmeldung notwendig.

Die jahreszeitlich angepassten Themen der Zechen-Safari wechseln monatlich:

Januar:	Wer knackt die Nuss? – Spiele und Rätsel rund um die Natur
Februar:	Naturdetektive auf Spurensuche
März:	Glück auf – die Kröten kommen! – Tiere auf Wanderschaft
April:	Wenn die Nachtigall singt – Frühlingsboten rund um die Zeche
Mai:	Schwerstarbeit „unter Tage" – das geheime Leben der Tiere im Boden
Juni:	Lebensraum Teich und Fluss – Tiere im und auf dem Wasser
Juli:	Mit der Lupe unterwegs im Wald und auf der Wiese
August:	Heilkräuter und Zauberpflanzen – Geheimnisse aus dem Pflanzenreich
September:	Spinnen-Expedition
Oktober:	Von Bäumen, Blättern, Samen und Früchten
November:	Was macht der Frosch im Winter? – Tiere in der kalten Jahreszeit
Dezember:	Winterliche Naturwerkstatt

Nach einer kurzen Einführung mit Naturfundstücken, Bildern oder Modellen geht es ins Gelände, wo die Teilnehmenden mit allen Sinnen suchen, sammeln und forschen. Mit Becherlupen, Bestimmungstafeln, Kescher und Binokular lernen die Kinder spielerisch die heimische Natur kennen. Häufig werden auch kleine Spiele oder kreative Aktionen eingebaut. Zum Abschluss können die TeilnehmerInnen ein Naturfundstück oder etwas Selbstgebasteltes zum jeweiligen Thema mit nach Hause nehmen.

Auf abwechslungs- und erlebnisreiche Weise bekommen die Kinder somit einen Zugang zu den Tieren und Pflanzen, die in ihrer Stadt (Heimat) heimisch sind. Sie lernen verschiedene Lebensräume (Wald, Wiese, Wasser) kennen und entwickeln ein Gefühl für den Wert der Natur.

Die Zechen-Safari ist für Kindergärten, Schulklassen (bis Sek. I) und andere Gruppen (z.B. Kindergeburtstage) frei buchbar. Das Programm wird im Internet, in Programmflyern und in der örtlichen Presse beworben.

Abb. 4: Pflanzenerkundung bei der Zechen-Safari im LWL-Industriemuseum
Foto: W. Fischer

Natürlich Nachtigall – Natur im Industriemuseum

Seit April 2011 gibt es ein neues Naturprogramm im LWL-Industriemuseum Zeche Nachtigall, das in erster Linie Erwachsene und Jugendliche anspricht. Die Pflanzen und Tiere der Industriebrache stehen auch hier im Mittelpunkt der naturkundlichen Exkursionen über das alte Zechen- und Ziegeleigelände.

Folgende Themen werden über das Jahr verteilt angeboten und sind für Gruppen frei buchbar:

- Nachtsafari im Industriemuseum
- Wildkräuter im Industriemuseum
- Tiere im Industriemuseum
- Artenvielfalt im Industriemuseum
- Bäume im Industriemuseum

Abb. 5: Sammeln, Forschen und Basteln im LWL-Industriemuseum Zeche Nachtigall *Foto: B. Ehses*

„Natürlich Nachtigall" möchte das Interesse für die biologische Vielfalt wecken und auf unterhaltsame und informative Weise Naturzusammenhänge vermitteln. Dabei steht nicht die reine Wissensvermittlung im Vordergrund, sondern das Naturerlebnis. Beispielsweise wird die Behaarung einer Pflanze erfühlt und nebenbei erklärt, welche Schutzfunktion die Haare in Bezug auf den Klimawandel und die damit einhergehende zunehmende Hitze haben. Bei einer Nachtexkursion im Frühjahr können Amphibien an ihrem Laichgewässer beobachtet werden, verbunden mit Hinweisen zum gezielten Artenschutz. Während der Geländebegehung werden Erkennungsmerkmale von Arten vermittelt, Nutzungsmöglichkeiten oder Heilwirkungen von Pflanzenarten beschrieben oder kleine Geschichten erzählt, die in Zusammenhang mit dem Bergbau und der Kohle stehen.

Abb. 6: Natur erleben mit allen Sinnen auf der Industriebrache der Zeche Nachtigall in Witten *Foto: B. Brosch*

Naturwerkstatt Nachtigall

Ein weiteres neues Programmangebot des LWL-Industriemuseums Zeche Nachtigall ist die Naturwerkstatt Nachtigall für Erwachsene und Kinder ab zehn Jahren.

Kreative Naturangebote, wie der Bau von Insektenhotels, die Herstellung von Kräuterseifen, Papierschöpfen, Malen mit Pflanzenfarben oder Filzen sollen unter Einbeziehung von Natur- und Umweltschutzaspekten durchgeführt werden.

LWL-Industriemuseum Henrichshütte in Hattingen

Von 1854 bis 1987 produzierte die Henrichshütte in Hattingen Roheisen. Die Henrichshütte war über viele Jahrzehnte bis in die 1970er Jahre der Hauptarbeitgeber in Hattingen, dessen Wirtschaftskraft weit über die Stadtgrenzen hinaus abstrahlte. In den Spitzenzeiten produzierten hier über 10.000 Arbeiter Walz- und Schmiedeteile aus Eisen und Stahl. Gegen erbitterten Widerstand wurde 1987 im Zuge des allmählichen Niedergangs der Kohle- und Schwerindustrie im Ruhrgebiet der letzte Hochofen der Henrichshütte stillgelegt.

Seit 1989 wurde der Hochofen 3 der Hattinger Henrichshütte zu einem Museum des Eisenhüttenwesens ausgebaut. Bei Übernahme des Geländes durch den Landschaftsverband Westfalen Lippe lagen einige Bereiche des Hüttengeländes schon seit mehreren Jahren brach, so dass sich die Natur hier

Abb. 7: Blick vom Hochofen auf das Gelände des LWL-Industriemuseums Henrichshütte Hattingen *Foto: B. Ehses*

ihr Terrain schon zum großen Teil zurückerobert hatte. Dadurch kam man zu dem Ansatz, die Geschichte der Henrichshütte auch unter ökologischem Aspekt zu beleuchten. Bei einer Pflanzenkartierung wurden 1991 rund 120 verschiedene Pflanzenarten auf dem heutigen Museumsgelände und in der näheren Umgebung gefunden.

Im September 2000 wurde die Henrichshütte schließlich als fünfter Standort des Westfälischen Industriemuseums (heute LWL) mit einer Fläche von 50.000 m^2 eröffnet.

Themen im Museum sind u.a. die Geschichte der Eisenerzeugung und die Sozialgeschichte der Eisenhüttenleute. Geführte Rundwege wie der „Weg des Eisens", der „Grüne Weg", der „Weg der Ratte" (für Kinder) oder ein Besuch der Schaugießerei gehören neben anderen zu den Angeboten des Industriemuseums.

Abb. 8: „Steine erzählen Geschichte" bei der „Grünen Werkstatt" an der Henrichshütte in Hattingen
Foto: B. Diermann

Grüne Werkstatt

Bereits seit mehr als zehn Jahren finden auf der Industriebrache der Henrichshütte auch ökologische Führungen statt. Was mit einem Modellprojekt „Ausgekocht und aufgeblüht – Alt und Jung erkunden die Industriebrache" begann, entwickelte sich unterdessen zur Öko-Werkstatt mit monatlich wechselnden Themenangeboten. Pflanzen, Tiere, Wasser, Boden, Spuren und Steine bilden damals wie auch heute die Grundlage der museumspädagogischen Naturführungen. In Kooperation mit der Volkshochschule Hattingen bietet das LWL-Industriemuseum seit 2009 unter dem aktuellen Titel „Grüne Werkstatt" folgende Themen an:

Januar:	Steine erzählen Geschichte
Februar:	Von Federn und Fährten – Spurensuche auf der Industriebrache
März:	Wasserwege im Wandel
April:	Frühlingsboten auf der Hütte
Mai:	Vom Schachtelhalm zum Götterbaum
Juni:	Wilde Wiese – Schmetterlinge, Bienen, Käfer und Co.
Juli:	Hexenkräuter und Zauberpflanzen – Kräuterkunde rund um den Hochofen
August:	Mit Stacheln, Gift und Panzerkleid – Schutzstrategien von Tieren und Pflanzen
September:	Spinnen – „schrecklich" interessant
Oktober:	Früchte und Samen – Perfekte Transportunternehmen
November:	Der Boden lebt – Asseln, Würmer, Schnecken und Co.
Dezember:	Natur kreativ – Gestalten mit Naturfundstücken

Abb. 9: „Natur kreativ" – mit Fundstücken vom Museumsgelände Foto: B. Ehses

Das offene, zweistündige Museumsangebot findet an jedem zweiten Sonntag im Monat statt und richtet sich in erster Linie an Familien oder Großeltern mit Enkelkindern. Nach einer Themeneinführung im alten Labor geht es ausgerüstet mit Lupengläsern, Körben, Keschern und Bestimmungshilfen ins Gelände.

Im Vordergrund steht die originale Naturerfahrung mit allen Sinnen. Es wird gesucht und gesammelt und später im Labor, z.B. mit Hilfe eines Binokulars, genauer untersucht. Der Blick in die acht Augen einer Spinne oder auf die feinen Wurzelhaare einer Pflanze sind eindrucksvolle Erlebnisse. Zum Abschluss der Veranstaltung wird eine kleine thematische Ausstellung mit Fundstücken für das Museum erstellt.

Die Inhalte der Themenangebote können altersgerecht angepasst werden und sind von Schulklassen und anderen Gruppen (Kindergeburtstage) frei buchbar.

Der Grüne Weg – Industrienatur auf der Henrichshütte

Der „Grüne Weg" informiert über die Industrienatur der Henrichshütte und führt über Schotter, Bahngleise, Erzbunker vorbei am Möllergraben und zum Hochofen. Seit der Stilllegung des Eisenhüttenwerks hat sich zwischen den alten Industrieanlagen eine artenreiche Flora und Fauna entwickelt, die sich den veränderten Standortbedingungen auf der Industriebrache angepasst hat. Auf Schlacke- und Schuttablagerungen gedeihen wärmeliebende Pflanzen aus aller Welt, wie der Sommerflieder und der Götterbaum aus Asien oder das Schmalblättrige Greiskraut aus Südafrika. Am Schornstein neben dem Hochofen brütet regelmäßig der Wanderfalke, und neben den Bahngleisen sonnen sich Eidechsen und Ringelnattern. Bei einer Führung über die Industriebrache erfahren die Teilnehmenden Wissenswertes über die Artenvielfalt der Industriebrache, über ihre Bedeutung als Ersatzlebensraum oder über die etwaige Problematik von Neophyten. Daneben werden die Teilnehmenden auch auf die ökologischen Auswirkungen und Zusammenhänge zwischen der industriellen Nutzung und den dadurch veränderten Boden-, Klima- und Wasserverhältnissen aufmerksam gemacht.

Offene Führungen (1,5 Std.) auf dem „Grünen Weg" finden von April bis Oktober an jedem vierten Sonntagmorgen statt. Geleitet über Informationstafeln auf dem Hüttengelände kann man den „Grünen Weg" auch eigenständig erkunden.

Abb. 10: Auf dem „Grünen Weg" an der Henrichshütte in Hattingen erleben Museumsbesucher die Natur im Wandel. Foto: B. Diermann

Nachts im Museum

Nachtführungen im LWL-Industriemuseum sind von besonderem Erlebniswert. Neben wöchentlichen Fackelführungen zum Thema Technik- und Industriegeschichte im Winterhalbjahr heißt es von April bis Oktober einmal im Monat „Nachts im Museum". Ausgerüstet mit Kopf- und Taschenlampen und mit allen Sinnen geht es im Schatten des beleuchteten Hochofens über das Museumsgelände auf die Suche nach Tieren, die erst im Schutz der Dunkelheit ihr Versteck verlassen, oder nach Pflanzen, die erst in der Dämmerung ihren Blütenduft verströmen. Die Museumsgäste schnuppern an Nacht- und Königskerzen, Nachtfalter tanzen im Scheinwerferlicht, Kröten sitzen zwischen Steinen, Heuschrecken zirpen auf der Erzbrücke und Fledermäuse jagen über den Möllergraben. Auf der nächtlichen 90-minütigen Entdeckungstour erfahren die MuseumsbesucherInnen viel Wissenswertes über die Tier- und Pflanzenarten der nächtlichen Industriebrache, aber auch über die Industriegeschichte an diesem ehemaligen Industriestandort.

Weitere naturpädagogische Angebote werden am LWL-Industriemuseum Zeche Zollern in Dortmund und an der Zeche Hannover angeboten.

Informationsmaterial und Literatur

Programmflyer der LWL-Industriemuseen Henrichshütte Hattingen und Zeche Nachtigall unter www.lwl.org

Regionalverband Ruhr: Jahresprogramm „Natur erleben" unter www.rvr-online.de

Regionalverband Ruhr (Hrsg.) (2005): Atlas der Industriekultur, Ruhrgebiet. – Essen.

Regionalverband Ruhr (Hrsg.) (2009): Route Industriekultur: Themenheft 24 – Industrienatur. – Essen.

Regionalverband Ruhr (Hrsg.) (2010): Route der Industriekultur per Rad. – Essen.

Schlüsselphänomene einer Bildung für nachhaltige Entwicklung

Ein Beitrag der Natur- und Kulturinterpretation zur Besucherbetreuung in Heimatmuseen

Thorsten Ludwig

Vor einiger Zeit haben sich EUROPARC Deutschland, der Bundesverband Naturwacht und die Arbeitsgemeinschaft Natur- und Umweltbildung (ANU) gemeinsam der Aufgabe gestellt, die besucherorientierte Kurzzeitbildung nach dem Konzept der Natur- und Kulturinterpretation mit einer Bildung für nachhaltige Entwicklung (BNE) zu verknüpfen.[1] Dabei ergab sich eine ähnliche Situation wie in den Heimatmuseen: Umfangreiche Erfahrungen waren vorhanden, und angesichts der Forderung nach Bildung für nachhaltige Entwicklung fragten sich manche, was daran denn nun neu sei, und ob der Ruf nach dem vermeintlich Neuen nicht dazu verleiten könnte, Bewährtes vorschnell über Bord zu werfen. Bald wurde deutlich, dass Bildung für nachhaltige Entwicklung vor allem dann greifbar wird, wenn sie sich an Schlüsselphänomenen festmachen lässt. Weil deren Wirksamkeit auf dem Konzept der Natur- und Kulturinterpretation beruht, wird dieses zunächst kurz vorgestellt.

Was ist Natur- und Kulturinterpretation?

Natur- und Kulturinterpretation steht in enger Verbindung mit der Entwicklung der Besucherbetreuung in den Nationalparken der USA. Ging es dabei zu Beginn vor allem darum, wilder Natur Botschaften abzulauschen und sie in die eigene Sprache zu übersetzen,[2] also um Naturinterpretation, so trat im ersten Drittel des 20. Jh. die Interpretation kultureller Hinterlassenschaften, also die Kulturinterpretation, als ein weiterer wichtiger Bereich hinzu. In der Folge fand das Konzept unter dem Begriff „Heritage Interpretation" weltweit auch in Zoos, Botanischen Gärten und (Frei-licht)museen Anwendung und wird heute in zahlreichen angloamerikanischen Universitäten als Studienfach gelehrt.

„Heritage" bezeichnet im Englischen das Natur- und Kulturerbe, also all das, was wir an Natur- und Kulturgütern vorfinden, ohne an seiner Entstehung Anteil gehabt zu haben. Menschen dafür zu gewinnen, eine enge Beziehung zu ihrem Natur- und Kulturerbe aufzubauen und es wertzuschätzen, ist das Ziel der Natur- und Kulturinterpretation.

In „Interpreting Our Heritage" definiert der Journalist Freeman Tilden 1957 den Begriff „Heritage Interpretation".[3] Er beschreibt einige Grundsätze, die für die Umsetzung wichtig und vielen von uns aus eigener Erfahrung vertraut sind. Ich möchte das Wesentliche in vier Punkten zusammenzufassen.

1. Interpretation setzt auf unmittelbare Begegnung mit den Phänomenen

Im Mittelpunkt der Interpretation steht grundsätzlich ein unmittelbar wahrnehmbares Natur- oder

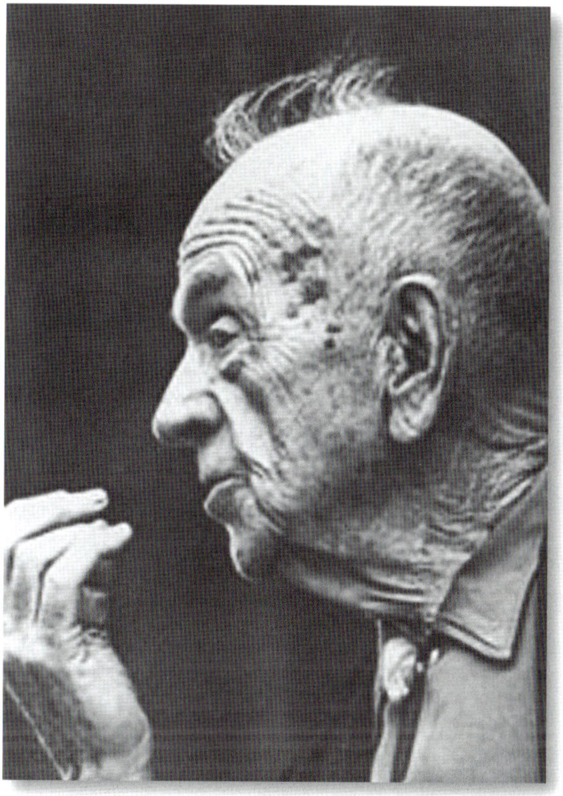

Abb. 1: Freeman Tilden *Foto: US National Park Service*

Kulturphänomen, das es zu interpretieren gilt. Schon in der Erarbeitung wird immer an diesem Phänomen also bspw. an dieser Heusense, an dieser alten Mühle oder an diesem Bachtal – und nicht etwa an einem Thema (wie Sensen, Mühlen oder Bachtäler) angesetzt. Nahezu alles, was wir unternehmen, dient nicht dazu, Fakten zu Themen zu vermitteln, sondern dazu, die unmittelbare Begegnung der Besucher mit vor Ort vorhandenen Phänomenen anzuregen und zu unterstützen.

Für eine erfolgreiche Interpretation besonders hilfreich sind dabei Phänomene mit einem hohen Interpretationspotential – also solche, die Neugier wecken, Geheimnisse in sich tragen oder mit menschlichen Schicksalen verbunden sind, und die den BesucherInnen im besten Fall nicht gänzlich unbekannt sind, weil sie „Geschichte gemacht" haben. Denn unser Ziel soll es sein, das, was unmittelbar erfahren wurde, in größere Zusammenhänge zu stellen.

Nach entsprechenden Anstößen aus den siebziger Jahren[4] hat die unmittelbare Begegnung mit den Phänomenen auch in Deutschland eine Renaissance erlebt. Nicht nur Museen, die nach dem Konzept der Interpretation arbeiten, haben diesem Anspruch Rechnung getragen, indem sie die Gegen-

Abb. 2: Wagenrad an einer alten sächsisch-böhmischen Handelsstraße *Foto: H. Natusch*

stände, soweit das der Schutzzweck zuließ, aus den Vitrinen befreit und ihre chronologisch oder typologisch aufgebauten Ausstellungen nach dem Gebrauchszusammenhang neu geordnet haben. Insbesondere die Freilichtmuseen, die von Beginn an dafür eingetreten sind, Ganzheiten in Form ganzer Lebensräume zu präsentieren, sahen sich dabei in ihrem Ansatz bestätigt.

In allen Heimatmuseum gibt es Gegenstände, die auf den ersten Blick unscheinbar sind, jedoch Geschichten – bisweilen auch Fundgeschichten – in sich tragen, die es mit jedem Fernsehkrimi aufnehmen können. Zusätzlich wird etwas geboten, das weder vor dem heimischen Bildschirm noch im Kinosaal denkbar ist: Das elektrisierende Gefühl der Berührung, oft auch des eigentümlichen Geruchs der Dinge als Vorstufe des Begreifens.

Die unmittelbare Begegnung mit den Natur- und Kulturphänomenen ist das erste As, das wir bei der Betreuung unserer BesucherInnen ins Spiel bringen können, und den Heimatmuseen ist es durch ihre Nähe zu den Dingen und zu den Menschen seit jeher nicht schwergefallen, diese Karte auszuspielen.

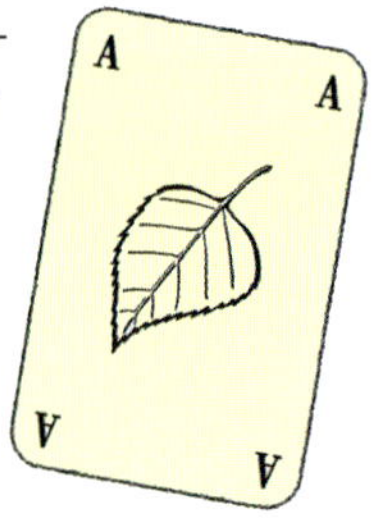

Abb. 3
Grafik: T. Ludwig

2. Interpretation verbindet eigene Inhalte mit denen der Besucher

Den Grundsatz der Ganzheitlichkeit bezieht Interpretation aber nicht nur auf die in ihren Zusammenhängen zu zeigenden Gegenstände. Indem diese mit Mühen, Ängsten und Nöten, mit schicksalsschweren Entscheidungen und glücklichen Fügungen verknüpft sind, sprechen sie auch den ganzen Menschen an – im besten Fall über Kopf, Herz und Hand. BesucherInnen von Heimatmuseen suchen ja die Verbindung zu ihren eigenen Wurzeln, und Orte und Phänomene werden dann spannend, wenn sie diese Verbindung nicht nur zulassen, sondern auch anregen.

Eine Form, mit der das besonders gut gelingt, ist die historische Rolleninterpretation, also das Nachspielen von Charakteren, das Geschichte lebendig werden lässt. Als Erfinder dieser Form gilt der Schwede Artur Hazelius, der gegen Ende des 19. Jh. das Stockholmer Freilichtmuseum Skansen ins Leben rief und HandwerkerInnen sowie TheaterkünstlerInnen für sein Vorhaben gewann, dem Museum Leben einzuhauchen. Der Ansatz fand v. a. in den USA zahlreiche Nachahmungen. Das 1932 eröffnete Freilichtmuseum Colonial Williamsburg beschäftigte bald ein ganzes Korps von DarstellerInnen, um das Leben und Arbeiten in den historischen Gebäuden der Stadt erfahrbar zu machen. Freeman Tilden schrieb: Wir müssen die Gebäude und ihre Einrichtungsgegenstände „von dem Anschein befreien, sie seien erstarrt, als gerade niemand zu Hause war“.[5]

Bei der Rolleninterpretation spielt die/der InterpretIn eine historische Figur, indem sie/er in zeitgenössischer Kleidung mit den Gegenständen und in den Räumen handelt. Dabei gibt er/sie die Stellung seiner/ihrer Figur in der Gesellschaft, die Sprache und die Sitten der jeweiligen Epoche möglichst wirklichkeitsgetreu wieder. Oft spielen auch mehrere InterpretInnen gemeinsam in unterschiedlichen Rollen und beziehen die BesucherInnen dabei wechselweise mit ein. Das erfordert nicht nur theatralisches Geschick, sondern auch eine sorgfältige Recherche. Denn meist werden keine in umfangreichen Biographien bezeugten Persönlichkeiten, sondern einfache Menschen dargestellt, deren angenommene Lebensläufe zuvor auf der Grundlage des Forschungsstandes bis in alle Einzelheiten ausgearbeitet worden sind.

Abb. 4: Rolleninterpretation um einen Korbmacher des 19. Jh. im Odenwald Foto: T. Ludwig

Gespielt werden außerdem vorrangig alltägliche Situationen. Denn dadurch, dass die DarstellerInnen ganz ähnlich handeln, wie der/die BesucherIn gehandelt hätte, und dadurch, dass deren Themen auch seine/ihre eigenen sein könnten, nimmt der/die BesucherIn nicht nur unbewusst mehr Hinweise über die Zeitumstände auf, auch die Bedeutung der Orte und Gegenstände wird deutlicher als durch die Beschreibung im Rahmen einer Führung.

Gekonnt gestaltet können aber sogar eine Tafel oder eine Hörstation solche Bezüge herstellen, erdachte Figuren können die/den BesucherIn entlang einer Themenlinie durch eine Ausstellung begleiten, und manchmal genügt es auch schon, den Gegenstand in einem entsprechenden Umfeld zu präsentieren, um die/den BesucherIn anzuregen, Beispiele oder Vergleiche zu ziehen und so mögliche Barrieren zwischen sich und den Dingen zu überwinden. Denn Interpretation ist dann am wirkungsvollsten, wenn die/der BesucherIn sie für sich selbst vornimmt.

Wenn wir dabei gezielt Hilfestellung leisten, indem wir Metaphern, Erzählungen, Gedichte, Zitate o. ä. anbieten, dann sprechen wir von „Trittsteinen", die wir für die BesucherInnen legen. Und wenn es uns gelingt, BesucherInnen über diese Trittsteine auf unsere Phänomene zuzubewegen, dann bringen wir damit unser zweites As ins Spiel.

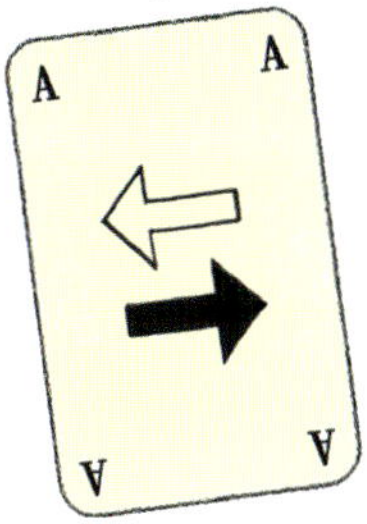

Abb. 5
Grafik: T. Ludwig

3. Interpretation richtet Fakten auf zugkräftige Leitideen aus

Wie wir gesehen haben, geht Interpretation nicht gerade zuvorkommend mit den Fakten um. Während Sachinformationen sonst oft an erster Stelle stehen, wählen wir sie hier nicht nur konsequent nach den vorhandenen Phänomenen und ihrer Bedeutung für die BesucherInnen aus, wir unterziehen sie noch einer weiteren Einschränkung: Wir ordnen sie einer Leitidee oder – wie Tilden schreibt – einer „tieferen Wahrheit" unter.[6] Was ist damit gemeint?

Jedes Phänomen lässt sich aus einer Vielzahl von Blickwinkeln heraus beleuchten. Und zweifelsohne wäre der/die BesucherIn, welcheR sich eher aus Gründen der Freizeitgestaltung denn zu Studienzwecken im Heimatmuseum aufhält, und am gleichen Tag auch noch andere Dinge sehen möchte, mit einer Flut unterschiedlicher Botschaften überfordert. Eine Aufgabe der Leitidee ist es, bestimmte Anknüpfungspunkte zu einem Bild zu bündeln – woraus folgt, dass andere Informationen, die auch interessant sein mögen aber nicht zu dieser Leitidee passen, bewusst ausgeklammert werden. Das klingt zunächst nach einer simplen Strukturhilfe. Eine Leitidee ist aber mehr.

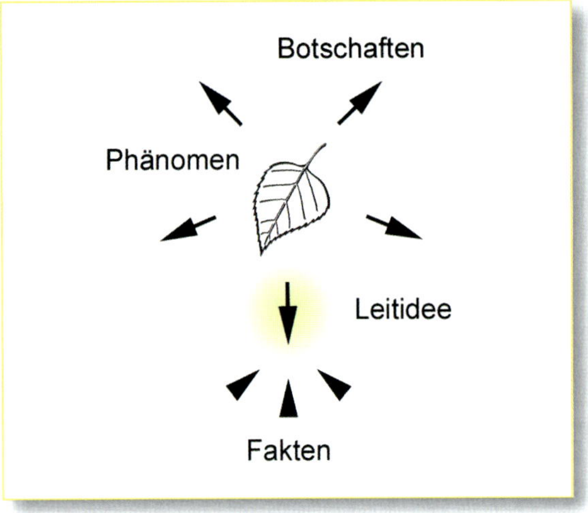

Abb. 6 Grafik: T. Ludwig

In der Eifel gibt es Reste einer römischen Wasserleitung. Zu sehen ist eine aus Steinen gemauerte Röhre, die hier und da auftaucht und tunnelartig wieder im Erdreich verschwindet. Die Leitidee, die ein Ranger im Nationalpark Eifel dazu formuliert hat, lautet: „An dieser Leitung hing das gute Leben der Stadt Köln". Der/dem BesucherIn, der/die dieses Stück Kulturerbe inmitten des Waldes vorfindet, wird unvermittelt deutlich, welche Bedeutung der Naturraum Eifel für das schon zur Römerzeit bestehende Ballungsgebiet am Rhein hatte, und dass man im 100 km entfernten, immerhin am Wasser gelegenen Köln weder Kosten noch Mühen gescheut hat, um sich auf diesem Weg mehr als 300 Jahre lang ein besseres Leben zu sichern. Mit ein wenig Geschick wird es dem Ranger nun gelingen, diesen Zusammenhang spannend zu enthüllen, das Bild mit Leben zu füllen und den BesucherInnen im Gespräch über die damit verbundenen Geschichten zum Nachdenken anzuregen. Denn das unterscheidet eine Leitidee von einer zu überbringenden Botschaft.

Sind RangerInnen auf Tafeln oder Aktionselemente angewiesen und können somit nicht unmittelbar auf die BesucherInnen und ihre persönlichen Lebenswelten eingehen, müssen sie sich sogenannter Universale bedienen.[7] Das sind Motive wie Geburt, Kinder, Familie oder Tod, die für nahezu alle Menschen bedeutsam sind. Auch hier genügt es manchmal schon, einen kurzen Anstoß zu geben. Dann interpretiert der/die BesucherIn selbst, und der/die RangerIn kann als BegleiterIn im Hintergrund bleiben.

Eine Leitidee soll sich immer in einem knappen Satz zusammenfassen lassen, der die Besuchenden

Abb. 7: Das gute Leben im römischen Köln entsprang in der Eifel Foto: T. Ludwig

berührt. Erst durch die Leitidee gelangen wir, wie Freeman Tilden schreibt, „über einen Teil hinaus zum Ganzen und von einer Wahrheit zu einer tieferen Wahrheit".[8] Wie ein Leitstern gibt die Leitidee sowohl uns als auch dem/der BesucherIn eine Orientierung – möglichst ohne die/den BesucherIn in seinen Vorstellungen einzuengen.[9] Die Leitidee durchwirkt die Interpretation also wie ein roter Faden im Goetheschen Sinn.[10] Sie ist aber kein Ariadnefaden, der den sicheren Weg festlegt, von dem man sich nicht entfernen darf.[11]

Das Herausarbeiten zugkräftiger Leitideen bereitet oft Schwierigkeiten. Denn obwohl der Ruf nach einer Leitidee ein Stück weit den/die DichterIn und den/die WerbetexterIn in uns wecken sollte, darf sie weder ein platter Werbespruch sein noch etwas, das abgehoben über den Dingen schwebt. Eine Leitidee vermittelt zwischen den Phänomenen und dem, was wir mit ihnen verbinden. Dass nicht entscheidend ist „wie die Dinge an sich beschaffen sind, sondern was sie dem Geist bedeuten",[12] war eine Einsicht, die unter den Dichter- und DenkerInnen des 19. Jh. weit verbreitet war.[13] Freeman Tilden zitiert an zwei Stellen seines Buches Heinrich Heine, um seine Aussagen zu belegen.[14] Heute tun wir uns mit dieser Einsicht gerade im deutschen Sprachraum oft schwer.

Ein Beispiel hierfür ist die Übersetzung des Begriffes „Leitidee" aus dem Englischen. Dort spricht man von „Theme", und so wurde im Zuge der Auseinandersetzung mit dem Konzept der Interpretation im Deutschen der Begriff „Themenpfad" eingeführt.[15] Da die Leitidee aber, wie wir gesehen haben, weit mehr ist als ein Thema, führt diese Übersetzung in die Irre. Die Benennung des Themas (engl. „Topic") lässt vielmehr eine distanzierte wissenschaftliche Abhandlung vermuten (bspw. „Römische Wasserleitungen"), welche eher Fachleute anspricht und weniger die/den erholungsuchendeN BesucherIn, an die/den wir uns ja in aller Regel richten. Die Erkenntnis, dass wir von einem rein themenorientierten Ansatz abrücken müssen, wenn wir unsere BesucherInnen erreichen wollen, setzt sich nur langsam durch.

Unser drittes As spielen wir mit der Leitidee also dann aus, wenn sie sich auf die wahrnehmbaren Phänomene bezieht, die BesucherInnen unmittelbar anspricht und ihnen Raum gibt, ihre Sicht der Dinge zu weiten. Und wenn sie dabei durch nur wenige aber treffsichere Fakten unterstützt wird.

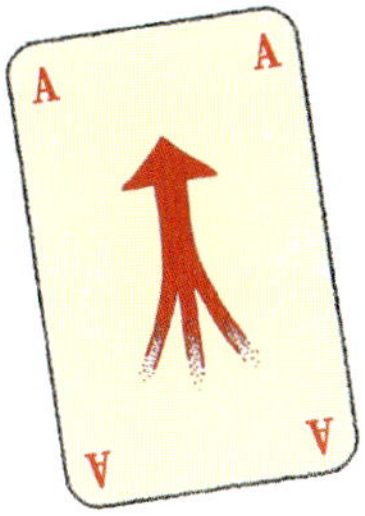

Abb. 8
Grafik: T. Ludwig

4. Interpretation folgt einer Mission

Ein wichtiger Wahlspruch der Natur- und Kulturinterpretation lautet: „Durch Interpretation zu Verständnis, durch Verständnis zur Wertschätzung, durch Wertschätzung zur Bewahrung".[16] Dieser Satz fasst unsere Mission kurz und klar zusammen.

Um dem Grundsatz zu folgen, sich dabei aber auch gleichzeitig die Freiheit zu erhalten, auf die BesucherInnen und ihre Lebenswelten eingehen zu können, müssen wir den Zweck unseres Tuns verinnerlicht haben. Der Person, welche der/dem BesucherIn gegenübertritt, kommt in der Umsetzung eine zentrale Rolle zu. Denn die tiefe Zuneigung, die von Menschen ausgeht, die sich den zu bewahrenden Gütern verbunden fühlen, entfaltet im Gespräch eine Wirkung, die über Tafeln oder andere Medien nur schwer zu erreichen ist.

Dennoch ist es nicht unmöglich, der Mission der Würdigung und Bewahrung auch auf anderen Wegen nachzukommen. Originale Tonaufnahmen von Menschen, die mit den Orten und den Dingen zu tun hatten, und denen sie bedeutungsvoll waren, können hierfür bspw. StellvertreterInnen sein, und bisweilen gelingt es auch mit wenigen Textzeilen zu einem vorhandenen Gegenstand, BesucherInnen über eine Tafel für die Wertschätzung des Gegenstands und darüber hinaus für die Bewahrung unseres Natur- und Kulturerbes aufzuschließen.

Als Sinnbild für unsere Mission, die der Vorstellung des Behütens verbunden ist, haben wir den Rangerhut gewählt. Und mit diesem vierten As haben wir das Konzept der Interpretation in seinen wesentlichen Eckpunkten umrissen.

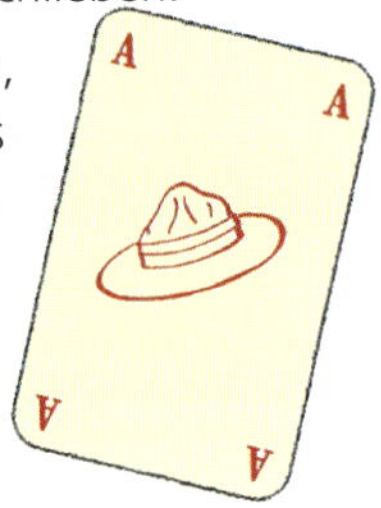

Abb. 9
Grafik: T. Ludwig

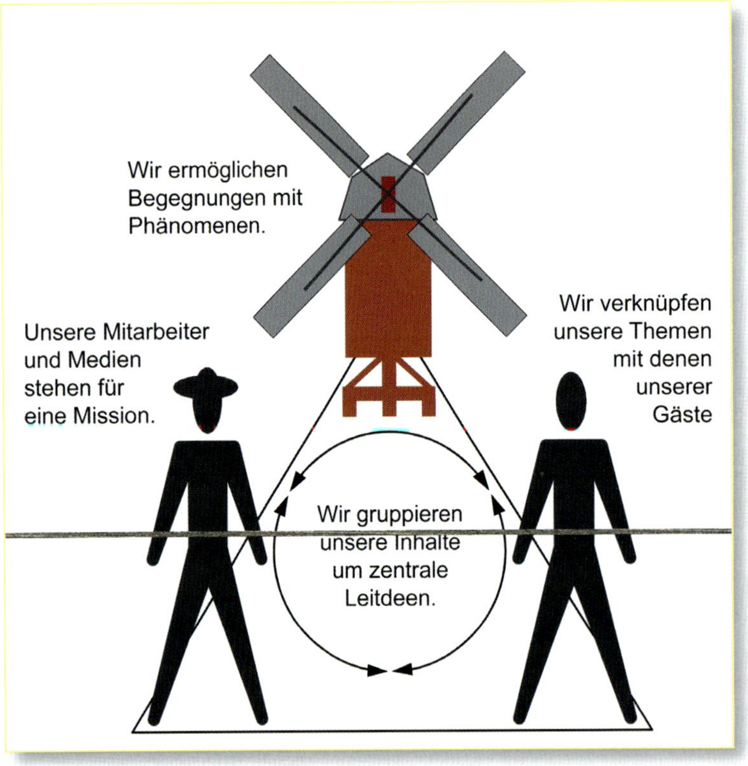

Abb: 10: Das Interpretationsdreieck [17] *Grafik: T. Ludwig*

Wie wir Interpretation mit Bildung für nachhaltige Entwicklung verbinden

Nachdem die Grundsätze der Natur- und Kulturinterpretation benannt sind, wenden wir uns nun dem zweiten der im Titel genannten Konzepte zu, der Bildung für nachhaltige Entwicklung (BNE). Wenngleich sehr viel jünger ist auch dieser Ansatz weltweit verbreitet. Er geht auf die bislang größte UN-Konferenz zurück, die 1992 in Rio stattgefunden hat. Durch einen zehn Jahre darauf in Johannesburg gefassten Beschluss, die Jahre 2005 bis 2014 zur Dekade einer Bildung für nachhaltige Entwicklung zu erklären, hat BNE wesentlichen Auftrieb erhalten. Im Zusammenhang mit dieser UN-Dekade sind auch die vielfältigen Bemühungen im deutschsprachigen Raum zu sehen, BNE in bestehende Bildungskonzepte einzuarbeiten.

Nachhaltige Entwicklung wird definiert als „eine Entwicklung, welche die Bedürfnisse der gegenwärtigen Generation befriedigt, ohne die Fähigkeit zukünftiger Generationen zu gefährden, ihre eigenen Bedürfnisse zu befriedigen".[18] Das Konzept beruht also auf der Entwicklung der Beziehungen der Menschen untereinander sowie der Menschen mit ihrer Umwelt.[19] Nach Aussagen der UNESCO, die mit der Umsetzung der UN-Dekade betraut wurde, umfasst Bildung für nachhaltige Entwicklung unter anderem:

- die Errungenschaften der Vergangenheit anzuerkennen, zu schätzen und zu bewahren
- die Wunder und die Völker der Erde zu würdigen

- den Zustand des Planeten zu bewerten, sich darum zu sorgen und ihn wieder herzustellen.[20]

Um dies auch künftigen Generationen zu ermöglichen, sind die zu bewahrenden Güter vor Ort und weltweit pflegsam zu nutzen und gerecht zu verteilen.

Warum aber sollten sich nun Heimatmuseen einer solchen Vielzahl von Betrachtungsweisen stellen, wenn nachhaltiges Handeln grundsätzlich auch im örtlichen Rahmen denkbar und v. a. vermittelbar ist?

Ein Grund hierfür ist, dass unser materieller Wohlstand heute auf Exporten beruht, und dass es im Zeitalter der Globalisierung nicht nur in Deutschland nahezu nichts gibt, dessen Herstellung nicht von Importen abhängt. So werden an anderen Orten Rohstoffe in Anspruch genommen, Schadstoffe frei gesetzt und mehr oder weniger würdige Lebensbedingungen geschaffen. Wenn wir eine nachhaltige Entwicklung erreichen möchten, die vom Grundsatz der Gerechtigkeit getragen ist, dann sollten wir also auch in unserer Bildungsarbeit jederzeit in der Lage sein, weltweite Zusammenhänge herzustellen, also die Phänomene vor Ort unter Berücksichtigung der drei Dimensionen Umweltverträglichkeit (Ökologie), soziale Gerechtigkeit (Soziales) und dauerhafte Tragfähigkeit (Ökonomie) mit der Lage in anderen Weltteilen in Beziehung zu setzen. Dies soll selbstverständlich nicht ausschließen, dass wir das in der lebendigen Auseinandersetzung mit den Vorzügen und Nachteilen einer auf den jeweiligen Ort bezogenen Subsistenzwirtschaft tun, wie sie in vielen Heimatmuseen so eindrücklich vergegenständlicht ist.

Im deutschen Sprachraum nimmt in der Ausgestaltung der Bildung für nachhaltige Entwicklung der Erwerb der sog. Gestaltungskompetenz eine Schlüsselstellung ein.[22] „Mit Gestaltungskompetenz wird das nach vorne weisende Vermögen bezeichnet, die Zukunft von Gemeinschaften, in denen man lebt, in aktiver Teilhabe im Sinne nachhaltiger Entwicklung modifizieren und modellieren zu können".[23] Qualitätsmerkmale einer Bildungsarbeit im Zeichen der Gestaltungskompetenz sind u. a. die aktive Einbeziehung (Partizipation), das Hinterfragen eigener Haltungen (Reflexion), die Berücksichtigung unterschiedlicher Blickwinkel (Interdisziplinarität), der Bezug zur Lebenswelt des Einzelnen und die besondere Beachtung der Idee der weltweiten Gerechtigkeit. Besucherbetreuung im Sinne einer Bildung für nachhaltige Entwicklung sollte diesen Anforderungen also möglichst weitgehend entsprechen. BNE nimmt dabei häufig auf die Grundsätze einer „Verständigung für einen sozialen Wandel"[24] Bezug:

- weg von Menschen als Gegenstand von Veränderungen
  hin zu Menschen als Trägern ihres eigenen Wandels

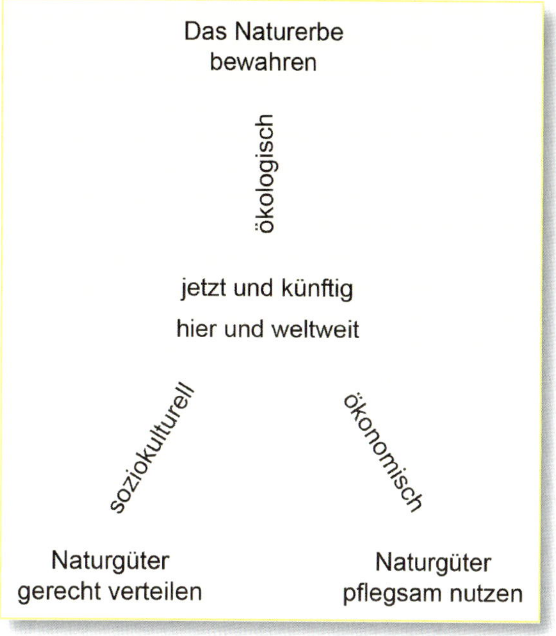

Abb. 11: Dimensionen nachhaltiger Entwicklung[21]
Grafik: T. Ludwig

- weg vom Entwurf, der Erprobung und der Verbreitung von Botschaften
  hin zur Unterstützung eines Austauschs über bedeutsame Schlüsselthemen
- weg von der Übermittlung von fachlichen Kenntnissen
  hin zu einem einfühlsamen Einspeisen entsprechender Fakten in einen Austausch
- weg von der Ausrichtung auf das Verhalten Einzelner
  hin zur Schaffung einer von gemeinschaftlichen Übereinkünften getragenen Umwelt
- weg vom Verlangen, Menschen von etwas zu überzeugen
  hin zur Vereinbarung geeigneter Wege in partnerschaftlichen Abläufen
- weg von auswärtigen Fachleuten, die die Vorgänge lenken und beherrschen
  hin zur Aktivierung derer, die von den Folgen betroffen sind.

Es ist wichtig, diese für das Selbstverständnis einer Bildung für nachhaltige Entwicklung entscheidenden Punkte im Blick zu behalten. Sie umzusetzen erfordert indes pädagogische Fähigkeiten, die auf einer entsprechenden Grundhaltung beruhen, und die nicht von jedem Mitarbeiter im Heimatmuseum ohne weiteres erwartet werden können.

Allerdings konnte durch wissenschaftliche Untersuchungen zum einen nachgewiesen werden, dass die in den vorangegangenen Abschnitten beschriebenen Grundsätze der Natur- und Kulturinterpretation tatsächlich wirksam sind[25] und zum anderen, dass sie die didaktischen Prinzipien einer Bildung für nachhaltige Entwicklung größtenteils schon enthalten.[26] Interpretation verfügt somit über gute Möglichkeiten einer Verschränkung mit BNE, wenn ihr klassisches Prinzip ausgeweitet wird, statt eines Ausschnitts ein Ganzes zu betrachten, um so zu tieferen Einsichten zu gelangen.[27] Den Grundsätzen der Interpretation folgend, gehen wir dabei wieder von konkret wahrnehmbaren Phänomenen aus.

BNE-Schlüsselphänomene suchen und finden

Interpretation mit BNE zu verknüpfen bedeutet den Punkten aus Abb. 11 entsprechend zunächst, im eigenen Umfeld nach Phänomenen zu suchen, die

- sich mit der Lebenswelt unserer BesucherInnen unmittelbar verbinden lassen
- an der Schnittstelle von Natur, Nutzung und Verteilung stehen
- vom konkreten Ort ausgehend weltweite Bezüge nahe legen
- von der Vergangenheit bzw. Gegenwart in die Zukunft weisen.

Oft werden noch weiter gehende Forderungen – etwa nach bestimmten Schlüsselthemen – erhoben.[28] Wenn wir die im ersten Abschnitt erläuterten Qualitätsmerkmale der Interpretation berücksichtigen, ist es aber weder notwendig noch empfehlenswert, den Katalog zu erweitern. „Für Zielgruppen, die nicht aus dem Bildungsbereich kommen, deren Aufgabenbereich aber Bildungsarbeit teilweise einbezieht, ist das Konzept BNE schwer verständlich und nicht attraktiv",[29] was oft eine ablehnende Haltung hervorruft. Schon deshalb sollten die Hinweise für die zum großen Teil ehrenamtlich tätigen MitarbeiterInnen in den Heimatmuseen so einfach und verständlich wie möglich gehalten werden. Wenn Phänomene, die die genannten Anforderungen erfüllen, unter geeignete Leitideen gestellt werden, führen sie von sich aus zu den eher abstrakten BNE-Schlüsselthemen wie Energie, Klimawandel, Vielfalt, Konsum oder Lebensstile. Und den kulturellen Blickwinkel zu einer weiteren, eigenständigen Dimension nachhaltiger Entwicklung auszubauen,[30] hieße hinsichtlich der kulturbezogenen Arbeit unserer Heimatmuseen ohnehin, Eulen nach Athen zu tragen.

Welche Phänomene erfüllen nun aber die genannten Bedingungen?

Geeignet sind v. a. solche Phänomene, für die eine auf Erhalt bedachte Bewirtschaftung und eine gerechte Verteilung von Naturgütern entscheidende Merkmale sind. Um dies greifbar zu machen, seien im Folgenden zwei Beispiele ausgeführt.

Beispiel 1

Wir stehen inmitten der verschneiten Walliser Alpen vor einem mehrstöckigen Chalet, einem für diese Region charakteristischen Holzhaus. Hinter der sonnenbeschienenen Lärchenfassade, deren rötliche Schindeln von Wind und Wetter soweit abgeschliffen sind, dass sie sich im Nichts verlieren, finden sich Schichten einer französischsprachigen Zeitung. An einer Stelle, an der die Verschindelung beschädigt ist, ist auf dem Zeitungsbogen zu lesen: „Vendredi 12 Juin 1903" – Freitag, der 12. Juni 1903. Nord- und Südpol waren zu dieser Zeit noch unerforscht, der Mount Everest lange noch nicht bestiegen; die Gebrüder Wright bereiteten gerade ihren ersten Motorflug vor. Bestimmendes Thema in dem entlegenen Bergtal war der im Bau befindliche Simplontunnel, dessen Schweizer Portal unterhalb des Hauses liegt.

Eine ältere Bewohnerin erklärt, was es mit den Zeitungen auf sich hat: Während die innen liegen-

Abb. 12: Wind- und Kälteschutz aus Zeitungspapier in den Schweizer Alpen *Foto: T. Ludwig*

den Tannenbohlen die Wärme im Haus halten, und die außen liegenden Lärchenschindeln vor „dem Wetter" schützen, sorgen die Zeitungen dafür, dass der Wind nicht durch die Ritzen pfeifen kann. Seit mehr als hundert Jahren.

Aus der Tabelle ist ersichtlich, dass die schadhafte Stelle in der Verschindelung, die uns Einblick gewährt, die wesentlichen Kriterien sowohl der Interpretation als auch der Bildung für nachhaltige Entwicklung erfüllt. Damit empfiehlt sich das Phänomen als BNE-Schlüsselphänomen.

Für die Umsetzung einer BNE-bezogenen Interpretation sind nun unterschiedliche, auch mediale Formen denkbar. Bereits erwähnt wurde eine Hörstation mit einem Tondokument, in dem einE ältereR BewohnerIn von den Vorzügen der Bauweise berichten könnte. Aber auch eine einfache Texttafel, die den beschädigten Teil der Verschindelung zunächst als Klappe überdeckt, und die angehoben werden kann, um das Phänomen zu enthüllen, wäre geeignet. Dabei ist zu berücksichtigen, dass kaum ein Besucher länger als eine halbe Minute vor einer Tafel verweilt, wodurch sich ein Textumfang von bis zu 100 Worten ergibt.[31] Ein entsprechender Tafeltext könnte lauten (s. unten):

Drei Hüllen sorgen für Wärme im Haus

Die Lärchenschindeln hinter dieser Tafel wuchsen am Berghang.
Sie trotzen Schnee und Regen und schützen das Haus von außen.
Im Inneren sorgen Tannenbohlen aus dem Tal für Behaglichkeit.
Der Windschutz zwischen der inneren und der äußeren Schicht besteht aus einfachem Zeitungspapier.
Wie bei unserer Kleidung ergänzen sich die drei Schichten.
Ein solches Holzhaus (Chalet) überdauert Generationen.
Sein Holz wird mehrfach verwendet – am Ende zum Heizen.
Die Wege bleiben kurz, der Wald hat Zeit zum Nachwachsen, und die Rohstoffe in anderen Ländern werden geschont.
Möchten Sie wissen, wie lange es dieses Chalet schon gibt?
Schauen Sie unter die Tafel!

BNE in 100 Worten – Beispieltext für eine Klapptafel

Beispiel 2

Wir stehen einem von einem Dorf umgebenen Burgberg im thüringischen Eichsfeld gegenüber. Vom Dorfrand ziehen sich zunächst Weideflächen, dann eine Streuobstwiese durch einen sanften Sattel unseren Hang hinauf. Hinter uns verliert sich die Obstwiese im Mischwald.

Bis vor gut zwanzig Jahren verlief unweit der Stelle die deutsch-deutsche Grenze, so dass aus der Zeit von etwa 1950 bis 1990 zahlreiche Luftaufnahmen vorhanden sind. Auf diesen Aufnahmen kann man erkennen, dass das Dorf zunächst von Gartenflächen umsäumt war, während der Sattel von Äckern und – dort, wo der Hang steiler ansteigt – von Ackerterrassen geprägt wurde. Erst da, wo kein Ackerbau mehr möglich war, begann die Streuobstwiese, während nur die Kuppe des Berges in unserem Rücken bewaldet war. Die Dorfbevölkerung lebte offensichtlich im Wesentlichen selbstversorgt.

An der Streuobstwiese ist zu erkennen, dass sich der Wald, der sich seit 1950 sehr viel weiter ausgebreitet hat, auf das Dorf „zubewegt". Unmittelbar hinter uns steht ein alter, lange nicht mehr beschnittener Kirschbaum, der von einem an seinem Fuß aufschießenden Bergahorn regelrecht ausgehebelt wird. Die Wiederbewaldung der Kulturflächen ist nicht nur der ehemaligen Grenzlage geschuldet. Vergleichbares lässt sich beiderseits der Grenze an vielen Dorfrändern beobachten.

Tabelle 1: Schlüsselphänomene

BNE-Schlüsselphänomen	**Wärmedämmung Schweizer Haus (Chalet)**	**Bedrängter Kirschbaum**
Leitidee	**Drei natürliche Schichten halten die Wärme im Haus.**	**An diesem Kirschbaum ging die Zeit vorüber.**
Fakten	Die Dämmung des Hauses besteht aus mehreren Schichten. Unterschiedliche Holzarten dienen als Nässe-, Wind- und Kälteschutz. Solange es trocken bleibt, taugt auch Zeitungspapier als Baustoff.	Der Bergahorn hebelt den Kirschbaum aus. Die Obstwiese zog sich in früheren Zeiten weit den Hang hinauf. Der Weg dorthin, wo das Obst verarbeitet und verbraucht wurde, war kurz.
Trittsteine	historische Bezüge durch Zeitungsberichte, Ortsbezüge Lärche/Tanne, Versuche mit Papier, Schutzschichten bei Mensch (Regen-, Wind- und Wärmeschicht), Tier (unterschiedliche Schichten bei Fell und Gefieder) und Pflanze (Knospe, Zwiebel, Rinde), Vergleich mit modernen Nachbarhäusern	historische Luftaufnahme, Neues verdrängt Altes, Obsterlebnisse aus der Kindheit, Erfahrungen beim Obsteinkauf im Supermarkt, Blick vom Dorf zum Wald – und Blick vom Wald zum Dorf, Beschreibung der Streuobstwiese anhand weiterer Überreste (verwilderte Obstbäume, Terrassierung)
Offene Fragen	Woher stammen die Baustoffe für dieses Haus? Wovon hängt es ab, wie lange so ein Holzhaus besteht? Woher kam das Geld, mit dem die Arbeiter bezahlt wurden? Warum werden Chalets seit dem 19. Jh. in andere Länder ausgeführt?	Wie ist der Kirschbaum in den Wald geraten? Wo verläuft die Grenze zwischen Natur- und Kulturraum? Wo sind am Kirschbaum Bearbeitungsspuren festzustellen? Wie lassen sich Kirschen über den Winter bringen?
Enthüllung	Der Windschutz im Wandaufbau hat drei Generationen überdauert.	Der Kirschbaum stand einst inmitten einer Streuobstwiese.
BNE-Schlüsselthema	**Energie**	**Konsum**
Schonung der Natur	früher: kurze Wege, Holz bleibt im Kreislauf – und kann nachwachsen heute: Baustoffe oft chemisch verändert und nicht vor Ort (Transport)	früher: Nahrungserwerb auf Kleinfläche, Konservierung, fast klimaneutral heute: kaum Einflüsse vor Ort aber an anderen Orten (v. a. durch Transport)
Gerechte Verteilung	früher: regionaltypisches Haus für Wohlhabende, Einkünfte aus Handel heute: Einkünfte bundesweit verteilt, Billigeinfuhr, Bau für viele bezahlbar	früher: alltagsnahe Dorfkultur, für Kinder gepflanzt, kaum Bezug zur Fremde heute: Wissen um die Weltgemeinschaft, Billigarbeit in anderen Ländern
Pflegsame Nutzung	früher: weitgehend Naturstoffe eingesetzt, Haltbarkeit schont Berghang heute: Lärche wird ausgeführt, oft Vernutzung in Billiglohnländern	früher: Baumpflege im Jahreslauf, kaum Maschinen, wenig Kapitalumsatz heute: Gelderwerb für Einfuhr, Weltwirtschaftsnetz, Neubewaldung vor Ort

Die genannten Punkte sollen keinesfalls vollständig abgearbeitet werden. Sie können sich in der personalen Interpretation aus gemeinsamen Beobachtungen am Phänomen und aus Gesprächen mit den Besuchern ergeben. Dass vor dem Hintergrund der Leitidee auch andere Beobachtungen und Erfahrungen möglich sind, macht den Wert der Interpretation aus.

Abb. 13: Kulturlandschaft auf dem Rückzug Foto: T. Ludwig

Auch hier zeigt die Tabelle, dass sich Interpretation und BNE gut miteinander verknüpfen lassen. Wenn wir der kulturellen Dimension noch besondere Aufmerksamkeit schenken möchten, dann könnte die mit dem Lebensalltag verbundene „Kirschkultur", die die Region bis vor nicht allzu langer Zeit bestimmt hat, der vom Alltag weitgehend losgelösten, themenbezogenen Vermarktungskultur unserer Tage (Kirschenstadt, Kirschenfest, Kirschkönigin, Kirschkernweitspucken) gegenübergestellt werden. Dass die Kirschen selbst heute überwiegend aus der Türkei stammen, wird vor diesem Hintergrund Fragen aufwerfen.

Wie aus den beiden Beispielen ersichtlich ist, müssen BNE-Schlüsselphänomene nicht besonders spektakulär sein. Ihre Qualität besteht vielmehr darin, als Fenster in die Welt zu dienen; als Schnittstellen, die es uns ermöglichen, an bestehenden Orten größere Zusammenhänge aufzuzeigen und über Entwicklungen nachzudenken. Nicht jedes Phänomen ist hierzu geeignet. Denn um bei den BesucherInnen Verständnis zu wecken, sollten weder Bezüge hergestellt werden, die kaum vorhanden sind, noch sollten solche unterdrückt werden, die offensichtlich stärker sind als der Blick in die Weite.

In Bezug auf die bereits erwähnte römische Wasserleitung ist es bspw. durchaus beeindruckend, dass dieses der Umverteilung von Wasser dienende Bauwerk mit vor Ort vorhandenen Baustoffen ohne schwere Maschinen errichtet wurde und auf einer Länge von fast 100 km ohne Pumpe auskommt. Was den/die BesucherIn, der/die das Phänomen gerade für sich entdeckt hat aber oft viel mehr fesselt, sind – „die Römer". Auf einem Interpretationsgang (Führung) oder einem Interpretationspfad sollten die BNE-Aspekte insofern erst an einem späteren Anlaufpunkt beleuchtet werden; dort, wo ein Phänomen diesen Teil der Geschichte besonders eindrücklich „erzählt". Wenn die Wasserleitung nur Gegenstand einer Kurzinterpretation oder einer einzigen Tafel ist, dann sollten wir besser darauf verzichten.

Dagegen gibt es zum Thema „Umverteilung von Wasser" im Naturpark Drömling in der Nähe einer „Schleuse" (Wehr) ein kleines Bildungszentrum, das im ehemaligen Haus eines Grabenmeisters untergebracht ist. Der Grabenmeister hatte seit dem 18. Jh. über das umfangreiche Be- und Entwässerungssystem zu wachen, durch welches das als „Land der tausend Gräben" bekannte Gebiet urbar gemacht wurde. Mit der Grabenmeisterei sind kaum konkurrierende Geschichten verbunden. Und weil das gesamte Umfeld durch den Umgang mit Wasser geprägt ist, bietet sich die Entwicklung einer Leitidee, die die BNE-Aspekte berücksichtigt, hier eher an. Selbst Vergleiche mit der Bewässerung von asiatischen Reisfeldern oder afrikanischen Oasen dürften dem/der BesucherIn an dieser Stelle nicht zu weit hergeholt scheinen.

Auch bei der Auseinandersetzung mit BNE-Schlüsselphänomenen geht es also – den Grundsätzen der Interpretation entsprechend – darum, auf die Aufgeschlossenheit der BesucherInnen aufzubauen und das eigene Denken herauszufordern.[32] Anhand sinnlich wahrnehmbarer Gegenstände oder Ereignisse sowie geeigneter Leitideen findet ein Austausch über mögliche Entwicklungen und weltweite Zusammenhänge statt, ohne den Bezug zum Ort und zur Lebenswelt der Besucher zu verlieren.

Was uns die Arbeit erschwert

Nach dem Aufzeigen der Möglichkeiten, die sich aus der Zusammenführung der beiden Konzepte Natur- und Kulturinterpretation und Bildung für nachhaltige Entwicklung für Heimatmuseen ergeben, sei noch eine kritische Bemerkung zu den wirtschaftlichen Rahmenbedingungen erlaubt, denen unsere Arbeit gegenwärtig unterworfen ist.

Dabei soll es nicht vordergründig darum gehen zu beklagen, dass die verfügbaren Mittel für die Museumsarbeit zu knapp bemessen sind.[33] Zu hinterfragen ist vielmehr, welche Folgen die Ökonomisierung aller Lebensbereiche im Zeichen eines „entfesselten Marktsystems"[34] auf unser Anliegen im Ganzen hat.

Hinsichtlich der Natur- und Kulturinterpretation ist festzustellen, dass wir aufgrund des zunehmenden Bestrebens, die Berechtigung von Bildung aus Umsatzstatistiken abzuleiten, stellenweise den Bezug zu unserem Auftrag und damit den Boden unter den Füßen verlieren.

Es ist grundsätzlich zu begrüßen, wenn Einnahmen aus Besucherangeboten zum Erhalt eines nicht unter Schutz stehenden Gebäudes beitragen, das von engagierten BürgerInnen als erhaltenswert angesehen wird, und das anderweitig verfallen würde. Auch eine Zweckentfremdung unter dem Gesichtspunkt einer Einnahmesteigerung sollte dann in Kauf genommen werden, wenn der Erhalt auf einem anderen Weg nicht zu gewährleisten ist.

Anders verhält es sich aber mit unter Schutz stehenden Kulturgütern. Denn hier steht die Gemeinschaft der SteuerzahlerInnen in der Verantwortung. Wenn der Erhalt dieser Kulturgüter davon abhängig gemacht wird, ob BesucherInnen bereit sind, sie durch entsprechende Zahlungen überhaupt erst „in Wert zu setzen", und wenn von ihrer Bewahrung abgesehen wird, weil sie selbst nicht hinreichend marktfähig sind, oder weil sie ihr wirtschaftliches Umfeld nicht entsprechend in Schwung bringen, dann ist von einem verantwortungsvollen Umgang mit dem Natur- und Kulturerbe nicht mehr auszugehen.

In Großbritannien, wo das sog. „Heritage Marketing" seit den Privatisierungswellen der neunziger Jahre Konjunktur hat,[35] gleicht so manches Besucherzentrum mittlerweile eher einer Einkaufs- als einer Informations- und Bildungseinrichtung, und sogar Verwaltungen von UNESCO-Welterbestätten sind dort in ihrer Interpretationsplanung vorrangig mit der Vermarktung ihrer Objekte befasst.[36] Dies widerspricht nicht nur dem Geist der ICOMOS-Charta,[37] der Begriff „Heritage Interpretation" ist in solchen Zusammenhängen schlicht fehl am Platz.

Abb: 14: Blick in das Besucherzentrum eines britischen Kulturdenkmals *Foto: T. Ludwig*

Das Ende der Entwicklung ist damit aber noch nicht erreicht. Gemäß dem Grundsatz: „Wes Brot ich ess', des Lied ich sing'", wird „Heritage Interpretation" bisweilen auch ganz vom Natur- und Kulturerbe losgelöst und in den Dienst der Marketingabteilungen von Wirtschaftsunternehmen gestellt. Das im Ursprung wertebezogene Konzept wird so zum Instrument nicht nur der „Tourist Industry", sondern bspw. auch der Energiewirtschaft, deren Devise dann lautet: Durch Interpretation Werbung, durch Werbung Umsatz, durch Umsatz Wachstum.

Wenn die Methode auf diesem Weg losgelöst von der Mission verkauft wird, dann steht die Glaubwürdigkeit der Interpretation insgesamt in Frage, und aus einem kurzfristigen Gewinn wird ein dauerhafter Schaden. Die Suche nach einer Ethik, die den wirtschaftlichen Zwängen ins Auge sieht, ohne dem eigentlichen Anspruch der Natur- und Kulturinterpretation untreu zu werden, hat gerade erst begonnen.[38]

Ganz ähnlich verhält es sich hinsichtlich der Bildung für nachhaltige Entwicklung. Wenn wir festgestellt haben, dass sich das Ausgreifen der freien Märkte zunächst einmal eher nachteilig auf die Bewahrung unseres Natur- und Kulturerbes auswirkt, dann fällt leider auf, dass das, was in der BNE unter Gestaltungskompetenz zusammengefasst wird, einer solchen Entwicklung kaum entgegensteht.

Das wäre der Fall, wenn Lernende dazu befähigt würden, genügsam zu leben, dauerhafte Gemeinschaften aufzubauen oder sich als Teil einer erhaltenswerten Natur wahrzunehmen. Alle diese Punkte erachten Praktizierende der außerschulischen Bildung als bedeutsam, wenn es um den Aspekt der Bewahrung geht.[39] Aber lediglich die „Fähigkeit zur Empathie, zum Mitleid und zur Solidarität" findet sich in der Gestaltungskompetenz unter zahlreichen anderen Punkten wieder.[40] Die aus der schulischen Bildung bekannte Dreiteilung in Sach-, Sozial- und Selbstkompetenz wird in Richtung Selbstkompetenz verschoben, während Sachkompetenz v. a. noch methodische Fertigkeiten meint. Eine denkbare ethische Erweiterung der Sozialkompetenz um Umweltaspekte findet nicht statt, wie auch insgesamt darauf hingewiesen wird, dass es nur darum gehen kann, Menschen „zu ermöglichen, sich moralisch verhalten zu können (nicht: müssen, denn das würde dem Überwältigungsverbot widersprechen)".[41]

Nachhaltige Entwicklung wird damit in erster Linie nicht aus der Verantwortung gegenüber dem Erhalt unserer Lebensgrundlagen, sondern aus der Verwirklichung des Selbst heraus begründet, das sein Handeln dann v. a. an seinen Fähigkeiten (zu motivieren, zu partizipieren, zu reflektieren,...) und an den bestehenden Verhaltensangeboten ausrichtet, innerhalb derer es diese Kompetenzen entfalten kann. Ob die Verhaltensangebote Handeln im Sinne nachhaltiger Entwicklung nahe legen, hängt aber von den politisch-wirtschaftlichen Rahmenbedingungen ab. Da die weitgehend eigenständige Erarbeitung ökologisch-sozialer Werte und Einstellungen auch eine „moralische Überforderung des Individuums" darstellen kann,[42] ist nicht davon auszugehen, dass der oder die Einzelne eine Veränderung der auch für Fachleute kaum noch zu fassenden Marktgesetze, wie sie dem Kompetenzmodell zugrunde liegen, tatsächlich anstrebt. Wenngleich bspw. eine große Mehrheit der Jugendlichen in Deutschland verbindliche Grundregeln für erforderlich hält, wird die Verantwortung hierfür doch ganz wesentlich bei Politik und Wirtschaft gesehen.[43]

Die für den schulischen Bereich entwickelte Gestaltungskompetenz, die bezeichnenderweise mit den PISA-Kompetenzen der OECD vereinbar ist,[44] befähigt den Einzelnen insofern eher dazu, als „Homo oeconomicus", der auf Mehrung des persönlichen Nutzens aufgrund für ihn vernünftiger Entscheidungen innerhalb aktueller Marktentwicklungen bedacht ist, in einem politisch-wirtschaftlichen System zu bestehen. Die Bewahrung von Natur- und Kulturgütern ist dann noch am ehesten vor dem Hintergrund materiellen Wohlstands denkbar.

Auch in Anbetracht der Tatsache, dass Bildung für nachhaltige Entwicklung als weltweit gültiges Konzept zu denken ist, und der Niedergang des Natur- und Kulturerbes im Zusammenhang mit der Entwicklung von sog. Schwellenländern zu leistungsfähigen Marktwirtschaften nach westlichem Vorbild eher beschleunigt als gebremst wird, ist das fragwürdig.

Nachhalt ist das, woran man sich hält, wenn alles andere nicht mehr hält

So steht es in einem Wörterbuch, das Joachim Heinrich Campe, Hauslehrer der Gebrüder Humboldt, 1809 herausgegeben hat.[45]

Ein gutes Schlüsselphänomen einer Bildung für nachhaltige Entwicklung könnte in diesem Sinn der Kornspeicher sein – oft eines der wichtigsten Gebäude in historischen Dörfern. Wenn die Ernte schlecht ausfiel, musste der Verbrauch eingeschränkt, das Getreide neu aufgeteilt, manchmal auch gestreckt werden, damit die Gemeinschaft bis zur nächsten Ernte durchhielt. Nachhaltigkeit bedeutet, knappe Vorräte gerecht zu verteilen.

Abb. 15: Speicher im Schwarzwälder Freilichtmuseum
Foto: T. Ludwig

Das Allerheiligste im Kornspeicher aber war der Ort, an dem das Saatgut für das kommende Frühjahr gelagert war. Dieses Saatgut wurde unter keinen Umständen angetastet – und wenn man im Wald Wurzeln ausgraben musste. Ansonsten hätte man das Leben seiner Kinder verspielt, und das war unmittelbar erfahrbar. Nachhaltigkeit bedeutet, den Nachkommen nicht die Lebensgrundlage zu entziehen.

In seinem Buch „Die Entdeckung der Nachhaltigkeit" verdeutlicht Ulrich Grober die allgemeine Gültigkeit dieser Zusammenhänge am Beispiel senegalesischer Kleinbauern.[46] Und ohne dem Besucher zu viel zuzumuten, ließe sich auch der Bogen vom Schwarzwälder Speicher zum mehr oder weniger bedachten Haushalten mit den Rohstoffen der Erde schlagen.

Heimatmuseen bieten so zahlreiche Ansatzpunkte für Überlegungen, die mit langfristiger Planung und gerechter Verteilung zu tun haben. Wir leben in einer Gesellschaft, in der Innovation zum Stressfaktor wird,[47] während das Bewahren weitgehend aus der Mode gekommen ist. Es bestehen aber begründete Zweifel, dass der eingeschlagene Weg dauerhaft tragfähig ist. Und es ist nicht ausgeschlossen, dass gerade der in unseren Heimatmuseen eingelagerte Erfahrungsschatz Möglichkeiten nachhält, deren Wert gegenwärtig noch niemand erahnt.

In Großbritannien ist „Respect" (Wertschätzung) einer der wichtigsten Begriffe einer Bildung für nachhaltige Entwicklung.[48] Heimatmuseen setzen sich dafür ein, dass auch der Umgang mit unserem Natur- und Kulturerbe von Wertschätzung getragen wird. Indem sie ihre Besucherbetreuung mit einer Bildung für nachhaltige Entwicklung verschränken, können sie das Bewusstsein für die Vielfalt der Wege wachhalten und helfen, unsere eigene Stellung in der Welt besser beurteilen zu können.

Allerdings macht die Vermittlung von Wissen und Werten nur einen Teil dessen aus, was menschliches Handeln bestimmt,[49] und auch Heimatmuseen müssen in der Lage sein zu belegen, was ihre Arbeit bewirkt. Dabei geht es nicht nur um die Rechtfertigung für das Einfordern öffentlicher Mittel, also um die zweifelsohne notwendige, unmittelbare Unterstützung der eigenen Arbeit. Viel mehr noch geht es darum, an den Schlüsselstellen von Bildung und Kultur wirksam zu werden. Und hierfür sind überprüfbare Qualitätskriterien erforderlich.

Während entsprechende Anforderungskataloge oft so umfangreich sind, dass ihre Anwendung in kleineren Einrichtungen kaum möglich ist, bieten die Grundsätze der Natur- und Kulturinterpretation den Vorteil, aus dem Arbeitsalltag heraus entstanden und erst im Nachgang theoretisch untersetzt und empirisch belegt worden zu sein. Dies ist ein wichtiger Grund, warum sich Interpretation in diesem Zusammenhang als Konzept empfiehlt. Wesentlich ist hier weniger das – durchaus mögliche – Erstellen und Abhaken von Checklisten, entscheidend ist die Befähigung der eigenen haupt- und ehrenamtlichen MitarbeiterInnen, Methoden gezielt anwenden und in ihrer Wirksamkeit überprüfen zu können.

Im Rahmen des eingangs erwähnten Projektes ParcInterp[50] wurden Zertifizierungsstandards für die Fortbildung von MitarbeiterInnen entwickelt, die über ein durchdachtes System von Kompetenzstufen erreichbar, in Trainings gezielt vermittelbar und in der praktischen Umsetzung leicht überprüfbar sind. Diese Ergebnisse können sich auch die Heimatmuseen zunutze machen.

Literatur

Bauszus, J. (2004): Interpretationspfad Greifswalder Oie. – Eberswalde.

Böcker, M. (2009) Jugend und die Zukunft der Welt. – Gütersloh.

Brown, D. (1991): Human Universals. McGraw-Hill. – New York.

Carter, J. (Hrsg.) (2001): A Sense of Place [online]. <http://www.greentourism.org.uk/SOFP.PDF> [Stand: 19. Februar 2009]

Campe, J. H. (1809): Wörterbuch der deutschen Sprache. – Braunschweig.

Craig, B. (1989): Interpreting the Historic Scene. In: Uzzell, D. (Hrsg.): Heritage Interpretation, Volume 1. – London.

de Haan, G. (2008): Gestaltungskompetenz als Kompetenzkonzept für Bildung für nachhaltige Entwicklung in: Bormann, I. & de Haan, G. (Hrsg.) Kompetenzen der Bildung für nachhaltige Entwicklung. – Wiesbaden.

de Haan, G. & Harenberg, D. (1999): Bildung für eine nachhaltige Entwicklung – BLK Heft 72. – Bonn.

de Haan, G. (2009): Bildung für nachhaltige Entwicklung für die Grundschule. – Berlin.

Dönhoff, M. (1996): Entfesselte Freiheit. In: Die Zeit Nr. 6, 2. Februar 1996. – Hamburg.

DUK – Deutsche UNESCO-Kommission (Hrsg.) (2011): Biologische Vielfalt und Bildung für nachhaltige Entwicklung. – Bonn.

Eder, R. & Arnberger, A. (2010): Lehrpfade. – Wien.

Fietkau, H.-J. & Kessel, H. (1981): Umweltlernen. – Königstein.

Fishbein, M. (1980): A Theory of Reasoned Action. In: Howe, H. & Page, M. (Hrsg.): 1979 Nebraska symposion on motivations. – Lincoln.

Goethe, J. W. (1972): Wahlverwandtschaften. – Frankfurt/Main. (Erstauflage: 1809)

Grober, U. (2010): Die Entdeckung der Nachhaltigkeit. – München.

Ham, S. (1992): Environmental Interpretation. – Golden.

Hauff, V. (Hrsg.) (1987): Unsere gemeinsame Zukunft – Der Brundtland-Bericht der Weltkommission für Umwelt und Entwicklung. – Greven.

Hermes, M. (2010): Voraussetzungen, Potentiale und Restriktionen von Natur- und Kulturinterpretation in Deutschland. – Eberswalde.

Historic Scotland (2002): The Heart of Neolithic Orkney World Heritage Site: Interpretation Plan. – Edinburgh.

ICOMOS – International Council on Monuments and Sites (2008): The ICOMOS Charter for the Interpretation and Presentation of Cultural Heritage Sites. – Québec.

Jones, R. (2011): Chasing the Balrogs. In: Masters, D. (Hrsg.): Interpretation Journal, Volume 16, Nr. 1. – Gillingham.

Jung, N. (2007): Ganzheitliche, nachhaltige Umweltbildung. In: Hellwig, M. u. Hemker, R. (Hrsg.): Jahrbuch für Nachhaltigkeit, 1. Jahrgang. – Münster.

Kriegesmann, B. et al. (2008): Führungskräfte im Innovationsstress. – Bochum.

Kükelhaus, H. (1975): Fassen – Fühlen – Bilden. – Köln.

Ludwig, T. (2003): Einführung in die Naturinterpretation. In: Alfred Toepfer Akademie für Naturschutz (Hrsg.): NNA-Mitteilungen 1/2003. – Schneverdingen.

Ludwig, T. (2006): BNE in der Bildungspraxis der Naturwacht Brandenburg [unveröffentlichter Bericht]. – Joachimsthal.

Ludwig, T. (2011): Natur- und Kulturinterpretation – Amerika trifft Europa. In: Jung, N. et al. (Hrsg.): Eberswalder Beiträge zu Bildung und Nachhaltigkeit, Band 1. – Leverkusen.

Misiura, S. (2006): Heritage Marketing. – Oxford.

Molitor, H. (2010): ParcInterp – Bericht der wissenschaftlichen Begleitung [unveröffentlichter Zwischenbericht]. – Eberswalde.

Nutz, M. (2003): Lehr-, Lern- und Erlebnispfade zur Umweltbildung. – Hamburg.

OECD – Organisation for Economic Cooperation and Development (2005): DeSeCo – The Definition and Selection of Key Competencies. – Paris.

Rockefeller Foundation (Hrsg.) (1999): Communication for Social Change. – New York.

Rudorff, E. (2004): Heimatschutz. – Bonn. (Erstauflage: 1897)

Schiele, S. (1996): Der Beutelsbacher Konsens kommt in die Jahre. In: Schiele, S. u. Schneider, H. (Hrsg.): Reicht der Beutelsbacher Konsens? – Schwalbach.

Sharpe, G. (Hrsg.) (1976): Interpreting the Environment. – New York.

Statistisches Bundesamt (Hrsg.) (2011): Kulturfinanzbericht 2010. – Wiesbaden.

Stoltenberg, U. (2000): Umweltkommunikation in Lokalen Agenda 21-Prozessen. In: Stoltenberg, U. u. Nora, E. (Hrsg.): Lokale Agenda 21 – Akteure und Aktionen in Deutschland und Italien. – Frankfurt/Main.

Tilden, F. (1977): Interpreting Our Heritage. – Chapel Hill. (Erstauflage: 1957)

UKNC – United Kingdom National Commission for UNESCO (2010): Education for Sustainable Development in the UK in 2010. – London.

UNESCO – United Nations Educational, Scientific, and Cultural Organization (2005): Draft International Implementation Scheme for the United Nations Decade on Education for Sustainable Development. – Paris.

UNESCO – United Nations Educational, Scientific, and Cultural Organization (2009): Vision and Definition of ESD [online]. <http://portal.unesco.org/education/en/ev.php-URL_ID=27279&URL_DO=DO_TOPIC&URL_SECTION=201.html> [Stand: 30. März 2009]

Wagenschein, M. (1976): Rettet die Phänomene! In: Max Himmelheber-Stiftung (Hrsg.): Scheidewege 1/76. – Stuttgart.

Wolfe, L. (1978): The Life of John Muir. – Madison.

Hinweise zur praktischen Umsetzung von Natur- und Kulturinterpretation in:

Ludwig, T. (2008): Kurshandbuch Natur- und Kulturinterpretation. – Borgentreich.

Das Handbuch kann unter www.interp.de/dokumente kostenfrei heruntergeladen werden.

1 www.parcinterp.de

2 "I'll interpret the rocks, learn the language of flood, storm and the avalanche. I'll acquaint myself with the glaciers and wild gardens, and get as near to the heart of the world as I can." John Muir 1871 nach Sharpe (1976) – S. VII und Wolfe, L. (1978) – S. 144

3 "An educational activity which aims to reveal meanings and relationships through the use of original objects, by firsthand experience, and by illustrative media, rather than simply to communicate factual information." Tilden (1977) – S. 8

4 Kükelhaus (1975), Wagenschein (1976) – S. 76ff.,

5 "Architecture and furnishings are much; we admire and draw conclusions from them, but we must find the art to keep them from seeming to have been frozen at a moment of time when nobody was at home." Tilden (1977) – S. 69

6 "Interpretation is the revelation of a larger truth that lies behind any statement of fact." Tilden (1977) – S. 8

7 Brown (1991)

8 "...beyond a part to a whole, beyond a truth to a more important truth." Tilden (1977) – S. 8

9 Craig (1989)

10 „...dass ein roter Faden durch das Ganze durchgeht, den man nicht herauswinden kann, ohne alles aufzulösen..." Goethe (1972) – S. 129/130

11 Um diesem Missverständnis nicht Vorschub zu leisten, wird das Bild des „roten Fadens" in der Interpretation eher selten verwendet.

12 Rudorff (2004) – S. 55

13 u. a. bei Novalis, Blasche, Goethe, Heine, A. v. Humboldt

14 Tilden (1977) – S. 27, 89

15 z. B. Nutz (2003) oder Eder & Arnberger (2010) – S. 54; zu „topic“ vs. „theme“ vgl. z. B. Ham (1992) – S. 34

16 "Through interpretation, understanding; through understanding, appreciation; through appreciation, protection." Tilden (1977) – S. 38

17 Ludwig (2003) ergänzt durch Bauszus (2004)

18 Hauff (1987) – S. 46

19 UNESCO (2005) – S. 14

20 "Education for sustainable development is about learning to: respect, value and preserve the achievements of the past; appreciate the wonders and the peoples of the Earth; [...] assess, care for and restore the state of our planet [...]" UNESCO (2009)

21 Ludwig (2011) – S. 107

22 de Haan (2008)

23 de Haan & Harenberg (1999) – S. 62

24 "...away from people as the objects for change and on to people as agents of their own change; away from designing, testing and delivering messages and on to supporting dialogue and debate on the key issues of concern; away from the conveying of information from technical experts and on to sensitively placing that information into the dialogue and debate; away from a focus on individual behaviours and on to social norms, policies, culture and a supporting environment; away from persuading people to do something and on to negotiating the best way forward in a partnership process; away from technical experts in "outside" agencies dominating and guiding the process and on to the people most affected by the issues of concern playing." Rockefeller Foundation (1999)

25 Hermes (2010)

26 Molitor (2010)

27 "...to present a whole rather than a part." Tilden (1977) – S. 9

28 DUK (2011)

29 Molitor (2010)

30 Stoltenberg (2000) – S. 12

31 Carter (2001) – S. 43

32 "Not Instruction But Provocation" Tilden (1977) – S.32

33 Die Ausgaben von Bund, Ländern und Gemeinden beliefen sich 2010 für Ausstellungen, Sammlungen und Museen auf 1,58 Mrd. €, für Denkmalschutz und Denkmalpflege auf 0,48 Mrd. €. Insgesamt entspricht das 0,08 % des Bruttoinlandsproduktes. Statistisches Bundesamt (2011)

34 „Das entfesselte Marktsystem, dem keine ethischen Vorstellungen zugrunde liegen, zerstört nicht nur die Solidarität, sondern auf Dauer auch die Gesellschaft." Dönhoff (1996) – S. 6

35 Misiura, S. (2006)

36 Historic Scotland (2002)

37 "Principle 5 – Sustainability [...] 3. Interpretation and presentation should serve a wide range of conservation, educational and cultural objectives. The success of an interpretive programme should not be evaluated solely on the basis of visitor attendance figures or revenue." ICOMOS (2008)

38 Jones (2011)

39 Ludwig (2006)

40 de Haan (2009) – S.31.

41 de Haan (2009) – S.14. Das Überwältigungsverbot ist ein Grundsatz der politischen Bildung zum Schutz vor Indoktrination; vgl. Schiele (1996).

42 Jung (2006) – S. 80–91

43 Böcker (2009) – S. 13

44 Die OECD, die die PISA-Kompetenzen vorgelegt hat umfasst alle westlichen Industrienationen, aber nur ein Land mit überwiegend muslimischer Bevölkerung (Türkei) und kein afrikanisches Land; vgl. OECD (2005)

45 Campe (1809) zitiert nach Grober (2010) – S. 166

46 Grober (2010) – S. 7–9

47 Kriegesmann et al. (2008)

48 "ESD [Education for Sustainable Development] is fundamentally about values, with respect at the centre: respect for others, including those of present and future generations, for difference and diversity, for the environment, for the resources of the planet we inhabit." UKNC (2010) – S. 14

49 Fietkau & Kessel (1981), Fishbein (1980)

50 www.parcinterp.de

Autorinnen und Autoren

Balsliemke, Beate
Masurenstraße 5, 33415 Verl
E-Mail: balsliemke.verl@t-online.de

Becker, Alfred
Buschebornweg 20, 57258 Freudenberg
E-Mail: becker.holzklau@freenet.de

Ehses, Birgit
Rotdornweg 2, 58452 Witten
E-Mail: b.ehses@onlinehome.de

Gotzmann, Dr. Inge H.
Bund Heimat und Umwelt in Deutschland
Adenauerallee 68, 53113 Bonn
E-Mail: inge.gotzmann@bhu.de

Hein, Dr. Gertrud
Natur- und Umweltschutz-Akademie NRW
Siemensstraße 5, 45659 Recklinghausen
E-Mail: gertrud.hein@nua.nrw.de

Heinze, Axel
Leben am Meer
Bensersieler Str. 1, 26427 Esens
E-Mail: axel.heinze@gmx.de

Hoff, Martina
Landschaftsarchitekturbüro Hoff
Augenerstraße 45, 45276 Essen
E-Mail: info@martina-hoff.de

Jordan, Walter
Heimatmuseum Bergneustadt
Wallstr. 1, 51702 Bergneustadt
E-Mail: info@heimatmuseum-bergneustadt.de

Kamp, Michael
LVR-Freilichtmuseum Lindlar – Bergisches Freilichtmuseum für Ökologie und bäuerlich-handwerkliche Kultur
Schloss Heiligenhoven, 51789 Lindlar
E-Mail: michael.kamp@lvr.de

Ludwig, Thorsten
Bildungswerk interpretation
Am Rasen 23, 37214 Werleshausen
E-Mail: Th.Ludwig@interp.de

Metzger, Marion
Deutsch-Luxemburger-Str. 31, 44225 Dortmund
E-Mail: marion@metweb.de

Pieper, Ulrich
Sackmuseum Nieheim
Wasserstr. 6, 33039 Nieheim
E-Mail: pieper@sackmuseum.de

Teilnehmerinnen und Teilnehmer

Workshop „Chancen und Möglichkeiten der Heimatmuseen zur Vermittlung der Themen biologische Vielfalt und Nachhaltigkeit" am 16. und 17.11.2010 im LWL-Freilichtmuseum Detmold und am 07. und 08.04.2011 im Heimatmuseum Bergneustadt.

Balsliemke, Beate
Heimatverein Verl, Naturschutzzentrum Senne, Verl

Baumeister, Julia
Westf. Wilhelms-Universität Münster

Becker, Alfred
Arbeitskreis Historischer Hauberg Fellinghausen

Brakemeier, Friedrich
Lippischer Heimatbund, Detmold

Burchart, Joachim
Heimat- und Verkehrsverein Schlangen

Carstensen, Dr. Jan
LWL-Freilichtmuseum Detmold

Degener, Ernst
Bund Heimat und Umwelt, Bonn

Düselder, Dr. Heike
Museumsdorf Cloppenburg

Ehses, Birgit
Naturpädagogin

Gebhardt, Jeannette
Museumsverein Wendener Hütte, Wennerstorf

Gessner-Krone, Werner
Westfälischer Heimatbund

Geuther, Moritz
Museumsbauernhof Wennerstorf

Görgener, Ernst
Museumsverband Sachsen-Anhalt, Bemburg

Gotzmann, Dirk
Civilscape, Bonn

Gotzmann, Dr. Inge
Bund Heimat und Umwelt, Bonn

Green, Kolja
Museum „Leben am Meer", Heimatverein Esens

Grote, Stephan
Mühlenhof Münster

Hein, Dr. Gertrud
Natur- und Umweltschutz-Akademie NRW, Recklinghausen

Heinze, Axel
Museum „Leben am Meer", Heimatverein Esens

Herhaus, Frank
Biologische Station Oberberg

Hoff, Martina
Landschaftsarchitektur Hoff, Essen

Hentschel, Hermann
Verein Alt Lemgo im Lippischen Heimatbund, Lemgo

Janzen, Dirk
Biologische Station Ennepe-Ruhr-Kreis

Jordan, Walter
Heimatmuseum Bergneustadt

Kamp, Michael
LVR-Bergisches Freilichtmuseum Lindlar

Klewer, Kerstin
Bund Heimat und Umwelt, Bonn

Kölzer, Daniel
Bund Heimat und Umwelt, Bonn

Ludwig, Thorsten
Bildungswerk Interpretation, Werleshausen

Lützenkirchen, Dr. Heike
Fischereimuseum Bergheim an der Sieg

Metzger, Marion
Bund Heimat und Umwelt, Bonn

Priebel, Hildegard
LWL Industriemuseum Zeche Nachtigall

Parthen, Franziska
Bund Heimat und Umwelt, Bonn

Pieper, Ulrich
Sackmuseum, Heimatverein Nieheim

Schauerte, Marion
Kultland

Scheffler, Jürgen
Bürgermeister der Stadt Lemgo

Schwender, Elke
Museumsdorf Cloppenburg

Sternschulte, Agnes
LWL-Freilichtmuseum Detmold

Tammen, Martina
Museum „Leben am Meer", Heimatverein Esens

Beteiligte Museen

Wir danken den folgenden Museen für die konstruktive Zusammenarbeit und die Bereitschaft dem Bund Heimat und Umwelt als Interviewpartner zur Verfügung gestanden zu haben. Die zahlreichen Erfahrungen und Anregungen dieser Museen sind bei der Erstellung des Leitfadens gerne berücksichtigt worden.

Museumshof Lensahn
Prienfeldhof, 23738 Lensahn
Tel: +49 4363 91122
E-Mail: info@museumshof-lehnsahn.de
Internet: www.museumshof-lehnsahn.de

Heimatmuseum Scheeßel
Zevener Straße 8, 27383 Scheeßel
Tel: +49 4263 8551
E-Mail: info@heimatmuseum-scheessel.de
Internet: www.heimatmuseum-scheessel.de

Stiftung Bachmann-Museum
Amtsallee 8, 27432 Bremervörde
Tel: +49 4761 9834603
E-Mail: museum@lk-row.de
Internet: www.bachmann-museum.de

LWL-Freilichtmuseum Detmold
Krummes Haus, 32760 Detmold
Tel: +49 5231 706-0
E-Mail: freilichtmuseum-detmold@lwl.org
Internet: www.lwl-freilichtmuseum-detmold.de

Heimatmuseum Usseln
Ringstraße 52, 34508 Willingen
Tel: +49 5632 5141

Börde-Museum Burg Ummendorf
Meyendorffstr. 4, 39365 Ummendorf
Tel: +49 39409 522
E-Mail: boerde-museum@t-online.de
Internet: www.boerde-museum-burg-ummendorf.de

Medizin- und Apothekenmuseum Rhede
Markt 14, 46414 Rhede
Tel: +49 2872 7923
E-Mail: info@heimat-und-museumsverein-rhede.de
Internet: www.heimat-und-museumsverein-rhede.de

Dümmer-Museum Lembruch
Götkers Hof 1, 49459 Lembruch
Tel: +49 5447 341
E-Mail: duemmer-museum@t-online.de
Internet: www.duemmer-museum.de

Heimatmuseum Stommeln
Kattenberg 5, 50259 Pulheim-Stommeln
Tel: +49 2238 14777
E-Mail: kontakt@heimatmuseumstommeln.de
Internet: www.heimatmuseumstommeln.de

Museumsdorf Altwindeck
Im Thal Windeck 17, 51570 Windeck-Altwindeck
Tel: +49 2292 3888
E-Mail: info@heimatmuseum-windeck.de
Internet: www.heimatmuseum-windeck.de

Heimatmuseum Bergneustadt
Wallstraße 1, 51702 Bergneustadt
Tel: +49 2261 43184
E-Mail: info@heimatmuseum-bergneustadt.de
Internet: www.heimatmuseum-bergneustadt.de

Technik & Bauern Museum
Berzbach 20, 53804 Much
Tel: +49 2245 4623

Fischereimuseum Bergheim an der Sieg
Nachtigallenweg 39, 53844 Troisdorf
Tel: +49 228 94589017
E-Mail: info@fischereimuseum-bergheim-sieg.de
Internet: www.fischereimuseum-bergheim.de

Heimatmuseum des Daadener Landes
Im Schützenhof 10, 57567 Daaden
Tel: +49 2743 6102
Internet: www.daaden.de

Dorfmuseum Gebhardshain
Betzdorfer Str. 5, 57580 Gebhardshain
Tel: +49 2747 7629
E-Mail: info@gebhardshainerheimatfreunde.de
Internet: www.gebhardshainerheimatfreunde.de

Landschaftsmuseum Westerwald
Leipziger Str. 1, 57627 Hachenburg
Telefon: +49 2662 7456
E-Mail: info@landschaftsmuseum-ww.de
Internet: www.landschaftsmuseum-westerwald.de

Bauernhausmuseum Ödenwaldstetten
Jahnweg 1–3, 72531 Hohenstein-Ödenwaldstetten
Tel: +49 7387 98700
Internet: www.gemeinde-hohenstein.de

Heimatmuseum Epfenbach
Kreisental 4, 74925 Epfenbach
Tel: +49 7263 40890
E-Mail: post@museum-epfenbach.de
Internet: www.heimatmuseum-epfenbach.de

Wald-Kultur-Haus
77776 Bad Rippoldsau-Schapbach
Tel: + 49 7440 332
Internet: www.bad-rippoldsau-schapbach.de

Heimatmuseum Resenhof
Oberlehen, Resenhofweg 2, 79872 Bernau
E-Mail: resenhof@dorfart.de
Internet: www.resenhof.de

Freilichtmuseum Glentleiten des Bezirks Oberbayern
An der Glentleiten 4, 82439 Großweil
Tel: +49 8851 1850
E-Mail: freilichtmuseum@glentleiten.de
Internet: www.glentleiten.de

Bauernmuseum Bamberger Land
Hauptstr. 3–5, 96158 Frensdorf
Tel: +49 9502 8308
E-Mail: bauernmuseum@lra-ba.bayern.de
Internet: www.bauernmuseum-frensdorf.de

Gerätemuseum des Coburger Landes
Alte Schäferei 2, 96482 Ahorn
Tel: +49 9561 1304
E-Mail: Geraetemuseum-Ahorn@t-online.de
Internet: www.geraetemuseum-ahorn.de

Wilderermuseum in Gehlberg im Thüringer Wald
Glasmacherstr. 1, 98559 Gehlberg
Tel: +49 36845 50078
E-Mail: info@glasforum-gehlberg.de
Internet: www.wilderermuseum.de

Anschriften BHU und Landesverbände

Bund Heimat und Umwelt in Deutschland (BHU)
Bundesverband für Natur- und Denkmalschutz,
Landschafts- und Brauchtumspflege e.V.
Adenauerallee 68, 53113 Bonn
Tel. 0228 224091, Fax 0228 215503
E-Mail: bhu@bhu.de, Internet: www.bhu.de
Bankverbindung: Kreissparkasse Köln
Konto 100 007 855, BLZ 370 502 99

Präsidentin: Senatorin a.D. Dr. Herlind Gundelach
Bundesgeschäftsführerin: Dr. Inge Gotzmann

BHU-Landesverbände

Landesverein Badische Heimat e. V.
Landesvorsitzender: Regierungspräsident a.D.
Dr. Sven von Ungern-Sternberg
Geschäftsführer: Karl Bühler
Hansjakobstraße 12, 79117 Freiburg i.Br.
Tel. 0761 73724, Fax 0761 7075506
E-Mail: info@badische-heimat.de
Internet: www.badische-heimat.de

Bayerischer Landesverein für Heimatpflege e. V.
1. Vorsitzender: Landtagspräsident a.D. Johann Böhm
Geschäftsführer: Martin Wölzmüller
Ludwigstraße 23, 80539 München
Tel. 089 2866290, Fax 089 28662928
E-Mail: info@heimat-bayern.de
Internet: www.heimat-bayern.de

Brandenburg 21 – Verein zur nachhaltigen Lokal- und Regionalentwicklung im Land Brandenburg e. V.
Vorsitzende: Marion Piek
Haus der Natur, Lindenstraße 34, 14467 Potsdam
Tel. 0163 1615308
E-Mail: brandenburg21@gmx.de
Internet: www.nachhaltig-in-brandenburg.de
und www.lebendige-doerfer.de

Verein für die Geschichte Berlins gegr. 1865 e. V.
Vorsitzender: Dr. Manfred Uhlitz
Geschäftsstelle: Henning Nause
Lichterfelder Ring 103, 12279 Berlin
Tel. 030 7115806
E-Mail: nause@DieGeschichteBerlins.de
Internet: www.DieGeschichteBerlins.de

Bremer Heimatbund – Verein für Niedersächsisches Volkstum e. V.
Vorsitzer: Wilhelm Tacke
Geschäftsführer: Karl-Heinz Renken
Friedrich-Rauers-Straße 18, 28195 Bremen
Tel. 0421 302050

Verein Freunde der Denkmalpflege e. V. (Denkmalverein Hamburg)
Vorsitzender: Helmuth Barth
Alsterchaussee 13, 20149 Hamburg
Tel. und Fax 040 41354152
E-Mail: info@denkmalverein.de
Internet: www.denkmalverein.de

Gesellschaft für Kultur- und Denkmalpflege – Hessischer Heimatbund e. V.
Vorsitzende: Dr. Cornelia Dörr
Geschäftsführerin: Dr. Irene Ewinkel
Bahnhofstraße 31 a, 35037 Marburg
Tel. 06421 681155, Fax 06421 681155
E-Mail: info@hessische-heimat.de
Internet: www.hessische-heimat.de

Lippischer Heimatbund e. V.
Vorsitzender: Bürgermeister a. D. Friedrich Brakemeier
Geschäftsführer: Burkhard Meier
Felix-Fechenbach-Straße 5 (Kreishaus),
32756 Detmold
Tel. 05231 627911/-12, Fax 05231 627915
E-Mail: info@lippischer-heimatbund.de
Internet: www.lippischer-heimatbund.de

Landesheimatverband Mecklenburg-Vorpommern e. V.
Präsident: Prof. Dr. Horst Wernicke
Geschäftsführer: Karl-Ludwig Quade
Friedrichstraße 12, 19055 Schwerin
Tel. 0385 590830, Fax 0385 5908315
E-Mail: lhv-sn@landesheimatverband-mv.de und lhv-nb@landesheimatverband-mv.de
Internet: www.landesheimatverband-mv.de

Niedersächsischer Heimatbund e. V.
Präsident: Prof. Dr. Hansjörg Küster
Geschäftsführer: Dr. Wolfgang Rüther
Landschaftstraße 6 A, 30159 Hannover
Tel. 0511 3681251, Fax 0511 3632780
E-Mail: heimat@niedersaechsischer-heimatbund.de
Internet: www.niedersaechsischer-heimatbund.de

Rheinischer Verein für Denkmalpflege und Landschaftsschutz e. V.
Vorsitzender: Landrat Frithjof Kühn
Geschäftsführerin: Dr. Heike Otto
Ottoplatz 2, 50679 Köln
Tel. 0221 8092804/-5, Fax 0221 8092141
E-Mail: otto@rheinischer-verein.de
Internet: www.rheinischer-verein.de

Institut für Landeskunde im Saarland e. V.
Direktor: Regierungsoberrat Delf Slotta
Zechenhaus Reden, Am Bergwerk Reden 11, 66578 Schiffweiler
Tel. 06821 9146630, Fax 06821 9146640
E-Mail: institut@iflis.de
Internet: www.iflis.de

Landesheimatbund Sachsen-Anhalt e. V.
Präsident: Prof. Dr. habil. Konrad Breitenborn
amt. Geschäftsführerin: Dr. Annette Schneider-Reinhardt
Magdeburger Straße 21, 06112 Halle (Saale)
Tel. 0345 292860, Fax 0345 2928620
E-Mail: info@lhbsa.de
Internet: www.lhbsa.de

Landesverein Sächsischer Heimatschutz e. V.
Vorsitzender: Prof. Dr. Hans-Jürgen Hardtke
Geschäftsführerin: Susanna Sommer
Wilsdruffer Straße 11/13, 01067 Dresden
Tel. 0351 4956153, Tel./Fax 0351 4951559
E-Mail: landesverein@saechsischer-heimatschutz.de
Internet: www.saechsischer-heimatschutz.de

Schleswig-Holsteinischer Heimatbund e. V.
Vorsitzende: Jutta Kürtz
Geschäftsführer: Dirk Wenzel
Hamburger Landstraße 101, 24113 Molfsee
Tel. 0431 983840, Fax 0431 9838423
E-Mail: info@heimatbund.de
Internet: www.heimatbund.de

Schwäbischer Heimatbund e. V.
Vorsitzender: Fritz-Eberhard Griesinger
Geschäftsführer: Dr. Siegfried Roth
Weberstraße 2, 70182 Stuttgart
Tel. 0711 239420, Fax 0711 2394244
E-Mail: info@schwaebischer-heimatbund.de
Internet: www.schwaebischer-heimatbund.de

Heimatbund Thüringen e. V.
Vorsitzender: Dr. Burkhardt Kolbmüller
Geschäftsführerin: Barbara Umann
Hinter dem Bahnhof 12, 99427 Weimar
Tel. 03643 777625, Fax 03643 777626
E-Mail: info@heimatbund-thueringen.de
Internet: www.heimatbund-thueringen.de

Westfälischer Heimatbund e. V.
Vorsitzender: Landesdirektor Dr. Wolfgang Kirsch
Geschäftsführerin: Dr. Edeltraud Klueting
Kaiser-Wilhelm-Ring 3, 48145 Münster
Tel. 0251 2038100, Fax 0251 20381029
E-Mail: westfaelischerheimatbund@lwl.org
Internet: www.westfaelischerheimatbund.de

gegenseitige Mitgliedschaft:
Deutsche Burgenvereinigung e. V.
Präsident: Alexander Fürst zu Sayn-Wittgenstein-Sayn
Geschäftsführer: Gerhard A. Wagner
Marksburg, 56338 Braubach am Rhein
Tel. 02627 536, Fax 02627 8866
E-Mail: dbv.marksburg@deutsche-burgen.org
Internet: www.deutsche-burgen.org